国家社科基金
GUOJIA SHEKE JIJIN HOUQI ZIZHU XIANGMU
后期资助项目

殖民统治时期
印度文官招录制度研究

A Study on the Recruitment System of
Civil Service in British India

周红江　著

社会科学文献出版社
SOCIAL SCIENCES ACADEMIC PRESS (CHINA)

国家社科基金后期资助项目
出版说明

　　后期资助项目是国家社科基金设立的一类重要项目，旨在鼓励广大社科研究者潜心治学，支持基础研究多出优秀成果。它是经过严格评审，从接近完成的科研成果中遴选立项的。为扩大后期资助项目的影响，更好地推动学术发展，促进成果转化，全国哲学社会科学工作办公室按照"统一设计、统一标识、统一版式、形成系列"的总体要求，组织出版国家社科基金后期资助项目成果。

全国哲学社会科学工作办公室

目　　录

图表目录

第一章

绪　论

黑格尔曾经说过，中国是一切例外的例外。对韦伯而言，印度也是一个类似的待解之谜。在《印度的宗教：印度教与佛教》一书开头，他就提出：

> 印度一直是个村落之国，具有极端强固的、基于血统主义的身份制，这点恰与中国形成强烈对立。然而，与此同时，它又是个贸易之国，不管是国际贸易（特别是与西方）还是国内贸易都极为发达，从古巴比伦时代起，印度即已有贸易和高利贷。①

韦伯的疑问是：印度作为一个村落之国，为什么并不影响其在商业上的高度发达，却又未能演化出资本主义经济。印度本地的商业和宗教文化对于印度资本主义发生发展产生了何种影响。同样，一盘散沙式的村社构成的印度社会有无可能组织近代政治生活，构建现代民族国家。本研究试图解答有关印度政治发展的谜题：源于东印度公司文职部门的印度文官制度，何以成为英国殖民统治印度次大陆的"钢铁框架"（构成这一钢铁框架的，当然还包括英印军队、英印铁路系统等暴力机器和物理性基础设施）？在其最高峰时也未超过1300人的小小精英文官团队，何以能够统治次大陆近3亿的人口？这支印度民族主义领导层眼中的"帝国主义的受

---

① 马克斯·韦伯：《印度的宗教：印度教与佛教》，康乐、简惠美译，广西师范大学出版社，2010，第3页。

训奴才",为何未被宣判死刑而能在独立后成建制延续下来,并成为新生的印度国家的支柱性力量?

第一个问题,涉及文官制度这样一个关键的现代性制度的发展和构建。第二个问题,涉及殖民战略与英帝国的统治策略。第三个问题,则与现代文官——官僚所谓的非政治性或者政治中立有关。尝试走进历史的幽深之处,从原理性层面揭示这些问题,将有助于我们理解现代性在印度次大陆这样一个殖民地环境的独特发生与发展机制。

第一节 文官招录制度:理解印度现代性的一把钥匙

印度不属于巴林顿·摩尔所说的三种现代化模式的任何一种。[①] 不幸沦为英国殖民地,丧失政治自主无疑是印度例外论的最根本外部原因。在这里,马克思殖民主义双重使命理论仍然是我们理解印度道路的重要指导。[②] 在印度从传统走向现代的历史进程中,殖民统治破坏了印度传统社会的基本结构,就其历史功能而言,殖民统治近乎扮演了现代革命之于许多后发展国家的角色,客观上推动了印度从传统走向现代的历史进程。印度引入包括文官制度在内的诸多现代制度;但在某些方面,又使传统桎梏变得更加严密。[③]

有人说 19 世纪的帝国主义者都是"铁路爱好者",他们同样偏爱并热衷输出制度。成功的帝国无一例外都善于构建制度(反过来,当不得不离开时,他们也同样精于破坏制度)。英国能对印度次大陆实施百余年的有效占领和殖民统治,除了资本主义生产方式引发的军事技术变革,纵

---

① 巴林顿·摩尔:《专制与民主的社会起源——现代世界形成过程中的地主与农民》,王苗、顾洁译,上海译文出版社,2012。摩尔认为,传统社会的农民和土地贵族两个主要阶级与君主的关系,对农业商品化的反应,与城市资产阶级、市民之间的互动,是社会转型的基本约束条件,形成三种主要转型路径:走上自由民主道路的英法美;演化为法西斯主义的德日;迈向共产主义的中苏。印度受外力强力切入,游离于此三种模式外,但也受这些基本条件的约束。

② 马克思:《不列颠在印度统治的未来结果》,《马克思恩格斯全集》第九卷,中共中央马克思恩格斯列宁斯大林著作编译局编译,人民出版社,1961,第 246~252 页。

③ 即便是通常被认为是印度社会传统特色的种姓制度,也可以说是一种"被发明的传统"。相关论述详见本书第五章第二节。

横捭阖、拉打结合的战场谋略，自信满满的殖民文化教育政策，更主要的是，它建立了一整套维持次大陆统一的政治和行政制度，得到了印度知识精英阶层的认同和支持。由此，他们才能以地小人少之国，治理万里之外地域辽阔、人口达数亿的整片南亚次大陆。这也是这片大陆历史上第一次被整个纳入一个统一的政治实体。①

即使那些一意沉醉于印度国家神话塑造的极端民族史学家，恐怕也无法忽视英国殖民统治遗产在印度现代国家缔造中的重要作用。简言之，如果不讨论以印度文官为核心支柱的英印帝国政治与行政制度，人们将无法讨论印度现代民族国家的形成与发展。正如马克斯·韦伯所说，理性官僚制的建立是现代国家构建的"明确无误的尺度"。探讨殖民统治时期印度文官制度形成和运作的历史，亦即殖民地政府机构构建及功能变迁的历史，有助于我们了解殖民者在破坏印度社会原有政治经济结构，掠夺、剥削、榨取和压迫殖民地广大人民的同时，也在本地精英的协助下，在莫卧儿帝国废墟上建立起具有一定现代性的殖民地国家。这一殖民官僚国家的构建并非单向的，而是一系列因素互动的复杂产物。其中，既有不同社会政治集团、不同经济利益的真实较量，也有英印之间不同政治思想、文化观念和行为习惯这些无形力量的相互影响与激荡。英国在维持其殖民统治过程中，既给印度次大陆带来新的政治意识、行为习惯和国家权力结构，又不断对其加以调整，以适应印度社会的政治传统与统治中所面对的各种复杂情境。因此，研究印度文官机构的历史，对于了解印度现代民族国家构建及权力运作，以及今日印度官僚体制所面对的问题及特点也有着重要意义。

熊彼特曾说过，财政隐藏着一切统治的秘密。在资本主义式的现代经济成长到来之前，文官招录就是精英征募（elite recruitment）的核心渠道。由此，我们也可以说，文官招录方式隐藏着一切社会与政治运行的秘密。深入研究殖民地官僚统治机构（印度文官机构 ICS，亦即殖民地官僚国家本身）的职能、规范和人员招录，人们就会发现文官机构内部存在多种招录方式。与招录方式变化相应的，是官僚体制内部存在多种矛盾和

① 王红生：《论印度的民主》，社会科学文献出版社，2011，第 44 页。

冲突。文官招录制度中的举荐制、竞争考试制和保留制等招录方式，影响着英印官僚机构的规范化、理性化过程，决定着文官在官僚机构中的职能、权力、地位、资历和升迁。同时，招录制度还是殖民政权进行政治权力和经济利益再分配的重要手段，动态体现殖民政权与母国及殖民地社会变迁之间的相互影响。可以说，招录制度是英印殖民政权构建统治合法性和权威，维护母国统治阶级利益，维持英印官僚机构的政治安全、行政效率，巩固印度本地合作阶层忠诚的最为重要的工具，对独立后印度的官僚行政体制产生了深远影响。

我国研究印度文化与社会的著名学者金克木在《印度文化余论》中所说的一段话，深刻揭示了殖民者不断改变印度文官招录制度的用意。他说："从英国殖民主义的全部历史可以看出有两条突出的路线：一是坚决彻底执行罗马帝国的'分而治之'纲领。二是处处培养代理人。前者的历史结果是众所周知的。后者的历史结果是英帝国主义在第二次世界大战后，几乎是有秩序地从殖民地一处处地撤退，并和平移交政权给接收者。英国不留下烂摊子，但总是留下分裂的种子。"① 无论是分而治之的纲领，还是培养代理人的策略②，都在英国人的文官招录制度中得到了集中体现。因而研究英国人文官招录政策及其变更和调整，不仅使我们认识到殖民统治者通过文官招录制度的变革，不断实现对殖民地官僚机构的掌控和改良，维护其统治权威和宗主国利益，也使我们认识到，英印当局利用文官招录制度和政策，庇护殖民地合作阶层，有意无意向印度本地精英让渡权力，实现其分化和制约印度民族主义运动，维持英国在印利益的政治目的。

印度殖民地文官招录制度的历史变迁，还折射出殖民地官僚机构中效率与公平、行政规范与自由裁量、行政专业化与政治化之间的种种矛盾。殖民帝国利益与印度本土利益之间，现代工商城市社会与传统农业乡村社会价值观念之间，个体—成就取向与群体—身份取向（对家族、种姓、

① 金克木：《印度文化余论》，学苑出版社，2002，第128页。
② 例如印度民族主义代表人物尼赫鲁家族和英帝国之间的关系复杂微妙，包括尼赫鲁两位侄子进入印度文官机构，尼赫鲁与蒙巴顿公爵及其夫人的关系亲密以及他本人作为政治家的成长，一定程度离不开英帝国的培养。见 Brown, Judith M. (2006), "Jawaharlal Nehru and the British Empire: The Making of an 'Outsider' in Indian Politics", *South Asia: Journal of South Asian Studies*, 29: 1, 69-81.

部落和宗教族群等团体的归属感）之间的冲突，亦贯穿于文官招录制度变迁的始终。文官招录制度是殖民地国家与社会、宗主国与殖民地社会各阶层互动的重要舞台，也是其重要表征。通过文官招录这一独特的视角，我们可以在政治权衡和行政效率之间、传统与现代之间以及家产官僚制与理性官僚制之间找到连接点，进而将殖民地文官制度置于殖民统治长时期复杂多元的社会关系网络中，从政治权力、权威与制度的关系（统治合法性的构建）等诸多角度，对殖民政权与宗主国政府、英国社会与印度社会以及这些因素相互之间的互动机制、殖民地国家的权力构建和权威维护方式等重要议题，加以深入探讨。①

第二节　文献回顾与研究视角的迁移

国内外关于殖民统治时期印度文官制度的专著和材料非常丰富。② 某种意义上，官僚治理就是文书行政，政府的日常运作会产生大量文牍，而英国从印度的撤离和权力移交是在相对有序条件下完成的，多数档案原封未动。这样一来，殖民时期英印政府的大部分记录得以保存，可谓卷帙浩

---

① 在英帝国范围内，有三大类殖民统治：南非，建立在种族主义基础上，殖民政府在政治和经济上对殖民地进行全面剥削掠夺和压制，实行赤裸裸的暴力统治；印度，建立在大规模帝国官僚统治基础上，在经济上严密控制、限制和掠夺，在政治上适当开放政权，文化上推行英语教育，对宗教民族主义和社会较少干预；而对于香港、新加坡等港口城市的华人社会，在政治上实行专制高压，对于华人核心家庭的经济热情和政治冷漠加以利用，在经济上放开，经济社会与政治的分野较为清晰。见刘兆佳：《低度整合的香港官僚政府与华人社会》，载张静主编《国家与社会》，浙江人民出版社，1998，第43～72页；金耀基：《行政吸纳政治：香港的政治经验》，《金耀基社会文选》，台北幼狮文化事业公司，1986；此处行政所吸纳的"政治"，不过是"参与政治"或"咨询政治"。可见英国统治手腕之一致性。但南非、印度与香港、新加坡在大英帝国中的战略地位不同，社会类型不同，故治理策略也有所差异。

② 笔者所接触的材料：大英图书馆东方和非洲图书室（原印度事务部图书馆）、苏格兰图书馆公共事务文献、剑桥大学南亚研究中心、伦敦皇家亚洲协会所藏大量有关殖民地行政管理的相关文献。印度国家档案馆、内政部图书馆、印度公共行政学院出版了有关殖民地时期行政调查和改革的几乎全部官方档案材料。由于苏格兰图书馆的协助，笔者得以接触其中大部分。感谢爱丁堡大学哈里·狄金森教授倾心相助，赠送 P. J. 马歇尔先生所著《帝国难题：不列颠和印度，1757～1813》（Marshall, P. J., *Problems of Empire：Britain and India*，*1757-1813*，London：George Allen and Unwin Ltd，1968，pp. 15-239）。该书收集了帝国奠基时期国王授予东印度公司特许状和议会对印度问题辩论的记录，诸如有关克莱武、黑斯廷斯、伯克、格兰特、弗朗西斯等有争议人物的辩论。

繁。这批档案文献也滋养了几代历史学家，相关的二手研究层出不穷，也聚讼不已。这些意见的差别，不仅是政治立场的差异所造成，也是研究文官制度的路径各异所造成的。如一些作者从帝国统治维护的角度，高度评价印度文官机构及其成员所做出的巨大贡献及其取得的功绩，将其视为帝国奠基人、印度统一的建设者、印度议会民主制度的监护人，从而构建了一个理性、中立、专业的英国绅士主导的文官机构形象。而另外一些人，则站在殖民地印度的视角，认为帝国官僚高高在上，不可接近，其实不过是一帮剥削和压迫印度人民的吸血鬼，而且是带着深深种族歧视和文化傲慢，只关心个人仕途的庸人。

一 国外研究状况

大体来说，国外有关印度文官制度的研究可分为三类：较早的一类多从组织和制度规范路径出发，来研究作为帝国官僚行政机构的文官机构的历史，关注文官机构内部职能、规则与人员招录方式的完善。第二类侧重从政治学和公共行政学中的行为主义、行政生态学维度，将印度殖民地文官机构的历史置于政治权力、经济利益和文化观念的冲突与调适中进行考察。第三类则是聚焦于民族国家现代行政传统的形成，研究殖民地时期文官机构与独立后的行政官机构之间在组织规范、核心价值和人员招录培训等传统上的延续与变迁，及其对印度国家建设（state-building）的影响等重大议题。

对这些文献梳理就成为进一步研究的必要基础。

1. 殖民地官僚体制构建视角

随着英印帝国统治的建立和巩固，为这种统治构建合法性并为其辩护，就成为许多研究者和文官作家们心照不宣的共同任务。与致力于为民族国家张目的"民族史学"相对，我们可将这一类型的历史编纂称之为"帝国史学"。这类史学关注的中心内容，在于展示帝国文官的卓越形象。举凡如何建立帝国统治，维持地方治安和印度统一，成就帝国霸业的高远理想和传播英国文明的文化使命；坚如磐石的理性官僚制运作规则的制定与实施；充分利用英国本土和印度文化教育资源及优厚薪酬待遇，如何为文官机构吸纳符合需要的人才；入仕官员的招聘、培训和晋升、流转、监督；使用各种奖励褒扬机制，激发文官为帝国理想奋斗的勇气和毅力——

所有这些都是殖民地官僚体制构建视角的重要研究对象。

作为印度文官制度的建立者，英国人在 19 世纪中叶的著作中就详细描述了英印政府的运作——其中主要有 1856 年切斯内的《印度行政管理体制》① 和斯特拉奇的《印度的行政管理与进步》②。这些书以及相关的许多书籍，内容涉及英属印度行政管理体制的建立和变革，诸如地税征收、司法和治安职能之间的分配组合等，都涉及殖民地官僚机构组织规范的确立和职能分配。

较早系统研究印度文官机构的学术性专著，包括奥马雷的《印度文官机构：1601～1930》③、爱德华·布伦特的《印度文官机构》④ 和菲利普·梅森的两卷本巨著《统治印度之人》⑤。比较晚近的有大卫·吉尔默于 2005 年出版的《统治种姓：维多利亚统治时期的帝国生活》⑥。奥马雷、布伦特与梅森都在印度文官机构中服务多年，对文官机构都有深切了解。其中，奥马雷是第一位全面系统研究印度文官机构历史的文官学者，其著作涵盖 300 多年文官机构的历史，着重宏观的历史沿革，分阶段考察了作为整体的印度文官机构的形成和功能的完善，法律和规范的变迁，以及最后阶段的印度人化。他的著作截止于 1930 年，正是印度民族主义者对英国殖民统治进行猛烈抨击的时期，自然带有为英国殖民统治辩解的性质，选择性地突出印度文官的行政成绩，诸如相对英国文官机构的种种长处，文官与印度民众之间的紧密联系，管理上的效率和灵活等；而对其疏失与缺陷之处，则忽略甚多。爱德华·布伦特的著作出版于 1938 年，正是文官机构经历省级自治危机，英国人文官招募遭遇困境之时。他对印度文官机构的整体变迁着墨不多，对于县税务官、省级部门秘书、审计官的

---

① Chesney, George Tomkyns, *India Politics：A Review of the System of India*, London：Longmans, Green & Co., 1856.

② Sir John Strachey, *India：Its Administration and Progress*, London：Macmillan, Edition 3, 1903.

③ O'Malley, L. S. S., *The Indian Civil Service*, 1600-1930, London：J. Murray, 1931.

④ Blunt, Edward, *The Indian Civil Service*, London：Faber and Faber, 1938.

⑤ Mason, Philip,（印度文官 Philip Woodruff 的笔名）*The Man Who Ruled India*, London：Jonathan Cape, 1985. 第一、二卷本分别出版于 1953 年、1954 年，本书引用的节本出版于 1985 年。

⑥ Gilmour, David, *The Ruling Caste：Imperial Lives in the Victorian Raj*, London：John Murray, 2005.

职能却有详细介绍。他本人曾在英属印度北部的联合省任职近30年，对于文官机构有着丰富的直接经验。他与奥马雷各执一端，在宏观和微观的视角上形成一种互补，对于从官僚机构组织形成完善的角度了解印度文官机构，提供了较为充分的材料。

菲利普·梅森的《统治印度之人》第一卷《奠基者》出版于1953年，第二卷《监护者》出版于1954年。① 与前述两部制度史的著作有所不同，梅森的书以人物为中心，包含了大量富有价值的英国官员的回忆，被称为文官机构的使徒传。所述内容延续近350年（1600~1945年），以英国人在印度历史中所担当的商人、统治者和监护者的角色转换为主轴，详细而生动地描述不同时期文官对印度的认识、英印殖民政权政策的根源，也顺带介绍了文官机构内部规范的完善；对于文官们在19世纪晚期和20世纪初的印度所作所为多加褒扬。他认为殖民地印度行政机构实行着一种"仁慈的专制主义"：总督对省、县行政机构加以有效控制，所有的行政过程都受到那些分布于各省，经过严格挑选、并在实际工作中受到充分训练的文官的控制；1000余名高级文官组成的文官机构，管理着2亿多人的政府事务，且很少使用暴力；而所有行政事务都通过得到授权的印度人来完成。他将19世纪晚期以后的英印文官机构成员称为"监护者"。使用这个来自柏拉图《理想国》的概念，意指印度文官机构是印度人学习英国宪政的高明睿智的监护人，他们的历史使命已接近完成。

在2005年出版的《统治种姓：维多利亚统治时期的帝国生活》② 一书中，大卫·吉尔默详细描述了维多利亚时期英印文官精英团队精神的培养、文官在印度各省和县级行政职位上的日常生活、婚姻与工作情形，文官对印度人的态度，文官机构内部的纪律约束和监察，以及官僚机构内部上下级矛盾的冲突与处置等。吉尔默用优美的文学笔调描述了维多利亚时期的大英帝国印度文官机构的传统及内部运作规则，丰富了印度文官机构的权力运作以及对文官工作生活理想的了解。但此书将印度文官机构完全视为英国维多利亚帝国史之一部分，很少谈及印度人对印度文官机构官僚

---

① Mason, P., *The Man Who Ruled India*, London: Jonathan Cape, 1985.

② Gilmour, David, *The Ruling Caste: Imperial Lives in the Victorian Raj*, London: John Murray, Papercover, 2007.

统治的看法和反应，不免令人遗憾。

除吉尔默之外，上述几位作者都有在印度文官机构中长期工作的经历。因此，他们很难超脱个人视角，用批判和审视的目光看待文官机构与殖民统治的关系，而更多的是同情、辩护和赞美。包括罗兰·亨特和约翰·哈里逊（John Harrison）所著《印度殖民地县文官回忆录：1930～1947》，利用大英图书馆文官回忆录工程的大量手稿和文献，细致描述殖民统治最后 18 年中的县级行政。① 他们选择性地突出了文官们的成就、公正和尊严，他们的正直、勇气、刚毅的品德和尽职尽责，对乡村民众幸福和利益的关注，对日常行政事务的管理，对次大陆和平、法律和秩序的维持，修筑铁路、开挖运河，架设电报电线，应对各种流行疾疫和饥荒等。这种史学倾向成为印度文官研究中的所谓浪漫主义史学，塑造了印度文官理性、中立和超脱的崇高形象。他们多从英国殖民者的立场，对文官机构以及文官职业生活的方方面面，以肯定和赞许的态度进行展示。

1958 年，印度独立十周年之际，N. C. 罗易（N. C. Roy）出版了第一部印度人视角的文官制度研究。② 罗易试图说明，现今还有必要研究殖民时期的印度文官机构，是因为在这个国家起着重要作用的行政管理机构，其传统直接承袭自英属印度文官机构。独立十年之后，英属印度文官机构所录用的职员，依然占据着这个国家的关键职位。而长久以来困扰印度文官机构的各种问题，在独立后依然如故。罗易详述了殖民地行政管理机构与笈多帝国、孔雀帝国和莫卧儿帝国统治机构之间的连续性。他认为，与英美国家由地方自治机构管理地方事务不同，英印帝国以县为行政管理的重心和基本单位，向各县派出官员控制关键职位，保证税收、治安和司法的正常运行，这些跟传统印度对地方的统治并无根本差异。罗易还对英印文官机构的司法系统及其流弊进行了研究。对独立十年来印度在行政系统中所做的努力，包括人员招录和培训，工资和职务的统一，联邦与各邦公共事务委员会等机构的设立，以及印度行政机构对政治控制所起的作用等问题，罗易也给予了关注。罗易的书对英印文官机构的评价较为客观，为理解英印文官机构如何

---

① Hunt, R., Harrison, J., *The District Officer in India*, 1930-1947, London: Scolar Press, 1980.

② Roy, Naresh Chandra, *The Civil Service in India*, Calcutta: K. L. Mukhopadhyay, 1958.

转型为印度民族民主政权的重要工具提供了翔实的材料。

1996 年出版的 K. C. 阿罗拉的《钢铁框架：1860 年以来的印度文官机构》① 考察了印度文官机构在历史中形成的多种传统，诸如精英主义，决策的高度专制性，排斥本地人进入政治过程等。阿罗拉还解释了以收税、维持法律与秩序为职能的殖民地文官机构，是如何转化为以实现发展和福利国家为目的的现代行政机构的，并试图在这段历史中寻求独立后行政体制腐败、低效问题的原因，以及解决这些问题的途径。殖民统治时期的印度文官机构在国家和社会的管理方面存在大量的庇护和隐形腐败、低效等管理不善的问题，独立后的行政机构想要清理这笔不良遗产，殊非易事。②

上述著作主要从宏观和整体上关注殖民地官僚体制的建立，法律规范的完善，人员的构成和内部职能的分殊，构建了一个理性、中立、高高在上的英国绅士主导的文官机构形象。

2. 权力和利益的冲突与调适视角

马克思认为国家只是阶级统治的方便工具，他甚至认为 19 世纪西欧国家不过是"资产阶级的办事委员会"。许多研究者大体接受了经典作家的这一论断，并发展出更加精致的学术版本。如希腊政治社会学者普兰查斯（Nicos Poulantzas）就认为，国家并不纯然是马克思所描述的"统治阶级的办事机构"，它更有可能成为一个战场，社会中各个阶级之间的利益矛盾和争夺正是在这个战场上展开。

印度殖民地文官机构自然也不例外。许多研究印度文官机构的学者认为，作为国家政权官僚组织的文官机构绝非存在于真空之中，根本无法做到像浪漫主义史学所描述的那样理性、中立与超脱，其内部充满观念、权力与利益等各种冲突。在这一学派学者看来，殖民地官僚机构中充斥了各

---

① Arora, Keshava Chanda, *The Steel Frame：Indian Civil Service Since 1860*, New Delhi：Sanchar Publishing House, 1996.

② 研究殖民统治与独立后民族国家之间在腐败问题上的延续性的论文见 Kenny, Paul D., "Colonial Rule, Decolonisation, and Corruption in India", *Commonwealth & Comparative Politics*, (2015) 53：4, 401-427. 殖民统治和非殖民化留下的不同遗产可以解释独立后印度制度化腐败的邦际差异，它得出的结论是，独立后，相对免于国家俘获的腐败自由取决于两个条件：（1）独立前的官僚自主性的制度化程度；（2）独立后，新的代议制政府利用自治官僚机构对非殖民化的破坏。

种矛盾，既有宗主国和殖民地社会各个阶层对于殖民地政治和行政权力、等级身份权利的争夺，也有这些阶层对包含经济利益在内的各种利益的文官职位的争夺，更有英印之间各种新旧思想文化观念的碰撞和交锋。但这些矛盾冲突和交锋，大多以帝国统治秩序的维持作为边界。而作为殖民主义统治本身的文官机构，和印度民族主义之间的冲突，越来越成为主要矛盾，帝国也面临崩解的风险。

1959 年，牛津大学著名的印度史教授埃里克·斯托克斯出版了富于启发性的著作《英国功利主义者与印度》[1]。斯托克斯考察了英国功利主义对殖民政府法律、土地税收以及行政的影响。他发现，一方面英国功利主义并非一种抽象的道德或政治哲学，而是由英国人切实应用于对印度统治的政策之中；另一方面，在殖民帝国政策制定的过程中，是功利主义中的专制派，而非自由派发挥着主要作用。斯托克斯认为功利主义者在印度成功建立了一个积极的官僚政府，这在英国是不可能的事情。功利主义者主张政府对修筑道路、灌溉工程、铁路、港口以及邮政和电信等事业承担起责任。印度法律——刑法典、民法典以及民事、刑事诉讼法的编纂，也是功利主义者杰里米·边沁的遗产，是边沁鼓吹的高效、理性和集权的官僚统治在印度的胜利。承续其精神的功利主义者们都认为，英国在印度的最为重要的任务，就是维持法律、秩序和正义。这些任务只能交由一个具有文化教养、没有偏好、公正无私的精英主持运转的威权制官僚国家来完成。英国功利主义加强了印度的官僚制传统，并在独立后的印度行政和司法机构中保留了这一"钢铁框架"传统。这是一种混杂多面的传统：从功利主义自由派那里，印度民族主义者获得了关于积极型政府以及"自由、幸福"的理念；而从功利主义专制派身上，印度殖民地的官僚和政治家则抽取了与代议制政府相区别的"理性和责任"。[2]

在斯托克斯之后，英国统治印度的政治思想背景及其统治所蕴含的意识形态因素，成为学者考察的一个重要主题。例如，托马斯·梅特卡夫（Thomas Metcalfe）的《英国对印度统治的意识形态》与辛格·梅塔的

---

[1] Stokes, Eric, *The English Utilitarians and India*, New York：Oxford University Press, 1959.

[2] Stokes, Eric, *The English Utilitarians and India*, p. 274.

《自由主义与帝国：19 世纪英国自由主义思想研究》① 都认为，英国对印度的专制殖民统治，与国内自由主义和民主理念所塑造的社会政治观形成了尖锐对立。维多利亚时代的英国人普遍相信，人民有权通过选举和代表，选择那些统治他们的人。这样，他们就不得不面对一个严肃问题：一个自由民主的政体，是否有权统治另一块被征服的领土及其人民。两位作者认为，英国人对印度社会的认识以"差异"（社会发展序列上的先进与落后，价值观念上的西方个人自由与东方集体专制等）为核心，这一"差异观"在一定程度上协调了英国国内的自由主义政治与进行殖民统治的帝国政治之间的矛盾，进而由此构建出对印度进行殖民统治的合理性。克莱夫·杜威的《盎格鲁－印度人的态度：殖民地印度文官的观念》②，用具体而翔实的家族史料，说明了 20 世纪早期印度文官机构成员对印度人的两种基本态度：一种坚持基督教福音派意识，对落后社会传播福音，对一个人类幼年社会进行家长式的控制与改造；另一种则强调殖民者和被殖民者之间的平等友好与情感交流，以及不同文化之间的理解和认同。范·登·顿根的《旁遮普传统：19 世纪印度的影响和权威》③，则研究了非规范省份的行政管理传统和意识形态，认为其核心的理念就是英国行政对东方专制主义传统的认识和实践。文官机构内部各种观念之间的冲突与各种利益有着纠缠不清的关系，不仅反映、影响和制约着英国国内各阶层或不同派别之间对印度利益的争夺，英国殖民主义与印度资本主义、民族主义利益之间的冲突和调适，而且还折射和凸显了印度资产阶级内部不同派别之间，资产阶级与封建、半封建势力以及广大民众之间的利益冲突。

布拉德福德·斯潘恩博格的《英国在印度的官僚制：地位、政策及19 世纪晚期的印度文官机构》④ 着重从行为主义的视角，考察 19 世纪下

① Metcalf, Thomas R., *Ideologies of the Raj*, Delhi：Cambridge University Press, 1995；Mehta, Uday Singh, *Liberalism and Empire：A Study in Nineteenth-Century British Liberal Thought*, Chicago：University of Chicago Press, 1999.

② Dewey, Clive, *Anglo-Indian Attitudes：The Mind of the Indian Civil Service*, London：The Hambledon Press, 1993.

③ Dungen, P. H. M. V., *The Punjab Tradition：Influence and Authority in Nineteenth-Century India*, Australia：Allen & Unwin Pty., Limited, 1972.

④ Spangenberg, Bradford, *British Bureaucracy in India：Status, Policy, and the I. C. S. in the Late 19th Century*, New Delhi：Manohar, 1976.

半期英印文官机构的运作和管理，是研究英印文官机构内情的一部力作。他为我们刻画了一幅生动的画卷：随着 19 世纪下半叶英国国内经济社会的发展，印度文官职位对英国青年的吸引力减弱，殖民地文官机构人力资源日渐缺乏。英国社会甚至出现了对英印文官的歧视，他们在退休返国之后，往往很难再度就业。文官机构内部充满各种矛盾：海利伯瑞学院出身的文官，往往带着权贵阶级的深深优越感，歧视那些通过竞争考试考取文官的中产阶级子弟，质疑其能力和品行，认为他们只是一帮读死书、身体孱弱、行政能力低下的考试高手。分布于各省的文官也各显身手，为出任中央政府各部门秘书职位你争我夺。其中，中央省的官员前往中央秘书处任职的机会较多。在印度知识精英越来越多地通过竞争考试加入文官机构司法分支后，行政分支和司法分支由于晋升机会和报酬的不平等而互生嫌隙，矛盾重重。

斯潘恩博格在对大量有关文官机构的文件记录和往来函件进行考察后得出，英国在印度的统治者们并非柏拉图式的理想主义者。首先，他们并非如人们所想象的那样，经过精挑细选和良好培训教育；其次，他们和所有普通人一样，在远赴印度，面对陌生环境挑战时，感到压力巨大，其行为绝非都是基于理想或理性的抽象原则。只有深入英印文官的个人世界，才能对英国在印度的统治加以客观理解。观念对政策的影响，往往无法观察，而实际的个人和政策之间的关系，却是更加清楚的。

德里大学教授、著名印度文官制度史学者密施拉（Misra, Bankey Bihari）从事印度行政管理史的研究长达 50 年，取得丰硕成果。他著有《东印度公司中央政府的形成》《印度行政史（1834~1947）》《印度现代中产阶级的成长》《印度的政府和官僚》《印度政党研究》及《县级行政与农村发展》[①] 等多部著作，从资本主义的扩展和理性化过程等角度，对印度殖民地时期的官僚管理体制、政治制度变迁与阶级结构的变迁作过充

---

① Misra, B. B., *District Administration and Rural Development*: *Policy Objective and Administrative Change in Historical Perspective*, Oxford University Press, Delhi, 1985; *The Indian Middle Classes*: *Their Growth in Modern Times*, Delhi, London: Oxford University Press, 1961; *Government and Bureaucracy in India*, 1947 - 1976, Delhi, Oxford: Oxford University Press, 1986; *The Indian Political Parties*, Delhi, Oxford: Oxford University Press, 1976.

分的研究。在其《关于 1947 年之前印度官僚机构发展的历史分析》① 一书中，着重以文官机构为个案，从印度社会内部存在的种种局限和矛盾冲突，来展现理性官僚制在印度扩展所遇到的困境。他考察了 1919 年之后印度文官机构面临民族主义压力，各省文官机构的文官、律师群体为进入印度文官机构所展开的政治博弈。年轻的印度人在伦敦和印度本土成功通过文官考试，令那些不断设置障碍，试图阻碍他们实现目的的帝国掌权者尴尬不已。印度殖民政权施行的双层统治，与 1937 年之后实行的省级自治意味着要求一个更加地方化的文官机构。穆斯林"少数"族群、表列种姓和表列部落都对公共职位提出要求，竭力使得文官招录程序对他们有利。1947 年，国大党工作委员会试图号召新政府与印度文官机构的传统决裂。萨达尔·帕特尔（Sardar Patel）发挥了中流砥柱的作用，确保印度文官机构作为开放的、全印范围的、集权式的全印行政机构，得以完整保存下来。

1980 年，剑桥大学安·尤因女士（Ann Ewing）的博士学位论文②从英印帝国内部管理的角度，细致考察了印度文官机构一战之后所面临的困境。她总结了文官机构在二战中衰败的一系列原因：从母国补充人员的极度困难；文官机构地位与职能在 1921 年实施的宪政改革的双层统治下的变化，尤其是在 1937 年之后的省级自治，民选的国大党部长与担任秘书的文官之间的冲突和调适。第二次世界大战的复杂深远影响，则成为压垮印度文官机构这只骆驼的最后一根稻草。

关于殖民地文官印度人化的政治诉求、政策制定与实施过程的研究，是了解殖民地官僚机构的重要方面。1982 年 J. D. 舒克拉出版《全印机构的印度人化及其对印度行政的影响》③，着重考察了印度文官机构及其他全印机构，诸如警务、森林、兽医、工程和铁路等专业性机构是如何向印度人开放的，其背景与具体过程如何，对印度行政造成了何种影响等。

---

① Misra, B. B., *The Bureaucracy in India: A Historical Analysis of Development up to 1947*, New Delhi: Oxford University Press, 1977.

② Ewing, H. A., *The Indian Civil Service, 1919-1942: Some Aspects of British Control in India*, 1980, Unpublished Ph. D. Thesis, Cambridge University.

③ Shukla, J. D., *Indianisation of All-India Services and Its Impact on Administration 1834-1947*, New Delhi: Allied Publishers, 1982.

1984 年，拉姆·西卡的专著《东印度公司时期文官机构的欧洲人化和印度人化》使用大量传记材料，详细描述了东印度公司时期文官机构对印度人的种族排斥，以及出于政治和经济的考虑而不得不在非合约制机构中任用印度人的过程。[①] 2001 年马尔蒂·夏尔玛的著作《英属印度文官印度人化：1857~1935》[②] 应用了大量档案材料，分阶段细致考察了英印殖民政府如何处理印度西化精英阶层以及国大党提出的文官印度人化的要求，描述了英印殖民地政府与英国议会，殖民地政府与印度本地精英之间的政治冲突及妥协。此中蕴含着印度文官机构从为殖民统治服务，向为印度人掌握的民主政体服务的转变过程。同年，在新社会文化史领域，伊丽莎白·科林厄姆从身体研究的视角，在《帝国与身体：殖民统治的生理体验，1800~1947》[③] 一书中从身体与殖民统治权威构建的角度，探讨了东印度公司政权中文官生活的印度人化、英国化的过程和程度。最初，作为追求盈利的商业公司，东印度公司在获得统治权力之初，竭力在生活习惯、饮食、着装、气质以及在对权力的装饰上，着力模仿莫卧儿贵族统治者，以期获取印度人对其统治的认同（科林厄姆在这一意义上使用印度人化 Indianization 概念）。1830 年之后，随着英国经济实力和文化自信的增长，交通的便捷，与母国联系的加强，他们转而坚持在生活习惯、着装上强化英国的绅士特色，来表达自己的权势地位和与本地人的差异，因而在统治者和被统治者之间形成一堵堵高墙；但无论是生活方式的印度化还是英国化，都有自己的限度；随着英国殖民政权遭受印度民族主义激进派

[①] Sikka, R. P., *The Civil Service in India：Europeanization and Indianization under the East India Company*, 1765-1857, New Delhi：Uppal Pub. House, 1984.

[②] Sharma, Malti, *Indianization of the Civil Service in British India 1857-1935*, New Delhi：Manak Publications, 2001.

[③] Collingham, E. M., *Imperial Bodies：The Physical Experience of the Raj*, c.1800-1947, Cambridge：Wiley-Blackwell, 2001. 身体研究，在国际学界日益成为新社会文化史的重要部分。"肉体"指外在的肉身躯体，而"身体"是指日常生活中活生生的身体，后者比较符合大多数身体研究者对身体的再度阐释。概括起来，在传承了两希文化的欧美世界，身体具有模棱两可性，它既是群体性的、客观的、物质的、自然的身体，也暗含着个体性的、体验的、社会的身体之意。就在这种二元对立中，前一种含义是后一种含义的基础，也是长期以来人们对身体的基本理解。见欧阳灿灿：《欧美身体研究述评》，《外国文学评论》，2008（2）；杜丽红：《西方身体史研究述评》，《史学理论研究》2009（3）；王珏：《中西身体观比较刍议》，《北大研究生学志》2008（2）。

的抵制，日本人在新加坡、马来亚和缅甸展开迅猛的军事进攻，英国人变得狼狈不堪，以身体为表征的帝国权势由此解体。

作为政治权力、经济利益和文化观念冲突与调适场域的印度文官机构，受到内部外部各种思想观念、社会阶级阶层及其成员本身对利益和理想的追求影响，受到内外各种传统与权力关系的限制和规定。学者们不仅描述官僚机构内的等级、分工、职位等规则构建和人员配置等内部制度构建，也通过探讨官僚机构及其成员与其所处的不断变迁的外部政治、社会和思想文化环境之间的碰撞交流，更加深入全面了解官僚机构运作的实际情况，对官僚体制的兴盛及衰亡形成更精准的理解。

3. 民族国家行政传统构建视角

这一派学者与前文所述的"帝国史学派"均着眼于制度构建，区别在于一个重在帝国构建，一个重在民族国家构建。简言之，这一派学者希望从文官制度的历史梳理中，为现代印度民族国家的起源和形成找到依据。

从历史维度对印度近代政治发展进行探索，对英国殖民地文官机构价值观念和传统的形成及其影响加以成功说明的是大卫·波特的《印度政治中的行政管理者，1919～1983》[1] 与布赖般提主编的《英帝国传统中出现的亚洲官僚制》[2]。两者都将政治学、行政管理学研究与历史学研究进行了充分结合。

布赖般提对独立后印度和巴基斯坦保留下来的 ICS（印度文官机构）传统进行了广泛而深入的研究。[3] 他认为，由于阶级结构没有发生大的变化，印度文官机构的既有传统和结构历经 20 世纪 40 年代的巨大动荡而保留下来是必然的。而在 1947 年到 20 世纪 60 年代期间，新的印度国家行政机构中的官员带来了新风气，印度文官机构的传统逐渐改变，最终变形。

---

[1] Potter, D., *India's Political Administrators*, 1919-1983, Oxford: Clarendon Press, 1986.

[2] Braibanti, Ralph, (ed.), *Asian Bureaucratic Systems Emergent from the British Imperial Tradition*, Durahm: Duke University Press, 1966.

[3] Braibanti, Ralph. (ed.), *Evolution of Pakistan's Administrative System: The Collected Papers of Ralph Braibanti*, Pakistan Public Administration Research Centre, O & M Division, 1987; Braibanti, Ralph J., *Research on the Bureaucracy of Pakistan: A Critique of Sources, Conditions, Issues, with Appended Documents*, 1966.

1962 年，布赖般提主编了《英帝国传统中出现的亚洲官僚制》一书。休·廷克（Hugh Tinker）在其中详细介绍了英印文官的若干基本特征[1]，包括基于学业成绩的公开竞争招考，细致的培训安排，永久任职，独立承担责任，中央和省、县三级的职位只为通才型精英干部保留，规范的分级付酬制以及退休补助；实行一种主要基于资历、部分基于功绩的规范化的晋升机制。伯纳德·科恩（Bernard Cohn）对印度文官机构进行了社会史考察。[2] 他详细介绍了东印度公司政权统治下的文官招录和培训。包括东印度公司的治理情况，庇护制下的人员招录，海利伯瑞人员的培训和在印度的任用，这些成员的阶级构成。在 1600~1860 年招录的人员多来自于与印度有紧密联系的家庭，多有亲戚朋友家人往来于英印之间，对印度早有认识。其后，随着竞争性考试制度的实行，此类人的比例大大降低。

大卫·波特（David Potter）是一位长期研究印度行政体制变革的英国历史学者。早在 1961 年，他就在布赖般提主编的书中撰文探讨了独立后印度官僚制的变化。所涉内容包括官僚机构与独立后国家发展要求之间的互动，官僚机构对非官僚的政治机构，如议会和民众自治机构的回应，以及精英型干部、国企企业家和地方政府职员对立法和民众自治团体的回应等问题。而 1986 年出版的《印度政治中的行政官，1919~1983》一书则是他最为雄心勃勃，也是最具探索性与综合性的研究成果。与布赖般提对巴基斯坦文官制度的研究相比，波特更多凸显印度行政机构中传统延续的一面。该书集中考察了印度文官机构（ICS）及其直系继承者全印行政官机构（IAS）之间在价值观念和传统上的延续。波特始终强调，它们都与政策制定的每一具体过程紧密联系——这就是他使用政治行政官员（Political Administrator）作为标题的原因。他认为，两个机构在政权中的重要地位与作用（以在各县工作的全印文官为基础的权力运作模式，主要是制定政策和维系统一），"绅士管理者"的行为方式和价值标准，以

---

[1] Tinker, Hugh, "Structure of the British Imperial Heritage", in Ralph Braibanti, et al. (ed.), *Asian Bureaucratic Systems Emergent from the British Imperial Tradition*, Durham: Duke University Press, 1966.

[2] Cohn, Bernard S., "Recruitment and Training of British Civil Servants in India", in R. Braibanti (ed.), *Asian Bureaucratic Systems Emerging from the British Imperial Tradition*, Durham: Duke University Press, 1966, p. 166.

及作为通才式精英团队的气质等方面，都具有高度延续性。

波特的主要目的就在于系统解释"在殖民者离开之后，为什么殖民地行政传统能在不发生大的变革的情况下延续下来，这一过程又是如何实现的"①。他提出了传统延续的三个过程：第一个过程，政权对行政传统的支持。第二个过程，持续获得风格相近的继任者。这涉及如何稳定地吸纳那些具备相似教育和阶级背景，并至少熟悉行政传统主要规范与价值的年轻应征者，来取代退休职员。第三个过程，塑造继任者，使之适合传统。塑造专指由有经验的行政人员训练新入职者，使之适应传统的行为模式（标准和价值隐含在这一模式之中）。波特在论著的最后也指出，文官机构传统中对法律条文的执着和坚持，也使得印度官僚制度具有一种特别的僵化特征，缺乏足够弹性以及时处理各种紧急问题。法理型官僚统治给印度行政管理留下了低效、僵化，缺乏主动性和创造性的消极因素。② 波特的努力在汗牛充栋的印度官僚制历史学和比较政治研究中独树一帜。

比较晚近的青年学者威廉·古德通过文官招聘视角，考察殖民时期和后殖民时期的北方邦（殖民时期的联合省）的历史，探讨日常国家的本质。他从政策制定者发展出的期望、理想和预设出发，考察印度北方邦税务官员和警察部队的上、中、下层之间的关系。首先，他着眼于考虑族群和种姓比例的招聘政策是如何影响官僚之间的关系，以及政府为特殊族群和落后种姓实行保留制的早期问题。其次，他认为这段历史鼓励我们重新思考北印度背景下国家和社会边界的性质，挑战现有的殖民国家单一同质的观念。在统治印度的过程中，英国的管理者依赖于将欧洲偏好或者法治理念等意识形态合法化。然而，在帝国权力的浮夸外表下，地方官员也依赖非正式的联盟、网络和关系来弥补文官机构自身组织的不足。他进一步指出，1947 年独立以来的结构性变革，改变了种姓和教派族群的游说团体通过官员招聘来代表群体利益的方式。③

---

① Potter, David, *India's Political Administrators*, *1919-1983*, Oxford: Clarendon Press, 1986, p. 14.

② Potter, D. C., *India's Political Administrators*, p. 237.

③ Gould, W., "The Dual State: The Unruly 'Subordinate', Caste, Community and Civil Service Recruitment in North India, 1930-1955", *Journal of Historical Sociology*, 2007, Vol. 20 (No. 1/2): pp. 13-43.

二 国内研究状况

与较为成熟的欧美和印度学界相比，中国学术界关于印度文官制度的研究受到诸多限制的困扰，尤其是缺少一手档案文献的支持。国内从事南亚殖民统治时期历史研究的学者对印度争取民族独立解放的过程，殖民主义对印度经济上的冲击掠夺和伤害，英印殖民政权统治政策和印度宪政民主制度的确立等课题所进行的研究精深细致，落墨颇多，对于独立后的印度行政官制度也有详细介绍。

较早对英属印度时期文官制度进行详细介绍的是黄子都，他在《印度文官制度的由来和发展》一文中①，对印度文官制度的由来，殖民时期文官机构的产生和独立后印度文官制度的历史变迁做了重要回顾；他又与陈峰君先生在《印度政府行政机构设置与行政官制度》② 中对独立后印度政府行政机构的设置与行政官制度做了详细介绍。1987 年，林承节在《英国东印度公司怎样从商业组织转变为国家政权》一文中③，初步论述了东印度公司文官机构的形成与印度文官制度的建立。1999 年，林承节在《殖民主义史·印度卷》中对契约文官做了介绍；2004 年，在《殖民统治时期的印度史》中，分阶段对印度文官和文官考试制度做了简明扼要的介绍，认为竞争性考试是文官招录主要方式④，文官制度是政治制度的重要组成部分。

尤其值得一提的是林良光主编的《印度政治制度研究》⑤，其中第一章和第五章分别详细阐述了殖民地时期的文官制度、独立后的行政官制度，两者之间的历史沿革及独立后行政机构职能的变化。作者将文官制度置于整个殖民统治制度的框架内，分析了殖民统治时期（公司统治和英王统治时期）文官制度植入印度后的成长及阶段性特点。孙士海在《南亚研究》和《当代亚太》上发表系列文章，对独立后印度国家机构的设

---

① 黄子都：《印度文官制度的由来和发展》，《国际政治研究》1985（1）。
② 黄子都、陈峰君：《印度政府行政机构设置与行政官制度》，《南亚研究》1985（2）（3）（4）。
③ 林承节：《英国东印度公司怎样从商业组织转变为国家政权》，《南亚研究》1987（1）。
④ 林承节：《殖民主义史·印度卷》，北京大学出版社，1999，第56页；《殖民统治时期的印度史》，北京大学出版社，2004，第95页、110页。
⑤ 林良光：《印度政治制度研究》，北京大学出版社，1995。

置和功能做了详细介绍，他是我国较早从事印度政治制度研究并取得丰硕成果的学者。①

2000 年，高岱在《英法殖民地行政管理体制特点评析：1850—1945》一文中，从英帝国直接统治和间接统治的视角简要介绍了殖民地政权的权力分配和官僚机构的构成。高先生指出，印度文官系统"直到 1919 年，几乎所有的印度高级文官都是由牛津或剑桥大学的毕业生充任"，"至于由这些高级文官管辖的印度各省文官，则都是由印度人所组成……而伦敦和英印政府，就是通过这种以官僚制为特征的行政管理体制对印度的大部分地区实行着直接统治"。② 上述学者均注意到印度政治制度、社会和经济变迁之间的复杂关系，没有他们的努力，殖民统治时期的印度文官制度研究就会缺乏重要的知识基础和背景材料。

迄今为止，除了散见的论文，我国学术界尚未有对于印度殖民地文官制度的专门研究。依笔者浅见，现有的一般性文官制度研究存在着三种不足：

一是对于殖民时期印度文官的构成，尤其是印度文官机构和省级文官机构之间的关系，有待深入了解与分析。

二是在一些文章中，往往将公开考试择优录取当作印度文官招录的唯一或最重要的方式，忽视了东印度公司最初的文官招录实行的是举荐制，而非考试制，并且对于高级文官职位，不仅有非合约制文官的晋升制，还有在非规范省份的高级职位上对军官的直接任命制。进入 20 世纪，尤其是一战之后的印度人化进程加速，基于宗教和种姓身份的职位保留制在文官招录中成为新的重要因素，这种基于宗教和种姓身份的保留制与公开考试择优录用的精神并不一致。例如，《南亚研究季刊》1993 年第 1 期王士录的《印度文官制度评论》③ 一文就是一个代表。文中有些观点颇值得商

① 孙士海：《印度国家机构简介》，《南亚研究》1982（03）（04）、1984（01）；《印度政治五十年》，《当代亚太》2000（11）。
② 高岱：《英法殖民地行政管理体制特点评析：1850—1945》，《历史研究》2000（1）。
③ 工士录先生在论文中说："英国殖民统治者逐渐把英国模式的文官制度引入印度，从而奠定了现代印度文官制度的基本格局。1833 年，英印殖民当局颁布了《印度政府法》，一改过去的'恩赐官职制'，正式采用公开竞争考试的办法招录东印度公司文官。新成立的管理委员会负责文官的管理事宜，并主持招录考试，向东印度公司董事会推荐候选人。"错讹之处不一一详列，由于没有注释和出处，故不知其错讹所依。

权，它过分强调了印度文官招录中考试的一面，而忽视了该制度中还有庇护荐举和保留制的一面。李芳、刘沁秋合著的《印度：在第三条道路上蹒跚》在论及殖民统治的遗产时，受其影响，引用了这篇论文。其中对印度文官考试制度是这样描述的："任何人要进入政府机关，必须参加同等考试，择优录用，这就剔除了种姓因素，变不平等为平等竞争。"[1] 而实际情况却是，19世纪下半叶考试制度对印度人的排斥不用多说，即便是1922年之后在印度举行的竞争性考试，在资格审查时，也对省籍、种姓、族群加以了考虑，而且在高级文官职位的分配上，实行了族群和种姓身份基础上的保留制，分化和制约民族独立运动。

这就引出了第三种不足：现有研究在认识到考试招录制度所具有的巨大历史进步性的同时，对考试招录制度作为维护帝国统治权威，维护英国资产阶级与印度追随者合作者利益工具性的一面，往往强调不够。

第三节 研究主旨及研究方法

总体说来，国外学者的研究水平较高，这表现在他们所占有的材料丰富而细致，善于从多种角度切入问题，能综合运用历史学、政治学、社会学、人类学多学科方法，进行跨学科研究等。

文官招录制度研究是我们理解印度文官制度的关键一环。但对文官招录制度的历史考察，无法绕过殖民政府与印度本地精英之间的关系这一问题，也因此，如何评价印度民族主义就成为一种重要的学术立场。正是由于对印度民族主义的看法存在差异，印度学者和英国学者对于印度文官招录制度有着不同的认识。主流英国学者认为，英国人建立的文官机构总体来说运作良好，文官公正、贤明。文官招录制度的变革，体现了英国统治的开明和公正，说明英国议会宪政体制的自我修正能力。只待条件成熟，英国人便通过政权的印度人化，逐步实现印度人的自治，英国也就完成了自己的"文明使命"。英国人留下的印度文官制度和宪政民主遗产，为印度独立后的政治稳定奠定了良好基础。在他们的作品中，我们能看到许多

---

[1] 李芳、刘沁秋：《印度：在第三条道路上蹒跚》，四川人民出版社，2002，第33页。

类似这样的细节描述：身处地方各县的文官，为维护印度人的福利，在炎热干旱、植被稀少或遥远偏僻的乡村小镇承受孤独压抑等心理压力，并竭尽所能完成税收、治安和司法的工作。虽然是有一些素质较差的文官表现不佳，"对印度仆人脸上吐口水，随意鞭打脚踢，对印度人做出过种种不适当的举止"，但事后都受到了文官机构的惩处和监督。① 而那些吵吵闹闹争取文官印度人化的印度人，不过是在追求某一特殊群体或个人的利益。当他们无法从政府当局那里获得想要的实惠，便转而煽动民众。

印度民族主义政治领导人和学者为我们描绘了另一幅画面。而他们对印度文官制度的认识，也存在着一个不断变化和深化的过程。甘地曾经在民族独立运动中说过，印度文官机构不过是一条缠绕在印度民族肌体上的毒蛇。尼赫鲁也对文官机构基本持批判态度，认为印度文官机构的高效是服务于英国殖民统治的，其中的印度成员不过是一班追逐个人名利的庸人。如前所述，独立之后的一些学者，如 N. R. 罗易、K. C. 阿罗拉等，对殖民地文官制度的认识日趋全面，对于建立在考试招录基础上的文官制度，对印度独立后的行政影响多持肯定态度。而一些研究文官制度的学者，如密施拉、西卡、舒克拉和夏尔玛等人，首先对殖民统治在政权中排斥印度本地人的种族主义压迫和政治排斥进行强烈谴责，认为文官印度人化政策不过是英国议会不断受到印度人的陈情鼓动等有组织政治压力之后，才做出的立法调整。文官印度人化既是实现官僚机构的理性化，也是印度人争取实现公平正义和政治权利的过程。这一过程也体现了法治的公正和宪政民主制度的伟大生命力。作为印度资产阶级统治制度和意识形态的维护者，他们提出这样的看法，自有他们自己的理由。

笔者认为，现有的研究印度文官招录制度的印度学者的缺陷，一是过

---

① Collingham, E. M., *Imperial Bodies: The Physical Experience of the Raj*, c. 1800 - 1947, Cambridge: Wiley-Blackwell, 2001, p. 167. 该书记录了一位英国人法官虐待印度人马夫，一时气愤，用马鞭恶狠狠地鞭打他。那时打人是很稀松平常的事情。印度文官要是坐二等以下的火车就是辱没了自己和家人。1870 年，税务局的一位成员 G. 索恩希尔，作为专员夫调查管区西北各县的一位年轻文官所干的坏事，指控包括：对仆人（传令兵）的脸吐口水；用政府的三戟刑具鞭打自家仆人；以不合适的方式攻击本地人。索恩希尔报告说青年文官承认了这些指控，并对自己的行为感到非常后悔，郑重承诺将来再也不这样干了。他被判缓刑三个月，并只能担任助理税务官，处于某税务官的直接监督下。

多局限于就理性官僚制的构建来谈论官僚制，而对文官招录制度和文官印度人化作为英帝国开发掠夺和榨取性殖民统治的政策和工具的一面，认识有所欠缺。二是过多强调印度本土传统因素，如种姓和宗教，对所谓现代性扩散的制约，对英国的殖民统治政策多加辩护和同情。

　　总体上，他们存在着两大认知误区。首先，他们没有认识到，除印度本地的条件之外，是英国殖民统治者制造了印度人进入文官机构的障碍和困境。殖民者在构建帝国体制的过程中，所传播的并不只是纯粹的现代性，本身就带有浓厚的英国本土传统文化、宗教文化、贵族等级制文化等前现代因素。① 同时由于英国殖民主义的入侵和英语教育的传播，接受西化教育的印度精英群体在不断扩大。英国资本主义对印度经济的冲击和限制，造成印度工商业的凋敝；资本流入商品化农业，通过强制劳动榨取超额利润，通过高利贷从农民手中榨取高额地租和田赋。② 殖民帝国从印度不断抽取财富的过程，致使城市就业渠道缺乏和印度社会的普遍贫困。人数日益庞大的受西式教育的精英出路非常狭窄，而且他们获取文官职位的道路还受到英印当局的阻挠和限制。这是 19 世纪下半叶，殖民地文官印度人化诉求和鼓动在印度政治中具有重要性的根本原因，也是印度民族主义兴起的重要因素。英印政权的文官印度人化政策，一方面可以安抚印度舆论，通过所谓的开放和分享政权，来维持殖民统治的合法性；另一方面，英国殖民者在构建帝国的过程中试图模仿和重建母国的等级社会体制③，在印度前殖民时代的统治阶层，王公和土地贵族中寻找认同和亲近感，举荐有影响的大地主贵族子弟，以等级、地域和族群因素，制衡以"孟加拉巴布"为主体的印度中产阶级精英对高级文官职位的政治要求。

　　其次，他们没有认识到文官招录制度是殖民统治的重要工具。即便是所谓公平竞争开放的文官考试招录制，也深受殖民统治政策的制约和影

① Veer, Peter Van der Veer, *Imperial Encounters*：*Religion and Modernity in India and Britain.* Princeton, N. J.：Princeton University Press, 2001, pp. 3-4.

② 苏加塔·鲍斯：《农民劳工和殖民地资本：1770 年以来的孟加拉农村》导言部分，云南人民出版社，2013，第 17 页。这一策略有助于维持母国工业制成品输出中心，殖民地农业原料产地和制成品消费市场的帝国统治结构。

③ Carnading, D., *Ornamentalism*：*How the British Saw their Empire?* New York：Oxford University Press, 2001, p. 41.

响，成为限制印度人进入文官机构的合理工具。一战之后，面对印度民族主义的兴起和独立运动的展开，殖民政权利用宪政改革，引入选举政治，扶植和利用教派、种姓矛盾，分化和制约印度资产阶级民族独立运动。对于英国人在一战之后加速文官印度人化的原因，印度学者更多强调宪政改革的重要性，却没有认识到第一次世界大战后，文官印度人化在印度政治中的重要性大大下降，印度文官的职位对英国资产阶级子弟逐渐失去吸引力，帝国对印度经济的依赖性开始降低，非殖民化进程也逐渐展开。[①] 面对印度人的非暴力不合作运动，作为殖民统治政策的一部分，英印当局竭力通过文官招录制度的改变，开放在印度单独举行的竞争考试，增加直接选拔名额和扩大省级文官晋升到高级职位的比例，对少数族群和落后种姓实行文官职位保留制，在印度人中征召追随者和支持者。文官招录制度就成为殖民统治者巩固统治权威，培养印度代理人，对印度民族独立运动进行分化瓦解和制衡的有效政治工具。

本书试图在丰富的一手档案材料及大量二手文献基础上，以翔实史料澄清以下几个问题：英国本土官僚机构形成的简要过程及特征；英国东印度公司在印度建构官僚体制的背景、具体过程及影响；印度文官公开竞争考试招录制的形成的历史条件和社会基础；其他招录制度，如举荐制、保留制等招录制度存在的政治经济前提和社会基础；造成制度变迁的具体历史因素又有哪些。

探寻历史表象之下的深层动因，我们发现，英国资本主义不同发展阶段对印度社会的冲击，印度本土英语教育的推广和传播，英国和印度之间政治、经济、社会、文化和教育发展的巨大差异，殖民政权出于维护印度政治安全和统治阶级利益等种种因素，都使得文官招录制度表现出鲜明的阶段性特点。对这些阶段性发展的总结和阐述构成本研究的主体内容，分别对应本书第三至第五章。

第一阶段从 1765 年到 1855 年，这一阶段的文官招录主要是实行举荐制。东印度公司董事会董事以庇护和举荐方式垄断对殖民地行政机构文官

---

① Tomlinson, B. R., *The Political Economy of the Raj, 1914 - 1947: The Economics of Decolonization in India*, London: Palgrave Macmillan, Macmillan Press, 1979, p. 6.

的任命权，合约制文官机构高级职位由欧洲人垄断。从1833年开始，议会监督局在公司董事庇护举荐人员进入海利伯瑞学院培训的过程中，引入了初步竞争考试成分。合约制文官的主要来源是与英国商业资本在印度业务有关的行业，如船运、商业贸易和金融，以及殖民地民事和军事机构成员等英印家族的子弟。从1793年开始，英印当局在合约制文官职位上完全排斥印度人。1833年，以举荐方式对印度人开放非合约制文官机构的一些高级职位。

第二阶段是从1855年到一战之前，这一阶段特点是考试招录制度的确立和调整。1853年英国议会法令决定废除东印度公司董事对文官任命的垄断，文官招录根据公开竞争考试的成绩。1855年开始实施的考试制度成为印度文官招录制度的主体。在英国，考试招录的对象从英印家族子弟向接受了大学、公学教育或"填鸭"应试补习教育的能吃苦耐劳的英国中产阶级中下层子弟倾斜。这一阶段，印度人获得了进入合约制文官机构的机会。但公开竞争考试只限于在伦敦用英语举行，印度人通过考试实际进入文官机构的难度很大。为满足印度人获得更多高级职位的要求，议会授权由印度英印政府实施举荐制，让印度人进入包含六分之一合约制文官职位的法定文官机构和省级文官机构。随着英国资本主义生产方式的扩散和英语教育的传播成长起来的印度新兴中产阶级子弟，还需要时间去获得足够充分的西式文化教育和充足财力，支持其子弟前往伦敦参与考试。1872年之后，新兴的印度中产阶级子弟逐渐主导了非合约制文官机构和省级文官机构。

第三阶段从一战到1947年印度独立，考试制扩展到印度，同时在文官任命中引入基于宗教和种姓的职位保留制。宪政改革的推进和民族独立运动的兴起，成为影响这一阶段文官招录制度的最大外部因素。宪政改革要求加速文官的印度人化，以配合印度的自治进程。除继续开放伦敦考试之外，英印当局在印度单独举行各省配额的有限竞争考试，省级文官机构也获得五分之一的高级文官职位。为制约和平衡印度教徒和婆罗门高级种姓在考试中的优势地位，英印当局还在文官招录中，为穆斯林等少数族群和低种姓实行职位保留制。在民族独立运动日益高涨，一个独立的印度民族国家慢慢浮现的情况下，英国人参加文官招录考试的人数日益减少，文官机构也越来越难以维持其所谓的英国特质。1947 年，英国殖民者和民族主义运动领导人就政权交接达成一致，除了变更效忠对象，文官制度的主体得以保留，文官招录制度也在独立后得以延续。

　　本研究以殖民统治时期印度文官招录制度为研究对象，但内容涉及英印现代官僚体制的建立、英印社会变迁和政治思想变化、印度莫卧儿帝国官僚体制、殖民地土地税收制度以及文官县域治理职权的变迁等诸多方面，因而并非单纯的政治史研究，而是涉及制度史、政治史、经济史与社会史等多个领域。就研究方法而言，本书主要采用史料分析法和数据统计法，力图做到在研究中将一般与具体相结合、个案与制度相结合、事件与背景相结合，并尽量从不同视角来理解文官招录制度。在对殖民地文官印度人化等概念进行探讨时，还借鉴了社会学、政治学和人类学的理论和方法。

第四节　几项说明

1. 译名选择问题

　　本研究将 India Civil Service 译为印度文官机构。有必要在此对译名的选择做一说明。文官机构（Civil Service）①，最初是指东印度公司内部非战斗人员所构成的对商业活动进行管理的行政机构，与从事军事活动的军事机构（Military Service）相区分。② 合约制文官机构（Covenanted Civil Service）最早出现在 1765 年克莱武写给董事会的信件中，此后便成为东印度公司行政机构的总称。③ 其成员在赴印前须与公司董事会（1858 年后，则与印度事务大臣）订立合约（见本书附录 1、2），称为合约制文官

---

① Civil Service，指行政机构，除军事机构外的所有政府部门的总称；在其中工作的职员；通过考试招录的制度。*The Merriam-Webster Dictionary of Quotations*，Springfield，Mass.：Merriam-Webster，1992.

② O'Malley，L. S. S.，*The Indian Civil Service*，1600-1930，London：J. Murray，1931，p. 1.

③ 对此概念，爱德华·布伦特在其研究印度殖民地文官的著作中有详细的考察，认为最早出现在 1765、1766 年克莱武与公司董事会的信件中，文官赴印之前须与公司董事会签订合约。但密施拉和菲利普·梅森对此时间略有异议。中国学者在翻译马宗达的《高级印度史》时较早使用契约文官。笔者认为契约较多用于经济活动，在中文语境中有一方受剥削之意，如契约农、契约奴，故使用合约制文官或合约制职员，以显示其作为一种任用合同的对等性和长期性。

（Covenanted Civil Servants）。与合约制文官机构相对应的，是由执行具体事务的较低职位组成的非合约制文官机构（Uncovenanted Civil Service），由殖民政府在印度当地招录的欧洲人、英印人和印度本地人充任，没有明确合约保护其权利，故称为非合约制文官（Uncovenanted Civil Servant）①。二者共同构成了殖民政府官僚机构的整体。

根据 1858 年《印度政府组织法》（*Act for the Better Government of India*）和 1861 年的《印度文官法》（*Indian Civil Service Act*），东印度公司的合约制文官机构（Covenanted Civil Service）改称印度文官机构②，但合约制文官的称呼依然保留。在 1892 年之前，印度文官体系作为一个整体，是由合约制文官机构与非合约制文官机构组成。根据 1886 年艾奇逊调查团的提议，印度政府在 1892 年将合约制文官机构中的一些较低职位（占合约制文官保留职位的六分之一）和非合约制文官机构中的高级职位共同组成省级文官机构（Provincial Civil Service）；非合约制文官机构中余下的低级职位组成附属文官机构（Subordinate Civil Service），省级文官称呼之前多冠以各省名称，如孟加拉文官。

对于 Civil Service，本书主要采用黄子都、陈峰君③使用的"文官机构"这种译法，但在不同情境下，也指全体文官。而 Indian Civil Service，首先是一个专有名词，特指 1861 年《印度文官法》颁布后的合约制文官机构或合约制文官，也就是殖民地文官机构中的高层；有时也译为印度文官制度，主要强调作为整体的文官机构的运作规则和法律规范，或是某个体系的整体，包括职能、权力规范、任职资格、考试和举荐招录制度、见习培训制度、薪金和养老金制度、按照资历晋升制度、海外津贴和家庭津贴制等一系列制度和有关文官任职、晋升、纪律和处罚的法律。它与通过庇护举荐方式招录职员，只是较为晚近才发展出各种任职资格和薪酬等级规范的非合约制文官机构（1892 年之后为省级文官机构和附属文官机

① Misra，B. B.，*The Central Administration of the East India Company，1773−1834*，Manchester：Manchester University Press.，1959，p. 312.
② 1892 年时被称为帝国文官机构（The Imperial Civil Service of India）与省级文官机构区别，但为与英国的 Home Civil Service 区分，还是被称为印度文官机构。
③ 黄子都、陈峰君：《印度政府行政机构设置与行政官制度（一）（二）（三）》，《南亚研究》1985（2）（3）（4）。

构），共同构成了印度殖民地文官制度的整体。

笔者未将印度文官机构译为行政机构，是因为文官机构还包括部分司法和立法职位，而且会与独立后的印度行政机构（Indian Administrative Service）相混淆。

Civil Service 在总体意义上可以译为文官制度，但殖民地文官制度与英美的文官制度有很大差别，后者更多局限于中央政府部门或全国性行政事务（邮政、海关等），并与经由选举产生的政务官相区别。而殖民地时期的合约制文官机构职能以县域税务征收和治安、司法管理为重心，其成员理论上可以在全印范围内所有承担重要责任的高级职位上（立法、司法和行政决策及各种事业部门的高级职位）调动，但实际分属各省具体管辖（不同省份，晋升到中央政府部门担任秘书的机会也有多寡）。以1900 年的文官分布为例，近半数成员在全印 260 多个县中工作，那里的税务官、治安官和司法官等文官机构内的通才型官员都是关键人物[①]，25%的成员在各省政府工作，为殖民地中央政府服务的秘书处成员只占11%，这些成员占据着中央和各省秘书处的关键岗位。[②] 印度中央政府各部秘书处从居于各省的合约制文官中选拔，完成几年的任期之后，再回到所属各省行政机构中工作；还有一部分印度文官是为英印政府的政治部门（political line，1937 年之后成为 political department）工作，担任驻土邦朝廷的驻扎官或管理一群小王国的政治总监，或成为与英印帝国毗邻的小王国的使节[③]，或出任警察部门以及重要的经济部门的首长，如鸦片专员等。

---

① Singh, Chandrahas, *The Civil Service in India*, *1858-1947*: *A Historical Study*, Delhi: Atma Ram & Sons, 1989, p. 87.

② 印度文官机构成员中总有一部分处于 5 年一次的半年回国休假之中，因此，印度文官的调动非常频繁，1936 年的县政府官员中，三分之二的税务官任职时间不到 1 年。独立之后这一点依然延续，成为全印行政官制度的一个重要弊病。流动性过大，在每一岗位任职时间很短，对行政效率和政策的稳定及延续性造成了损害。见 Anirudh Krishna, "Continuity and Change: The Indian Administrative Service 30 Years Ago and Today," *Commonwealth & Comparative Politics*, 48: 4, 2010, pp. 433-444.

③ 关于间接统治中任命文官担任驻扎官的部分内容见 Fisher, M. H., *Indirect Rule in India*: *Residents and the Residency System*, 1764 - 1858, Delhi and New York: Oxford University Press, 1991. 加入政治部门后，文官们一般都不返回自己所来的省份。除了对文官级别晋升产生影响，加入政治部门还被视为已脱离印度文官机构的主流。

文官机构深刻影响着英印帝国统治的基调和特征，即便是在殖民统治的最后时刻，该机构还提供了印度八位省督中的五位。

2. 一个重要概念：印度人化

"印度人化"（Indianization）是本研究涉及的一个重要概念，可译为印度化或印度人化。这一概念最早指印度文化，尤其是佛教文化，在次大陆以外地区，特别是在东南亚一带的扩散和渗透。"印度人化"因 1968 年法国人类学家 G. 赛代斯（George Coedes）的经典著作《东南亚的印度化国家》①（*Histoire ancienne des états hindouisés d´Extrême-Orient*）的出版而广为人知。

本研究所指的印度人化另有其意，包含两重含义。

首先，是指东印度公司统治文化的印度化。东印度公司在获得莫卧儿帝国授权统治孟加拉之初，吸收印度本地的宗教、艺术、生活习惯和政治传统，竭力在饮食、着装、出行和权力装饰等方面模仿莫卧儿贵族统治阶层②，以期获取印度人对其统治的认可。其次是殖民地政权政治体制的本土化，在殖民者刚刚征服的非规范省份，行政权力完全依赖于行政官员个人，权力集中于某一人格化的统治者之手；在规范省份，县政中的警察和司法职权更多集中于县税务官之手，这与当地社会政治体制具有更多家长制特色有关，决策者一定要有处罚权，才能有效行使权力。这些都凸显本土文化和制度遗产对外来政权的影响。

其次，也是本研究所特指的殖民地合约制文官的印度人化，一方面指由于东印度公司实行在高级文官职位上排斥印度人的制度，迫使印度本地精英提出获得殖民政府高级文官职位和参与政权的政治诉求；另一方面则指英印政府的政策，指允许印度人通过公开竞争考试成为合约制文官，或通过举荐方式进入为合约制文官保留的行政、司法职位，从而在合约制文官机构的高级职位中占据更大份额。③ 此外，还可以理解为殖民地国家的

① 〔法〕赛代斯：《东南亚的印度化国家》，蔡华、杨保筠译，商务印书馆，2008。

② Cannadine, D., *Ornamentalism*：*How the British Saw Their Empire*, New York：Oxford University Press, 2001, p.16.

③ 从非合约制文官（1892 年之后为省级文官机构）或律师中举荐晋升到高级行政和司法职位的文官或法官，不属于印度文官机构成员，其权利没有合约保护，也没有海外津贴或家属津贴，不能在其姓名后加 "ICS" 这一缩写。

非殖民地化进程，即殖民统治者迫于形势，有意无意向印度本土精英逐步让渡国家统治权力的过程。[①]

3. 英属印度的政权组织架构及信息传递

英国殖民统治印度大致经历了两个阶段：东印度公司统治时期和英王直接统治时期。在这两个时期，由于不同的历史背景，殖民政权的组织架构显现出不同的特征。

第一阶段是东印度公司统治时期。以 1784 年议会监督局的设立为界，东印度公司的统治可以划分为一元结构和二元结构两个时期。公司统治前期主要实行的是公司董事会的一元权力结构，公司在印度享有巨大的权力，如向管区派任总督，设立管区政府，拥有军队、征税、铸币、立法、任命官职和设立法院等广泛的权力。从 18 世纪中后期开始，伴随公司的领土扩张和殖民政权转型，英国政府强化了对东印度公司的控制。通过 1773 年的《东印度公司法》（《调整法案》）和 1784 年的《印度法案》（《皮特法案》），一元结构转向二元结构，形成了公司董事会与议会监督局的双头体制。[②] 议会监督局名义上高于董事会，并通过董事会起间接领导作用，但真正直接统治印度的仍是以总督为首的英印政权。

第二阶段是英王直接统治时期。英王直接统治是 1857～1858 年印度民族大起义的结果。大起义的发生标志着东印度公司统治的失败，也为英王直接统治提供了合法理由。奠定这一时期殖民政治体制基础的是 1858 年的《印度政府组织法》和 1861 年的《印度参事会法》。

相比公司统治时期的殖民架构，变化主要有以下两方面：一是双头体制变成了单一体制。1858 年法案规定英王接管政权，取消议会监督局和公司董事会，代之以内阁中的印度事务大臣。二是印度立法机构与行政机构的组成发生了显著的变化，一定程度上引入了权力分离和作为顾问的议会，为殖民政权未来吸纳印度本土因素留出了空间。

英王体制初期并没有受到太大的挑战，但随着 19 世纪晚期印度精英和知识分子的民族自觉，以及大众性民族主义运动的兴起，殖民政权不得

① Sharma, Malti, *Indianization of the Civil Service in British India* 1857 - 1935, New Delhi: Manak Publications, 2001.

② 郭家宏：《论英国对印度殖民统治体制的形成及影响》，《史学集刊》2007（2）。

不进行调整，陆续引入自治因素，并将代议制政府移植到地方政府架构，在战略上转入退却阶段，并最终经由谈判，在 1947 年向印度移交权力。

从东印度公司到英印帝国，英国对印度的殖民统治经历了漫长的演变过程。总体说来，英国在印度的殖民地划分为两类：依靠驻扎官和政治总监进行间接统治的土邦印度（Princely States），以及由英国人直接统治的英属印度（British India）。到 19 世纪中叶，东印度公司就像莫卧儿王朝以前统治印度次大陆一样，他们占领几座中心战略城市，通过税收吸走农村财富，同时保持农村基本社会结构和习俗不变。土邦印度为英属印度所围绕，其中的土邦领主必须接受与英印总督订立的补助金条约，为军队提供贡赋，并接受英王的共主地位和承认英王为领地的最高统治者，这种模式被称为"补助金联盟"（Subsidiary Alliance）。而英属印度则以军队和兵站为中心来展开政治权力的运作，税务官、治安官和司法官各司其职。

1848 年至 1856 年担任印度总督的达尔豪西（James Andrew Borun Dalhousie）① 促进了印度的信息和交通设施现代化。我们从 1852 年他写给伦敦东印度公司董事会的信中能看出管理印度殖民地的难处：

> 世界各地的一切都比过去发展得更快，除了印度事务。那么多的工作人员、董事会、推荐信、来往函件，印度各管区政府相互之间的距离那么遥远，还需考虑英格兰不断送来的信息和新的函件，还得咨询在伦敦的几个权威部门。即便有意改善它，引入伟大的公共措施，却经常慢得令人沮丧。②

---

① 达尔豪西（James Andrew Borun Dalhousie，1812~1860）出身于苏格兰贵族世家，早年在哈罗公学和牛津大学接受教育，1837 年成为上院议员，1845 年任贸易大臣。1848~1856 年出任印度总督。任内兼并旁遮普，入侵缅甸，对内实行"绝嗣丧权"原则，兼并王公土邦领土。与此同时，实行改革，兴建铁路，建立邮电系统，创办英语学校，推广英语教育，放宽印度人出任印度文官的条件，废除印度教殉夫陋习和奴隶贸易，维护和加强殖民统治，生前受封男爵和伯爵，见黄心川：《南亚大辞典》，四川人民出版社，1998，第 92 页。

② Headric, Daniel, "A Double-Edged Sword: Communications and Imperial Control in British India", *Historische Sozialforschung*, Vol. 35, No. 1 (131), 2010, p. 53.

为改变这一局面，达尔豪西在1854年引入了《邮政法》（*Post Office Act*），该法案旨在用统一的英属印度邮政机构来取代杂乱无章的地方和省级邮政机构。他革新印度的邮政系统，从1864年开始，用铁路专用车厢分拣邮件的做法提高邮政系统的效率。以往由跑步者背负，以每小时4或5公里速度传递的邮件，改革后运输速度提高了10倍。1850年，一封从孟买寄往加尔各答的信需要两周或更长时间，到1900年，第二天就会到达加尔各答。小镇邮局的数量也从1854年的700家增加至1900年的12970家。正如印度经济学家马欣德拉·纳特·达斯（Mahindra Nath Das）所言：

> 邮局渗透到印度无数的村庄……邮局在打破印度社会的静态本质方面也发挥了重要作用……无论从社会、文化、教育还是经济的角度来看，达尔豪西勋爵的邮政系统对印度的发展起到了显著作用。[1]

达尔豪西于1853年开始建设连接各大城市的电报网干线，总长度为10000公里。一年后，达尔豪西向一位朋友介绍加尔各答和孟买之间的电报服务："在不到一天的时间里，政府就进行了通信，而在电报发明之前，这种通信可要花上整整一个月——这在政治上是多么有力！"1900年，连接4949个城镇电报局的陆地线路超过了84000公里，每年传送数百万份电报，并有传送车往返于各小村庄。

与此同时，达尔豪西现代化项目中最引人注目的工程就是铁路建设。1850年开始建造，1853年，第一列火车就行驶在孟买到塔纳的客运铁路线上。印度铁路很快就吸引了比欧洲殖民地任何其他形式的企业都多的资本。由于这一大笔投资，印度铁路网的长度在1895年超过了英国。虽然英国企业修建铁路是为了英国统治的目的，比如运输货物、士兵和官员，但铁路旅行很快在普通印度人中也很受欢迎，甚至在穷人中也是如此。

在19世纪下半叶，宗主国英国和殖民地之间的信息联系也急剧加快。

---

[1] Mahindra Nath Das, *Studies in the Economic and Social Development of Modern India*：1848-56, Calcutta, 1956, pp. 198-199.

19世纪30年代之前，英国和印度之间的邮件都是通过东印度公司笨重的西班牙式大帆船（galleons）进行往来。帆船环绕非洲好望角航行，往返时间从4个月到6个月不等。为等到合适的季风，人们不得不等待一年，有时是两年，才能收到回信。通过穿越叙利亚和美索不达米亚的陆路运输是有可能稍微快一些，但很可能会在路上遭遇强盗和瘟疫，也不可靠。1830年，情况发生了变化，"休·林赛"号（Hugh Lindsay）蒸汽船在31天内从孟买驶到苏伊士；到达苏伊士之后，所载信件经埃及、亚得里亚海，再经欧陆到达英吉利海峡，28天可达伦敦。不久，在海军部的协调下，孟买和苏伊士之间每月都有汽船往返。到1858年，航运公司已拥有55艘载运邮件和乘客的船只，往来于英格兰和亚历山大之间、苏伊士和印度之间。从英国到印度的旅行时间减少到4到6个星期。

就这样，宗主国运用工业社会的现代信息和交通技术，为印度文官机构统治殖民地提供了极大便利。我们也更能理解，殖民地的统治方式也从东印度公司时期的放任自由，转变为对印度殖民地施行更深入的控制。

第二章

印度殖民地行政体制的构建

18世纪中叶，盛极一时的莫卧儿帝国日渐衰落。作为特许贸易商的英国东印度公司凭借自己军事技术上的优势，灵活利用各种手段，与法国人、马拉塔人，迈索尔、锡克等大小封建主对手展开竞争，到19世纪中叶，最终取代莫卧儿统治者，取得了对南亚次大陆的统治权。

对于英印帝国赖以维持的行政体制的性质，各国学者有着不同的看法。一部分学者，如鲁道夫夫妇[1]、托马斯·梅特卡夫夫妇[2]，前述的N.C.罗易、K.C.阿罗拉，我国研究印度历史的庄万友先生[3]，都强调在漫长的印度历史中，帝国统治机构的延续性。他们认为英印帝国的文官制度与莫卧儿帝国的曼萨卜达尔制之间，除军事职能之外，其专制统治特点及等级制形式有着诸多相似性和延续性。而另一部分学者则强调殖民统治与传统政治相比，具有更多现代性，如B.B.密施拉[4]、E.布伦

---

① Rudolph, L. I., *In Pursuit of Lakshmi: The Political Economy of the Indian State*, Chicago: University of Chicago Press, 1987, p. 14.

② Metcalf, Thomas R., *A Concise History of India*, Cambridge: Cambridge University Press, 2001, pp. 57-58.

③ 庄万友：《莫卧儿人的统治及其对英国人在印度统治的影响》，《南亚研究季刊》1994（1）。庄先生认为："统治南亚次大陆大部分地区达2个世纪之久的莫卧儿帝国衰败了，然而它的影响没有消逝不见，它的与统一帝国联系在一起的王权观念、中央集权的官僚行政体制、税收方式及其统治的一些特点被近代的英国人发现。英国人在填补莫卧儿的政治真空和统治印度的过程中，将它们纳入自己的统治体制中，使其成为殖民地、半封建社会形态的有机组成部分。这是近代与中世纪妥协的产物，也是印度通向现代政治体制的重要桥梁。"

④ Misra, B. B., *The Central Administration of the East India Company*, 1773-1834, Manchester: Manchester University Press, 1959, p. 5.

特①和吉尔默②，都强调印度文官制度之中带有鲜明的理性官僚制色彩。

本章试图阐释，在 18 世纪下半叶到 1857 年印度民族大起义之前，英国议会和东印度公司殖民政权是如何确立文官机构各种内部规范，文官所承担的各种县政管理职能又是如何变迁的，从而对殖民地行政体制的形成过程及其性质进行探讨。

第一节　印度文官制度中的英国因素

依照韦伯的定义，文官机构的实质是理性官僚制，这种体制有别于传统的家产官僚制行政方式，是在法理型权威的基础上履行行政职能。它产生的基础是英国式的法理传统和非人格权威。本节论述文官机构在英国的发展演化以及东印度公司在印度的商业/行政管理体制的形成。

一　文官机构在英国的形成

西方学者对包括文官机构在内的现代国家制度的形成和演变，做过大量研究。英国著名社会学家安东尼·吉登斯的观点尤具代表性，在其著名的《民族-国家与暴力》一书中，他将西方国家的演变划分为传统国家、绝对主义国家、现代民族国家三个阶段。③ 以此为框架，我们可简要勾勒出作为国家制度重要组成部分的英国文官制度的形成。具体来说，脱胎于中世纪早期王室管理的英国中央文官机构在 16 世纪都铎绝对主义国家时期，开始显现出现代形态的雏形。在以后几个世纪的演变中，文官机构逐渐获得了法理、非人格权威的属性，发展成为现代官僚行政制度。但英国绝对主义国家始终没有摆脱贵族政治的制约和影响，没有发展成大陆型，尤其是法国式的君主专制。

词源分析可以从一个特殊的角度帮助我们理解制度起源。文官机构在英语中源于 Curia Regis，或者国王的朝堂（King's Court，王室成员与仆人

---

① Blunt, E., *The I. C. S*, London：Faber and Faber, 1938, p. 19.

② Gilmour, D., *The Ruling Caste：Imperial Lives in the Victorian Raj*, London：John Murray, 2005, p. 23.

③ 安东尼·吉登斯：《民族-国家与暴力》，胡宗泽等译，三联书店，1998，第 4 页。

共处一处）。政府部门源于国王侍从和仆人之间的分工。以财政和司法为例，国库就是国王的账房，这样称呼是因为在为国王计算钱财收入时，在桌面铺上格子布（chequer）。检查格子是为了职员工作方便，就像算盘一样便于计数。大法官，最初就是国王的登记处，登记那些为国王的事务所要求的各种令状、许可、证书、特许状和其他文件。这两个部门专事国王（王国）的司法和财务管理，结果就日益从国王的家务进入公共领域。最初的王室家仆也逐渐演变为国家的事务大臣。[①] 王室的新家仆所占据的职位，由于越来越多地承担公共角色，也逐渐演变为政府部门。[②] 总之，其发展趋势是从私人到公共领域，从王室家务到政府行政。

早期的王室行政大多由教士出任。因为在相当长时间里，他们是仅有的具备读写能力的阶层。[③] 到 15 世纪末，教士逐渐被那些在大学接受法学和人文教育与训练的世俗人士所取代。亨利八世时期，托马斯·克伦威尔成为国王秘书。他最初是大主教沃尔西的随从，在没收教会财产，为王室拓展财源中表现出杰出的行政能力。按照历史学家埃尔顿的说法，他主持完成了一场"都铎行政革命"。这场革命发生在 1530~1542 年，使用了新的财政管理方式，在首席国务大臣（Principal Secretary）领导之下建立起行政集中，将枢密院建成为一个协调场所，王室家政管理的合理化——其中每一项都涉及"沿着更大的准确性、专业化和官僚秩序的方向进行重组"[④]。

整个王室行政得以重组，并首次转为一种国家的而非王室的政府体制。亨利八世的行政部门，分为六个办公室，都与处理税务有关。有些是传统的，像国库（Exchequer），有些是新增加的，用于处理新没收的教会财产。这六个部门，加上其他的处理司法、军事和对外关系的办公室，都被整合到首席国务大臣这个职位之下。这个职位由克伦威尔设立，取代大法官，成为国王最

---

① Pyper, R., *The British Civil Service*, London, Prentice Hall: Harvester Wheatsheaf, 1995, p. 9.

② Pyper, R., *The British Civil Service*, p. 10.

③ Pilkington, C., *The Civil Service in Britain Today*, Manchester: Manchester University Press, 2000, p. 11.

④ Elton, G. R., *The Tudor Revolution in Government: Administrative Changes in the Reign of Henry Ⅷ*, Cambridge: Cambridge University Press, 1962, p. 415。根本的变化是，原来在教会和宫廷中训练出来的官僚集团，转变为在大臣的官邸中训练，然后又在国家机构中服务的官僚集团。

亲近的首席顾问。到伊丽莎白一世时代（1558～1603），伯利勋爵威廉·塞西尔（William Cecil）沿用了此职位，使枢密院成为官僚体系的中枢。

白厅最初专指议会附近的一条街，后来成为政府行政部门的通称。它最初是作为约克大主教在伦敦的驻地；在15世纪晚期和16世纪早期，成为两位很有权势的大主教的驻地。沃尔西也选择居住于此以便于履行在西敏寺内星室法庭的司法职务。亨利八世时期，白厅成为行政人员的办公地点。西敏寺里的星室成为政府驻地，枢密院在那里履行司法和行政职能，而议会则专门履行立法职能，它们都处于西敏寺大楼内。后来，亨利八世将司法职能留在西敏寺内的星室，而将行政职能移到了白厅。①

这种有形的位置和职能的划分，在英国形成了一种传统，立法和司法职能留在了西敏寺内，而行政权和枢密院居于白厅。白厅现在成为高级行政机构的所在地，由高级文官担任职务，直接服务于事务大臣，成为政策制定和执行的首要部门。

都铎王朝建立的行政机构在斯图亚特王朝早期、内战之后的共和国和护国主时期，都经历了大的变革。1660年斯图亚特王朝复辟之后，政府行政部门又经历一系列的改革，具备了我们今日所说的文官机构的早期形式。以贸易和拓殖委员会（Board of Trade and Plantation）为例，它最初在1621年建立，是第一个不涉及税务的政府部门，在复辟之后恢复为两个委员会，一个管理贸易，一个管理拓殖。这两个部门在1672年再次合并，贸易和拓殖委员会于1696年成为枢密院下属的委员会，称为贸易委员会（Board of Trade）。这一委员会曾于1782年废止，但根据1786年枢密院令再次恢复，成为今天的贸易和工业部（Department of Trade and Industry）。在较长一段时期内，这一机构不过是聊备咨询。职能调整之后，在某种意义上，贸易委员会成为政府部门中唯一一个能对经济社会进行干预的部门。在18世纪晚期和19世纪初，贸易委员会为英国商船队上的海员规范了工作条件，并在禁止奴隶贸易运动中扮演了重要角色。②

---

① Pilkington, C., *The Civil Service in Britain Today*, Manchester：Manchester University Press, 2000, p. 13.

② Pyper, R., *The British Civil Service*, London, Prentice Hall, Yellow Springs Ohio：Harvester Wheatsheaf, 1995, p. 14.

与贸易委员会一样具备文官机构早期形式的还有新成立的财政部。早在伊丽莎白时代的伯利勋爵塞西尔的主持下，财政部就单独从国库中分离出来，并于 1660 年，创建成为由五名专员领导的政府部门。新的财政大臣乔治·唐宁（George Downing）从荷兰引入最新的行政管理和会计技术，利用这些技术提高了政府收税的效率。根据 1668 年枢密院令，财政部不仅控制税收，还控制其他部门的支出。除了财政部、税务部门以及贸易与拓殖委员会，查理二世时期的白厅建立了不同的委员会和部门，都由枢密院和两位事务大臣控制。① 到这时，英国国王政府的行政机构才基本建构完全。

二 英国官僚机构的现代转型

都铎王朝和斯图亚特王朝的君主专制削弱了贵族政治，导致一个新的社会阶级，即广义的中产阶级成长起来。由于都铎王室的眷顾和恩宠，这个阶级在普通民众和封建贵族之间取得了一定地位。中产阶段主要由从事商业贸易和有学问的专业人士构成，接受大体上世俗取向的教育。他们很快成为新的行政机构的人才库。与此相关的背景是，15 世纪末开始，行政管理职能日益细分，并且与王室事务逐渐分离②，这是一个从统治者私人机构向公共服务机构转变的重要步骤。

中产阶级成员及其子弟所获得的人文、法律和科学教育，使他们与社会中没有接受文化教育的各阶层区分开来。他们多从事商业和贸易，并试图控制地产。一些大的商业家族也成为乡间财产的所有者。由于经济地位的上升，中产阶级的社会地位逐步上移，与社会中的富裕阶层混合。但混合过程并未阻碍中产阶级阶级意识的成长，他们在人文和世俗教育基础上形成的文化习惯和价值观念使其与贵族阶层分离，尽管两者偶尔会有部分重叠。③

查理一世时期的君主专制和内战进一步削弱了贵族阶层，但克伦威尔共和试验的失败导致人们对共和的反感。贵族和资产阶级妥协，出现了

---

① Pyper, R., *The British Civil Service*, p. 15.
② Kingsley, D. J., *Representative Bureaucracy: An Interpretation of the British Civil Service*, Yellow Springs Ohio: The Antioch Press, 1944, p. 43.
③ Kingsley, D. J., *Representative Bureaucracy: An Interpretation of the British Civil Service*, p. 44.

1660 年的复辟。复辟是专制的中断，它所呈现的政府形式是亚里士多德类型的混合政府，一种混合了君主专制、贵族统治和民主政治的政体。1688 年的光荣革命和 1701 年的《嗣位法》是对 1660 年原则的一种实质确认。这些法律将人民主权的观念提升为一种新的稳定权力关系的基础，使资产阶级和贵族形成一种合作伙伴关系。

在理论上，这种人民主权的新观念授予每个个体行使主权的能力；在实际上，则意味着选举产生议会。这种主权和以往将社会中存在的"自然"领导人，诸如贵族、法人和社会团体的领袖等同于民众主权不同，在国王和议会为代表的国家权力与单个公民之间，任何中间主权都不被承认，并且都被议会中的王权这种法律上的主权所完全取代。国王批准议会提出的一系列法令，从《人身保护令》《权利法案》到《嗣位法》，都一致强调国王依据议会颁行的法令进行统治的责任。在早期为资产阶级的成长提供了资助的专制君主，现在则让位于最高法律主权这一资产阶级的"人造物"。体现人民主权这一原则的法律，成为各种政治权力的基础和合法性来源。

1688~1689 年的协议还做出了一项妥协，把对政府机构职位的垄断权力留给了贵族，由贵族控制议会和文官机构。但要充分使用这套机制，就不得不照顾到已经居于主导地位的资产阶级的利益。资产阶级和贵族之间的这种妥协是必要的，因为当时没有哪个阶级具有不可挑战的主导权。何况对于资产阶级来说，农民和城市无产者是远比贵族更为严重的威胁。[1]

在行政管理的发展中，英国并没有发展出法国和德国那样形式化的和规则取向的官僚制。一个重要的原因就是英国的王权没有及时建立起两套有效的专制工具：常备军和中央集权的官僚制。这部分是由于经济上的原因，也因英国地处岛屿，历史上大部分时间都能免于外部入侵。英国中央政府既要贯彻自己的意志，又要依靠那些自愿合作的无薪兼职官员来管理地方事务，其中包括乡绅和助理、郡长、治安法官、高级和低级警官、贫民监督和国教会执事等。[2] 这些人多是地方望族，出于传统和习惯，在地

---

[1] Kingsley, Donald J., *Representative Bureaucracy*, p. 21.

[2] Aylmer, C. E., *The King's Servants：The Civil Service of Charles I, 1625-1642*, New York：Columbia University Press, 1961, p. 7.

方民事机构中任职。由于这些非官方职位据有者的长期存在，地方行政当中，官僚制没有得到成长的机会。[①]

英国还出现了一种很重要的发展，即行政管理职能和政治功能的划分。18 世纪之前，实际上并没有文官和政治家的区别。国王的官职持有者通常也在议会拥有席位。但从 17 世纪上半期开始，一些国王的机构，特别是法院和行政部门就逐渐被视为王权的公共机构，它们和为君主服务的私人部门有着严格的区分。不同于为国王服务，忠于国家、忠于公共福利和公共利益的理念，渐渐占据了人们的头脑。[②] 但这些观念尚未生根，专制君主的宗教基础仍然牢固，而且人们认为国王本人是不能违犯的。国王的仆从还不能被视为公共机构，除非这些机构本身在很大程度上非人格化，并且在一定程度上去政治化。

议会为维护自己的政治独立性，在光荣革命之后采取了一系列的措施，从下院中驱逐官职拥有者，并在安妮公主成为女王前，最终剥夺了许多文官在议会的职务。这种排斥原则于 1782 年扩展到政府事务承包人（如邮政、海关人员），1801 年扩展到国教会教士。1782 年，50000 名海关和税务官员被剥夺了当选议员的权利。18 世纪晚期、19 世纪早期在议会下院开始对"禄虫"（后被称为永久性王室官员）进行排斥。到 19 世纪初，英国行政职员和政府政治部门的永久性分离已趋完成。现代意义上的政府部门的进化，是与行政官员与政治官员的划分密切相关的，行政官员不依大臣进退，而政治官员则与大臣共进退。

议会虽然实施了行政官员和政治官员的分离，但在场面上依然是贵族

---

① 对这一问题，有许多著述论及。此处引一段民国学者的话，颇为有趣：关于地方政府中的民仆制，"凡考试、酬恤、升迁，退休皆无定制。地方政府用人之权，只在市政厅或乡董会等四五要人之手，视为禁脔，以引其私人，以养其戚友"。只对技术职员有资格规定。"著者在伦敦时，欲调查各市中民仆制度之实况，曾商准教师，用大学名义遍函重要市府二三十处，所得结果令人气沮，置之不覆者有之，覆而不得要领者有之。而竟有数处报以恶声，复函口吻云：'我自为政，与人何由，制度不制度，干卿底事！'其深闭固拒有如此者。盖视用人唯地方政柄者之特权，将以自利，不欲人过问也。因此地方政府中除参事民选外，行政官吏更多系指派，丁是请托之弊，夤缘之事，仍是不免，无一定之标准，无资格之限制。欲效力地方者，无正途可由，职位之得来，以机会，以保荐，以营谋，纷乱错张，漫无定制。"见费福雄：《英国文官考试制度》，上海民智书局发行，民国二十年（1931）九月第一版，第十二章。

② Kingsley, Donald J., *Representative Bureaucracy*, p. 59.

式的，尽管他们已代表中产阶级利益。直到 1832 年颁布《议会改革法案》，中产阶级才开始直接有效地享有政治权力。即便如此，在英国行政机构中以竞争考试制取代"庇护制"作为招录常任文官的方法，还要推迟 40 年。这种替代首先发生在 1854 年"诺斯科特-屈威廉报告"（*The Northcote-Trevelyan Roport*）中，最终在 1870 年枢密院令中得以实现。在"诺斯科特-屈威廉报告"所建议设立的官僚制度中，资产阶级的个人能力因素逐步获得主导地位。①

英国官僚制度发展的显著特点就在于，封建贵族逐渐演变成为资产阶级利益和代议制政府的工具，资产阶级也有足够耐心去等待和完成这种转变，而未经历一个严格的绝对主义官僚统治的阶段。对比欧洲大陆普鲁士和法国的更为军事化和中央集权化的官僚机构，英国官僚机构在形式和理论取向上都不是那么严格，具有更多的经验主义特色，更多受到身份等级制的影响。地方行政则是典型的"望族行政"。②

这份简短的英国行政机构成长史的叙述，表明现代官僚制度是一个中等阶级的、资产阶级的概念，是经济进步和智力发展的结果。文官机构的出现和成长意味着一种根本的转变，从单纯的为君主个人服务的机构变为一种抽象意义上的国家、法律和非人格权威下的官僚行政制度。

三　东印度公司早期文官机构的形成③

东印度公司原本是一家由女王伊丽莎白一世在 1600 年 12 月 31 日授

---

① 高级行政职位在 1911 年之前一直是上层中产阶级的保留地，商人子弟比其他任何职业群体或类别都更为成功。到那时为止，只有两成的职位持有者的父母是地产拥有者。另一方面，在 1836～1854 年间，22 个职位获取者中只有 1 位是商人子弟，而 70% 以上的父亲是官员或地产拥有者。Kingsley, Donald J., *Representative Bureaucracy*, p. 65.

② 马克斯·韦伯：《支配社会学》，康乐译，广西师范大学出版社，2004，第 176～184 页。

③ 林承节：《英国东印度公司怎么从商业组织转变为国家政权》，《南亚研究》1987 年第 1 期。林承节先生对东印度公司如何形成、发展，如何利用印度在政治上的分裂，灵活使用军事政治手腕，在与欧洲列强的竞争中获胜，并使自己成功转变成为殖民政权的具体历史过程进行了详细介绍，其中对东印度公司在孟加拉的行政管理体制，公司商业组织如何转变为文官制度也有初步介绍。2007 年，郭家宏先生在他的《第二帝国的巩固和建立：1785～1815》一书中，具体描述了从失去北美殖民地之后，英国以巩固第二帝国的视角，如何调整殖民政策，从赤裸裸的殖民掠夺向"仁慈专制"转变。郭家宏：《论英国对印度殖民统治体制的形成及影响》，《史学集刊》2007 年第 2 期，第 50～56 页。

予特许状，从事东印度贸易的公司，其成员主要是在王室的庇护下成长起来的中产阶级。以 1617 年该公司的股东为例，大多部分成员都来自商业团体，只有零星成员是大地主和专业人士。按照马克思的说法，东印度公司真正的创始不能说早于 1702 年，因为在这一年，争夺东印度贸易垄断权的各个公司才合并成一个独此一家的公司。① 1702 年以前，原有的东印度公司的生存曾经一再陷于危殆。在克伦威尔摄政时期，它的活动曾中断多年；在威廉三世统治时期，它又因议会干涉几乎解散。但是，正是在这位荷兰亲王统治时期，东印度公司的存在才得到英国议会的承认。

东印度公司在印度逐渐从设防商馆发展到小块殖民地，再到插手印度内讧，建立对印度本地王公的政治控制，直至最后，通过武力征服建立殖民政权，顺利完成从贸易公司向殖民政权的转变。东印度公司从事商业业务的组织是"文官机构"，其权力来源于女王特许状，建立在法令基础上。"尊敬的公司文官机构"用于指称在印度的非军事或民事雇员团体，以便与公司的军事、航运及教会团体相区别。② 公司雇员被称为雇员（Servant），那些从事海外贸易的人员则被指称为"文职雇员"（Civil Servant）。冠以这一名称的人员，多从事商业运作，而且与公司的船运及军事官员相区别，有明确的职能分工。"文职部门"（Civil Service）也逐渐获得具体的内涵，就是指商业机构中的非军事部门。

东印度公司最早的有组织的文官机构就是由"合约制文职雇员"（Covenanted Servant）组成的团体，其成员包括那些由公司雇用的书记员、代理、初级商人和高级商人。合约制雇员这一名称来源于每一成员在获得公司任命时都要签署合约，以确保公司职员能按公司要求履行权利和义务。按照爱德华·布伦特的说法，文职雇员在早期都是商人，他们被公司任命来开展商业事务。③ 普拉西战役之后，东印度公司就逐渐从一个商业公司转变为行使领土统治职能的团体，其文职雇员也就转变成为政府行政

---

① 马克思：《东印度公司，它的历史与结果》，《马克思恩格斯全集》第九卷，中共中央马克思恩格斯列宁斯大林著作翻译局，人民出版社，1961，第 167 页。
② Blunt, E., *The I. C. S.*, 1937, p. 1.
③ Blunt, E., *The I. C. S.*, 1937, p. 15.

人员，其商业职能和行政职能在一定时间内是混合的。①

1765 年之前，"Civil Servant" 这一名称就已经出现于公司的记录之中。② 但原有名称是"代理"（Factors），意指从事商业交易的代理人，代理人集中居住之处被称为"商馆"。"殖民地"就是由一些商馆组合而成，由代理人和参事会管理。苏拉特的代理在 1616 年被指定为总裁（president），这个词后来也应用到圣乔治堡、孟买和威廉堡的代理。1661 年王室特许状授权公司在这些总裁之中任命省督。公司 1666 年在马德拉斯、1682 年在孟买和 1700 年在威廉堡任命了省督（Governor）。③ 省督在殖民地履行司法职能（白城由省督直接管理，黑城由印度上层代理）。但在行政上，所有权力都由省督和参事会共同拥有，只有在参事会内获得多数票，方可进行交易与谈判。在印度的每个管区，决策机构的构成大致都是如此。

公司董事会在伦敦履行公司的核心决策职能，它由私人股东组成的股东大会选举产生。殖民地的管理机构直接由公司董事会任命。因为殖民地都是商馆所在地发展起来的城市，面积不大，所以，公司并没有建立单独的行政机构，管区的省督、参事会兼作殖民地的行政权力机关，除了管理商务，也管理行政、司法。省督参事会指定商馆的某些职员负责税收和审理一般民事案件。商馆的卫兵兼负警察职责。④ 公司的行政管理职能在小块殖民地内已有初步发展。

至于公司职员的任用，公司机构中有不同级别的员工，依次是从学徒、书记官、代理到初级和高级商人。例如，1665 年，苏拉特的代理要求董事会提供一些书写能力强的青年。1668 年，公司派出的职员包括几名代理，12 名书记员和 2 名学徒。⑤ 最初职员不是按照规则来任命和支付薪酬，而是根据个人业绩。

1674 年 12 月，公司颁布条例，首次实行正规方法，为职员规定具体

---

① Blunt, E., *The I. C. S.*, 1937, p. 16.
② O'Malley, L. L., *The Indian Civil Service*, London: J. Murray, 1931, pp. 31-32.
③ E. Blunt, *The I. C. S.*, 1937, p. 8.
④ 林承节：《英国东印度公司怎么从商业组织转变为国家政权》，《南亚研究》1987（1）。
⑤ Blunt, E., *The I. C. S.*, 1937, p. 13.

的工资和任职条件。公司招录的职员，首先是当学徒，为期 7 年。前 5 年，年薪为 5 英镑，其余两年年薪 10 英镑。在期限届满时，有权再工作 3 年，年薪 20 英镑。董事会对学徒的直接任命在 1694 年停止。[1] 比学徒高一级别的是"书记员"。最初进入公司担任书记员的资格只限于拥有良好书写能力，并愿意为公司服务且身无疾病。1682 年后，任职资格就扩展为接受过一般教育，具有簿记和商业账目的知识。书记员之上，除了代理，还有初级和高级商人。

至于职员薪酬，根据 1674 年条例，书记员的第一段任期为期 5 年，其间年薪 10 英镑。然后再延长 3 年，年薪 20 英镑，此后，他可以晋升到更高级别。公司董事会允许发给代理、初级和高级商人在头 5 年任职期间的最高年薪分别是 20 英镑、30 英镑和 40 英镑。但是，晋升为参事会成员之后，一位高级商人获得的年薪就高达 150 英镑，而总裁年薪更是高达 500 英镑。对公司职员等级层次和晋升机会的这种规定，为后来公司成长为一种专业取向的职业机构，并最终转变为政权机构奠定了基础。当然，公司出于控制职员的目的，职员在印度都只能拿到年薪的三分之一，余下金额要回到英国后才能补足。[2] 这就导致公司普通职员收入低下，他们被迫想尽办法另谋财路。此时，公司在财务上的节俭与对职员的纪律约束就很难两全了。

1674 年的条例还规定以资历作为升职的基础，除非在业务上有特殊情况要求晋升。为了和晋升中的资历原则一致，管区的总裁和参事会须逐年向公司董事会提供按照等级和职位排列的合约制职员的完整名录，并根据他们履职的总体质量加以评判。从英格兰直接派出代理的做法一直到 1765 年才停止。

从 1714 年开始，职员对公司机构（主要是军事和商业机构）内职位的申请，必须得到一位董事的署名批准。[3] 被提名人需要提交申请给公司董事会下属的决算委员会（Committee of Account）审议。经过该委员会报

---

[1] Misra, *Central Administration of EIC*, Manchester: Manchester University Press., 1959, p. 24.

[2] Blunt, E., *The I. C. S.*, 1937, p. 35.

[3] Blunt, E., *The I. C. S.*, 1937, p. 27.

告，董事会再投票进行任命。被任命者要求提供两笔各 500 英镑的保证金。进入公司业务机构之前，所有新职员都必须签署一项合约，承诺以忠诚和良好行为为公司服务。

因此，除作为商业机构的特征之外，公司还成为一个集权的等级制的契约性机构和统治团体。但由于其职员由董事提名举荐，职员的直接效忠对象就还不是非人格的组织，而是董事个人。他还指望从董事那里获得庇护，在公司的机构中获得职务晋升。

普拉西战役（1757 年）之后，公司把米尔·贾法尔（Mir Jafar）扶上孟加拉王位，并得到数百万英镑赔款，孟加拉国库被劫洗一空。1760 年，公司又扶植米尔·卡西姆（Mir Qasim）为纳瓦布（省督），卡西姆则投桃报李，把布德万、米德纳普尔、吉大港三个县割给公司。每次策立新纳瓦布，公司都得到大量金银财宝作为"谢礼"。靠纳瓦布供应军费，公司大大扩充了自己的军队。公司凭自己的特权地位，滥用贸易免税权，任何一个公司职员在私人贸易中都可打着公司旗号免税，甚至把免税通行证卖给自己的印度代理，中饱私囊。这样，公司职员可以在很短时间内带着大量财富返回母国，大肆购买地产，有的还收买经济衰败选区的选民，最终当选为议会议员。他们获得了"纳波布"（Nabob，意为暴发户）的绰号，公司职位也变得炙手可热。[①]

对纳波布们嫉恨交加的英国乡绅们也越来越关注印度。那些有幼子的乡绅，都试图以送礼或直接出钱购买的方式，从公司董事那里获得职位提名。董事的亲戚朋友、贵族、高级教士（如约克大主教威廉·马克厄姆），甚至包括王室成员（摄政王），都加入了公司职位提名的争夺中。[②] 职员的构成也发生了变化，从最初的相对单纯的商人阶层变为包括各色权势人物。1757~1787 年的一份孟加拉文官名录显示，其中包括 1 位贵族、19 名贵族子弟、12 名从男爵和 1 名王室随从。[③] 在他们眼中，到印度去

---

① 从孟加拉和马德拉斯发财归国的商务官员、公司职员，在英国被人们称为"纳波布"（Nabob）。"纳波布"是英国人对莫卧儿官衔"纳瓦布"的讹称，后来这一谲语也成为英语词汇。它既是对这些在印度发财的人的妒忌，也刻画出他们的贪婪特性。参见庄万友：《莫卧儿人的统治及其对英国人在印度统治的影响》，《南亚研究季刊》1994（1）。

② Blunt, E., The I. C. S., 1937, p. 30.

③ Blunt, E., The I. C. S., p. 35.

成为最短时间内挣得大钱的捷径。这并不令人奇怪，旧式的商人一旦变为统治者，他们当然会用一切权力为自己谋利益，这种混乱局面维持了很长一段时间。

1765 年，公司为直接接管孟加拉政权，采取了两项重要措施：第一，1765 年，公司在策立新纳瓦布时规定，他必须将全部行政权交给副苏巴达尔执掌，而这个职位的人选应由公司确定。这就意味着公司用自己的亲信把纳瓦布架空了。第二，公司把所占奥德部分地区赠予莫卧儿皇帝，换得后者于 1765 年 8 月 12 日颁布敕令，授予东印度公司孟加拉迪万尼（Diwani），即税收、财政权和民事审判权。这样，公司就以莫卧儿皇帝的敕令为合法依据，接管了孟加拉的迪万尼。[①]

此后，由于面临日益严重的腐败指控和财务困难，东印度公司丧失了近乎独立的地位，逐渐受制于议会的控制和影响。1784 年皮特提出的《印度法案》（又称《皮特法案》），确立了议会监督局对印度事务的最高控制权。合约制文官机构也就成为一种建立在法理型权威之上的官僚行政体制，先是控制公司行政管理中的重要职位，逐渐演化成为掌控东印度公司殖民政权所有重要职位的官僚机构，并成为所谓的官僚国家本身，也是殖民地人民与殖民政府频繁交往时可见到的唯一代表。[②]

第二节　康华利体制在孟加拉的确立

自 1765 年被授予迪万尼以来，行政管理方面的两个基本难题一直困扰着公司原有的决策者。首先，政府应以何种原则进行组织管理——是继承莫卧儿的体制，还是引入公司熟悉的英国式的法律体制；是将各种权力和职务都交由一个人掌握，还是让行政、司法和治安等权力之间相互制衡。其次，涉及行政代理或人员的选择——应由谁来从事行政管理，印度人还是欧洲人，这些人应具备何种资格，应以何种方式加以约束。

"康华利体制"就是对这些问题的回答。答案不是来自万里之外的伦

---

① Blunt, E., *The I. C. S.*, p. 37.

② Ewing, H. A., *The Indian Civil Service, 1919-1942: Some Aspects of British Control in India*, 1980, Unpublished Ph. D. Thesis, Cambridge. 导言部分第 9 页。

敦，而在殖民地本地。以 18 世纪下半叶的交通和通信条件，东印度公司董事会和英国议会远在万里之外，人员通信绕道好望角，往返一次费时一年，为等待合适的季风，甚至需要更长时间。① 对伦敦而言，这意味着统治极为不便，而对殖民地来说，这就是行动空间。从克莱武、黑斯廷斯到韦尔斯利这些殖民地统治者利用这一有利条件，最大限度地发挥自己的主动性和统治才能。他们各自都对最后冠以"康华利"之名的殖民地行政体制做出了贡献。

1765 年莫卧儿授予东印度公司"迪万尼"称号，东印度公司负责三个省（孟加拉、比哈尔和奥里萨）的民事行政管理，这成为公司管理印度行政事务的开端。最初的四年之中，东印度公司没有采取任何行动来组织政府，任由莫卧儿的政权体制处于崩溃状态，只管敲诈勒索，获取私利。克莱武从莫卧儿那里获得"迪万尼"头衔后，就决定继续由本地人进行行政管理，实行双重政府，尽可能不干预本地制度。公司要把主权掩藏起来，当太上皇。② 考虑到管理成本和职员的能力，公司董事会也不赞成公司在孟加拉的政府像印度统治者那样履行统治权。

双重政府时期很快就告结束。1769 年，公司开始在履行统治职能方面进行实验，并在各个县的监督职位上任命职员。1772 年，董事会命令威廉堡的省督和参事会承担起迪万尼职责，以间接手段进行统治的双重体制也就宣告结束。③

1773~1793 年是公司对行政体制进行摸索的时期。这一阶段仍在孟加拉延续了莫卧儿的中央、省和县的三级行政管理体制。公司的权力分别由英国国王和莫卧儿皇帝授予，无疑对在印度的英国人产生了影响。作为莫卧儿统治遗产的受赠人，公司政府要在印度这块广土众民的异族殖民地上树立政府权威，还需借用莫卧儿帝国的影响，在短期内不可避免要遵循莫

---

① Headric，Daniel，"A Double-Edged Sword：Communications and Imperial Control in British India"，*Historische Sozialforschung*，Vol. 35，No. 1（131），2010，pp. 51–65.

② Stokes，E.，*The English Utilitarians and India*，New York：Oxford University Press，1959，p. 2.

③ Misra，*Central Administration of EIC*，Manchester：Manchester University Press，1959，p. 38.

卧儿原有的体制。①

一 东印度公司的统治基础：县级行政

是否由中央政府直接派员管理县政，是英国本土文官机构与印度文官机构的根本区别，也是理解印度文官机构独特性的重要视角。以笔者之浅见，由于东印度公司在印度的殖民政府直接派员管理税务、治安和司法等县政，印度各地方的自治团体（英国人试图引入的市政委员会、潘查亚特②等）面对文官时，并没有多少实质性的权力空间，在政权对谁负责的问题上，与英国产生了重大差异。这是导致印度官僚机构具有浓厚专制色彩，并在机构设置、职能安排以及行政伦理等方面与英国文官制度产生基本区别的重要原因。③

由中央政府代理人直接管理县级行政，是不同时期次大陆政权的一种基本特征。早在孔雀帝国时期，帝国治理就划分为省，每个省又分为许多县。至于村庄一级的事务，则是由村民自己管理。但为了维持法律和秩序，完成税款征收，有必要在各县安排一位负责的官员。他首先要对省督负责，但最终还是要对帝王和政府负责。笈多帝国也有类似的行政安排。④ 可以设想，在孔雀王朝和笈多帝国的时候，负责县政的官员的责任

---

① Collingham, E. M., *Imperial Bodies: The Physical Experience of the Raj, c.* 1800 – 1947, Wiley-Blackwell, 2001, p. 23.

② 潘查亚特（Panchayat）：古代印度集决策、管理和司法功能于一体的乡村机构，意为"五老会"或"五人议事会"。

③ White, Leonard D., *Introduction to the Study of Public Administration*, New York: Macmillan, 1955. p. 5. 怀特认为世界上发展了两种伟大的行政管理系统。一种就是"英美型"的海洋法系，基于地方团体自治、广泛的民众参与、权力的分散，对立法机构负责的良好行政体制，以及经公民提议的对公民团体负责的官员的倾向。这种类型风行于英国、诸自治领及美国。另外一种就是法国型，由拿破仑构建，基于国家对地方权威的控制，以及公共机构的专业主义、官僚机构在心理上与公民团体隔离，官员对单独设立的行政法院负责。与法国类似的普鲁士体制，不仅风行于其母国，亦流行于比利时、荷兰、西班牙、意大利以及巴尔干诸国，还有近东的土耳其，中南美洲包括墨西哥以及拉美各国。俄国和中国的行政体制内在于其本国人民，在对本民族习俗与风格做出反应的基础上发展了自己的形式和特征。二者的区别更在于官僚机构的回应对象。笔者认为殖民统治时期印度的官僚体制就其回应性来说，偏向于法国型，而与俄国、中国的官僚体制更为接近。

④ R. C. Majumdar（ed.）, *The Classic Age: History and Culture of the Indian People*, Vol. Ⅲ. 县官由省督任命。

并不比莫卧儿时期和英国人统治时期为少，他们都是帝国统治的中流砥柱。

莫卧儿时期省、县的行政管理大量借用了中东地区发展出来的体制，但与印度教统治者建立起来的本地传统也多少有关。[①] 帕坦人的统治者谢尔·沙赫（Sher Shah）是这一传统的重要塑造者。他改变了以往作为印度行政重要特征的省级体制，认为要维护国家的完整，就不能任由那些远离政治中心的省督手握各种丰富资源，自行其是。为了约束各种离心势力和组织，谢尔·沙赫决定将他的帝国直接分为若干县（Sarkar），再将县分为若干个帕尔贾纳（Pargana）。县便成为帝国行政管理的第一级单位。

谢尔·沙赫的统治并没能维持多久，但他设计的制度并未随他的去世而消亡。阿克巴（Akbar）对这种制度进行了修改。阿克巴发现，没有省一级的组织，行政无法运作。他重新将帝国分为若干省（Suba），每个省又分为若干县（Sarkar），县再分为众多分区（Mahal），分区与传统的帕尔贾纳在区域上实际是一致的。每个省都任命一位苏巴达尔（Subadar），掌管军事和警察事务，是省的真正首领。在他的省内，他是微型君主，但服从于大莫卧儿的权力。苏巴达尔并不是在省级行政的每个方面都拥有权威，在苏巴达尔之外是迪万（Diwan），由帝国政府直接任命，负责省的税务和民事司法事务。迪万附属于苏巴达尔，但也是他在行政管理中的同事，两者互相制约。[②]

而在县一级，特别是一些边远的县，由法兹达尔（Fouzdar）作为辖区内苏巴达尔和皇帝的代表。至于较低的行政单位帕尔贾纳，掌控它们的官员在不同的时候有不同的名称。在莫卧儿统治的最后一段时间，帕尔贾纳的掌管者被称为柴明达尔（Zamindar），职责涉及治安和税收。[③]

莫卧儿时期，各省、县、分区的主要官员都属于曼萨卜达尔（Mansabder）这一贵族精英集团。曼萨卜达尔是皇帝授予官员的头衔。这一套等级体制中的贵族官员，从掌控20名骑兵到5000名骑兵不等，根据

① Rudolph, L.I., *In Pursuit of Lakshmi*: *The Political Economy of the Indian State*, Chicago: University of Chicago Press, 1987, "…It was the Persian-Arabic system in Indian setting," p.26.
② Roy, N.C., *Civil Service in India*, p.15.
③ Roy, N.C., *Civil Service in India*, p.16.

他们的业绩和能力，从大莫卧儿皇帝那里得到恩赐，大致分成 33 个等级。这套体制的特点就是民事和军事职能的混合。鲁道夫认为，除了这一职能混合的特点，莫卧儿时期的这套精英团队，与从 18 世纪晚期到 1947 年掌管印度行政的精英团队印度文官机构有很多相似之处。[①] 但笔者认为，鲁道夫过高地估计了曼萨卜达尔与印度文官机构之间的相似性。一种是世袭家产制基础上的官僚体制，一种是法理基础上的官僚体制，两者之间的差异是更为根本的。这体现在权力来源（人格化与非人格的法律规定）、官员职能和任期、货币或实物的领薪方式，以及对公私财产的管理方式上。曼萨卜达尔直接从领地内征税，作为自己的收入，也作为替君王管理民事事务和服军役的报酬。在莫卧儿帝国的控制衰落之后，领地就逐渐成为官员们可以继承的家产。而东印度公司的文官除了在早期获得辖区税收的提成，都是从政府领取固定薪水，接受监督，职能与任期也更具规范性，且受法律保护。

莫卧儿时期，大体上是由掌管县级行政的官员承担着无比繁杂的帝国行政。当然，在他们的背后有帝国政府和省政府的支持。帝国的安全以及高效的行政，大体上依赖他们的能力和警觉。18 世纪中叶，莫卧儿的这套体制渐趋衰败，行政管理的首要问题就是政府权威的重建。东印度公司政权草创阶段，除了在孟加拉占有三省的宽广地域之外，其他管区都是很狭小的海岸殖民地，县级行政中的税收事务，即便在孟加拉管区，也具有高度重要性。东印度公司出于财政节约目的，从掌握孟加拉政权开始，就确立了精简高效的小中央政府策略（这也体现了英印殖民政权的依附性，长期以来其立法职能完全依靠英国议会）。可以说，从一开始，直接处理税务和治安的县级行政管理便成为东印度公司殖民统治的重要特征。

1773 年，沃伦·黑斯廷斯（Warren Hastings）尝试让欧洲人职员管理县级的税务和民事司法。（当时，县的区域还未明确划分出来。）这便是县税务官（Collector）[②] 的起源，专由公司的合约制职员担任。但这场试验时间很短，两年之后县税务官撤回，基本放弃了以县为行政和税务管理的

---

① Rudolph, L. I., *In Pursuit of Lakshmi*, p. 55.
② 殖民者很直率地将县政的首席官员称为税务官 Collector，不觉得有任何修饰一下的必要，这倒是很符合早期殖民政权榨取的本质。

基本单位的尝试，任由印度人官员按照原来莫卧儿的体制履行税务和司法职能，公司只是在省一级设立税务局（Board of Revenue）来监督。但在1781 年，又恢复了 1773 年的安排，由一位欧洲人税务官来掌管一个县。然而，由于欧洲人税务官对当地情况所知甚少，还是要依靠印度人来管理，这样，在一般的行政和财政中，他并没有多少话语权。虽然省税务局的职能已停止，但县行政并未全部委托给县税务官。① 而且从 1773 之后的 20 年内，公司政府拒绝接管刑事司法责任，任由驻在穆尔士达巴德的纳瓦布手下那些穆斯林司法官员去管理。②

　　1786 年，东印度公司对县域行政在地方行政管理中的地位做出了最后决定。虽然县所管辖的区域并非永远固定，掌管行政权力的官员数量亦非一成不变，但县作为公共行政管理的一个单位，成为公司政权的一种长久特征。一位作者写道："将省划分为县，是整套体制的脊梁。"③ 将县作为基本的行政单位之后，县税务官履行税务、司法和治安职责，对整个县负责。县税务官需要评估和征收田赋，处理民事和税务纠纷，维持辖区安宁。虽然刑事司法尚未完全转交公司管理，但它还是要负责捉拿罪犯，并负责审理小的刑事案件，惩处和监禁罪犯。这种职能的结合受到了公司董事会的认可，认为它简约、强劲、公正和节俭。

　　在 18 世纪下半叶的许多年里，对于县域的行政管理都是建立在上述基础上，但康华利（Charles Cornwallis）对这样的安排并不满意。他认为，由各县负责评定税额的官员本人负责听取对这种税额评定的申诉是不公正的。"我们不能指望在一种职能上对某人不公的官员，转眼就能在另一种职能上纠正这种不公。一般的人性总是会在司法职位上证明自己作为税务官的决定是正确的。"④ 由此，在 1793 年，参事会总督采纳了另外一条新规范的规定，如果违犯评定和征收公共税收的条例，税务官必定是侵占者。鉴于那些在一种职能上受到税务官冤屈的人，不可能指望税务官在

----

① Misra, B. B., *Central Administration*, p. 57.
② Roy, N. C., *The Indian Civil Service*, Calcutta: K. L. Mukhopadhyay, 1959, p. 3.
③ 创立县作为领土单位，实际上是恢复了阿克巴的萨卡尔体制。见 Roy, N. C., *The Indian Civil Service*, Calcutta: K. L. Mukhopadhyay, 1959, p. 6.
④ *The Fifth Report of Select Committee of the House of Commons on the Affairs of the East India Company*, Preamble to Regulation II of 1793, Affairs of the East India Company.

另一职务上补偿他，因此，康华利规定，税务官本人不得再行审理税务案件。

二 英国议会关于东印度公司文官机构的立法①

1702 年以来，由于东印度公司垄断对印度的贸易，对英国政治经济和社会生活中产生了越来越大的影响。议会一直试图通过对是否颁发特许状的审核，对这种影响加以干预，而东印度公司也需要议会立法来支持其在印度的拓殖。1757 年克莱武夺取孟加拉之后，东印度公司已事实上成为一大片印度领土的统治者。出于巩固东印度公司殖民地的需要，英国议会采取如下措施加强了对东印度公司的控制：①加强对董事会的控制并规定其权力；②巩固孟加拉总督作为殖民地中央政府权力的地位，并加强对他的监督；③强化对文官的纪律约束。

通过 1773、1784、1786 和 1793 年的有关印度的多项法令和补充法令，英国议会在伦敦建立了监督局，设立了一套对公司进行有效控制的机制，确立了议会对殖民地事务的最高权力。同时，殖民地孟加拉总督及其参事会作为殖民地中央政府的权力也得到加强，对其他两个管区的内政外交负有管辖权。殖民地政府对文官的纪律约束也大大强化。对于文官机构的职能规范和文官的纪律约束，黑斯廷斯和康华利均做出了很大努力，为议会立法提出大量建议。上述议会的立法也是对他们业已取得成果的巩固和发展。

1773 年的《东印度公司法》（*The Regulating Act*）在公司的民事和商业职能之间进行区分，要求明确职员的类别。该法案禁止从事税收和民事司法的税务人员和其他人员参与公司的商业活动；商业活动由专门的职员来进行。从此，商业职能就与行政管理区分开来，两者都受管区政府的指

---

① 英国加强对东印度公司管辖的原因在郭家宏先生《从旧帝国到新帝国》一书的第三章和第四章中有详细介绍，此处不再详述。本书只是从殖民政权行政体制构建的角度，探讨几级权力核心的权力分配和对文官机构的规定。在马宗达等人所著的《高级印度史》（下）第 846~851 页对英国议会的法令内容也有详细记述。另参见 Marshall, P. J., *Problems of Empire：Britain and India，1757 - 1813.* （Historical Problems：Studies and Documents，3.）Ⅻ, pp. 15-239, London：George Allen and Unwin Ltd.，1968. 此书附录也收集齐全英国议会关于东印度公司文官机构的立法和辩论的相关资料。

导和监督。私人从事贸易的旧式做法仅限于公司内的商业人员，不包括那些从事税收与司法管理的人员。该法案还禁止文官接受任何印度本地人的礼品，并在加尔各答设立高等法院，管辖公司欧洲职员的违法行为。[1]

1784 年皮特的《印度法案》（*India Act of 1784*），不仅禁止文官接受礼物，禁止进行腐败和肮脏的交易，还规定对职员的任何不顺从上级的行为予以轻罪处罚。该法案还明确了任命书记员的年龄限制，最低为 15 岁，最大为 18 岁（1793 年的特许状则将书记员的年龄上限提高到 22 岁）。[2] 1784 年《印度法案》对于文官纪律约束的规定，通过 1786 年的补充法案得到了进一步强调，并规定了具体的规则，及时惩处那些犯轻罪的文官。[3] 总督有权凌驾于参事会多数决定之上，惩罚文官的不顺从行为。加强中央政府和对文官的纪律控制，对于行政职员群体的形成是一个重要步骤。

1793 年的特许状法令排斥那些不属于合约制职员的局外人，发展了文官的团队精神。为限制裙带关系和滥用提名，1793 年法案规定，低于总督参事会成员的文官机构中的所有职位空缺，都必须由该管区的合约制文官充任。[4] 它使文官机构成为一种基于种族意识基础上的排他性合约机构，只有欧洲人成员才有根据资历来获得晋升和提高薪金的机会。要获得年薪 500 英镑的职位，要求在印度的最低服务年限为 3 年；要获得 1500 英镑年薪的职位，要求至少服务 6 年；要获得 3000 英镑年薪的职位，最低服务期限为 9 年；而获得 4000 英镑年薪的前提就是服务年限不得少于 12 年。[5] 每个具体职位都有固定的薪金，依据个人资历进行晋升。在选择职员时，公司董事必须宣誓不得为提名接受任何报酬。在这之前，一个书记官名额的售价为 2000~3000 英镑。[6] 康华利设想高薪能确保公司职员的尊严和权利，能培养印度民众对文官职位的尊敬和向往。[7]

---

[1]　郭家宏：《从旧帝国到新帝国：1783–1815 年英帝国史纲》，商务印书馆，2007，第 123 页。

[2]　Blunt, E., *The I. C. S.*, 1937, p. 31.

[3]　郭家宏：《从旧帝国到新帝国：1783–1815 年英帝国史纲》，第 124 页。

[4]　Blunt, E., *The I. C. S.*, 1937, p. 32.

[5]　根据 1813 年特许状法令，获得不同级别工资的最短服务期分别修改为 4、7、10 年。

[6]　Blunt, E., *The I. C. S.*, 1937, p. 33.

[7]　Collingham, *Imperial Bodies*, p. 18.

三 黑斯廷斯的贡献

沃伦·黑斯廷斯（1773~1786 年担任孟加拉总督）最重要的贡献就是改组政府，试图把公司商业体制中的省督和参事会变为一套政治组织，来监督迪万尼省份行政管理的运作。1773 年议会《东印度公司法》规定建立殖民地中央政府，而凭借 1784 年法令的规定，孟加拉总督逐步加强了对马德拉斯和孟买两个管区的外交，甚至是税务等内政权力的控制权。这两个管区具有很大独立性，以往都拥有对印度各地方政权开战、缔约的外交权。议会的立法明确表达了黑斯廷斯建立强势中央政权的意图。

1773 年，黑斯廷斯就任孟加拉总督后，即采取各种措施强化内部管理。他首先接管了迪万的直接行政责任，将合约制职员派往各县担任县税务官，重组各县行政，对各县进行直接管理。税务官被赋予行政权力，负责确定和征集税收。并在各县设立两个法院，分别行使民事和刑事司法权。民事法庭由县税务官主持，并根据 1772 年 8 月颁布的政府条例，负责监督由穆斯林法官以伊斯兰教法主持的刑事法院。[①] 黑斯廷斯组建了税务局（Board of Revenue），自任主席，以参事会委员为成员。同时在加尔各答政府所在地建立民事和刑事两个上诉法院（Sadr Diwani and Nizamat Adalat）。税务官在履行公共职责时，直接对政府负责。马德拉斯和孟买都引入了这种县政管理模式，只是根据本地情况略加修改。[②]

黑斯廷斯在重组县级行政之后，制定条例，试图废除柴明达尔、札吉达尔（Jagirdar）等私人机构在莫卧儿体制衰落之时篡夺的公权，包括维持法律和秩序、执行民事和刑事司法职能和征税的权力。在制定这些条例之前，官员职务往往是与地税、通行税及其他各种地方税的征收权一起承包出去的。地方上有影响的人占据这些职位，担任民众的代理人，和最高当局交往。黑斯廷斯行政重组背后的想法是，所有公共职责必须由政府任命并领取薪酬的官员来履行，而不是由任何个人，尽管他们很强大，也很

---

① Misra, B. B., *The Central Administration of the East India Company, 1773-1834*, Manchester: Manchester University Press, 1959, pp. 310-314.

② Misra, B. B., *The Central Administration of the East India Company, 1773-1834*, Chapter I, p. 25.

有影响。这种做法不仅是为了实现行政统一，巩固政权，而且还是为了丰富公司合约制职员的行政经验。但由于公司实力和经验都不够，黑斯廷斯并未能实现扫除柴明达尔和札吉达尔等挪用公共权力的中间阶层的目标。

黑斯廷斯的早期改革，并不像英国那样尊重法律，而是更多继承和延续了莫卧儿帝国的行政模式。例如，他曾提出，为了制止各种令人发指的罪行，应该以简易程序审理和处罚罪犯，其理由是："严格遵守法律条文，在管理良好的国家是一种幸福；但在孟加拉这样政权控制松散的地方，必须采用一种特别具有示范性的威压手段，来消除那些法律无法处理的罪行。"[①] 事实上，他也保留了孟加拉现行法律制度和著名的肢体毁损判决，并认为这种处罚更容易为本地人所理解。

根据 1773 年《东印度公司法》设立的加尔各答最高法院有意识地第一次尝试在东印度公司殖民地引入英国的法制原则，议会试图以此来控制公司职员的横征暴敛和各种违法行为。按照伯克的话，"主要的目的就是为本地人民构筑一套强大的坚固保障，抵抗那些居住在孟加拉的英国臣民的错误和压迫行为"。[②] 但这套英式法院与原有的莫卧儿司法体制之间产生了不少的冲突和矛盾。[③] 黑斯廷斯拒绝让最高法院以英国法律取代印度本地法律，认为"这个国家的人们不需要我们的援助，来为他们制定行为规则，来确定他们的财产标准"[④]。

但 1780~1781 年，公司的司法模式还是有了一些变化，更偏向于尊重法律和程序。黑斯廷斯在加尔各答高等法院首席大法官伊莱贾·英比（Elijah Impey）的帮助下实现了这种改变。例如，在 1781 年 7 月条例的基础上，民事司法程序实现了合理化。这一条例引入了专业化的原则，界定了民事法官和税务官各自的管辖权，还规定了具体的审理和判决规则。黑斯廷斯还委任威廉·琼斯（William Jones）编纂印度教和穆斯林成文法

---

① Misra, *Central Administration*, Chapter Ⅵ, p. 314.

② Stokes, E., *The English Utilitarians and India*, New York：Oxford University Press, p. 31.

③ 两者之间的冲突在马宗达所著《高级印度史》中有详细叙述。最高法院试图逮捕一位王公，但高等刑事法院认为最高法院没有权力管辖印度人而加以阻止。冲突最终以黑斯廷斯对最高法院大法官英比行贿而得到解决。

④ Stokes, E., *The English Utilitarians and India*, p. 32.

典，并指导政府文官进行司法行政。他保证文官有很高薪酬①，以增强其责任感，并制定规则加强其纪律。还将民事法官与治安官的职务联合起来，制订政府管理的规章程序。这些内容都纳入了康华利的1793年法案。

黑斯廷斯的另一项重要贡献就是加强了整套殖民体制的服从和纪律性。他为了维护公司政权的安全，对马拉塔人和迈索尔发动了战争。这些战争并未给公司带来多少新领土，但使公司成为次大陆不可忽视的政治力量。紧急的军事行动不仅赋予军队和文官机构一种团结精神和目标意识，而且也迫使其他两个管区承认由一个强势中央政府进行指导和监督的必要性。各个级别的政府当权者也很自然地认识到服从和纪律的重要性，因为这些都事关公司政权的生死存亡。在东印度公司对印度近百年的征服过程中，军事活动持续进行，已成为东印度公司政权赖以存在的基础，也是公司行政规范化的重要动因。

四 康华利体制的确立与文官的欧洲人化

康华利第一次使公司政权的行政机构真正脱离商业传统，并将其转变为基于近代公共行政原则之上的文官机构。② 康华利之后，继任总督的约翰·肖尔（John Shore）是他的门徒，在行政体制的构建和维护上萧规曹随，没有大的建树和改变。

1786~1793年，康华利在孟加拉管区担任孟加拉（印度）总督，他发展了黑斯廷斯一直渴望拥有，但处处受到法律规章掣肘的强制权力，还发起了雄心勃勃的改革计划，试图使公司的行政管理更加有效，而不像以往那样腐败。③ 1793年，他力排众议，实行地税《永久整理法案》（The Permanent Settlement of Bengal），④ 明确规定了柴明达尔地主的土地财产权

---

① Misra, B. B., *Central Administration*, p. 154.

② Misra, B. B., *Central Administration*, p. 29.

③ 从18世纪中叶以来，有关公司腐败和暴政的说法在英国社会流传已久。至于康华利的改革在何种程度上清除了腐败，改善了公司的行为和价值标准，没有最后定论。

④ 康华利确立永久地税额的主张遭到其下属查尔斯·格兰特、肖尔等人的反对，认为立法不应过于仓促，而应再观望一段时期。孟加拉管区政府只顾及柴明达尔的权利，却损害了佃农的权利。但殖民政权急于为自己奠定稳定的税源和执政基础，无暇顾及佃农苦楚。

和 10 年估税额为标准的永久性义务，在孟加拉巩固了公司的政权基础，并防止以后的行政官员擅自加税。他认为公司政权的财政困境主要来自公司无法有效管理那些草头王式的欧洲职员，公司采取亚洲式的专制主义是万恶之源。问题的实质就在于如何限制政府权力，防止其滥用。他确认并扩展了英式分权管理方式，接管了纳瓦布的刑事司法权，完善了县级行政。他有意打破印度传统政府依赖人格权威的传统，试图按英国政治传统的原则来指导殖民政府。1793 年议会特许状法令就曾明确尝试在公司殖民政府中应用辉格派的政治哲学。这一派政治哲学的核心理念认为，政治权力本质上易于腐化，不可避免会被滥用。要安全使用这种权力，就必须将政府权力降至最低，并维持权力相互之间的制衡。[1]

康华利出于对孟加拉人品质孱弱堕落，无法独立承担责任的种族偏见，判定印度人只具备担任附属职员的能力[2]，完全堵塞了他们通往承担责任的高级职位的道路。[3] 他将公司合约制文官机构的税务、司法和治安等关键职位完全保留给欧洲人。1793 年法令明确规定："文官机构中总督参事会成员以下职位的晋升，须从公司的合约制文官中选拔，一般来说，遵循资历原则。"[4] 排斥印度人，只让他们从事低级的事务性工作。即便任用印度人审理民事案件，也规定不得审理超过 50 卢比的案件。[5] 这种种族基础上的职位排斥制度直到 1858 年女王宣言发布之后才得以改变。[6]

---

[1] Stokes, E., *The English Utilitarians and India*, New York: Oxford University Press, 1959, p. 133.

[2] 康华利的助手查尔斯·格兰特（Charles Grant）称："事实上，从整体上看，那里人们的堕落是很普遍的，他们堕落、盲目而卑劣。"对印度人呆板、腐朽和专制等特征的构建，成为后来种族主义和东方主义的滥觞，使得东方成为传教、世俗教育和改革努力的丰产地。见齐亚乌丁·萨达尔：《东方主义》，马雪峰等译，吉林人民出版社，2005，第 66 页。

[3] Chand, Tara, *History of the Freedom Movement*, Vol. Ⅱ, New Delhi: Publications Division, Ministry of Information and Broadcasting, Government of India, 1967, p. 535.

[4] *Report of the Public Service Commission*, *1886-1887*, Report by Wood, London, Printed by Eyre and Spottiswoode, 1887, p. 10.

[5] Stokes, E., *The English Utilitarians and India*, New York: Oxford University Press, 1959, p. 142. 在 1816 年马德拉斯的芒罗体制中，印度人可以审理超过 50 卢比~300 卢比的案件。

[6] Sharma, M., *Indianization of the Civil Services in British India*, *1858-1935*, New Delhi: Manak Publications, 2001, p. 55.

19 世纪上半叶，印度人即便睿智能干如罗摩·摩罕·罗易（Ram Mohan Roy）①，也无法进入机构成为合约制文官。

康华利将法律和合理化原则引入文官机构组织之中。这一原则表现为将司法和税收职能分立，建立法治，并以法令指导行政行为。1786 年之前，没有人提出要在行政权力中进行职能分工，或认为有进行这种分工的必要。公司董事会的意见是，税务官、法官和治安官这三个职位应该合并起来，由一位负责人承担。这样的安排是出于节俭、迅速和简单易行。但在 1793 年 2 月 11 日的一份重要备忘录中，康华利对过去人们忽视司法感到遗憾，认为让法官权力附属于税务当局，税务官势必无法公正履行司法权力，因为他不希望有另外的权力向被他冤屈的人提供救助。② 对此，康华利在中央秘书处设立了独立的司法部门，剥夺县税务官员审理民事案件的所有权力，让税务官单独负责税额整理和税款的征收，而由县法官兼治安官，"一身承担起司法与治安的职能，既能判决，又能使用警察暴力，维护一方平靖"。司法-治安官遂成为一县最为重要的职位。③

康华利体制的核心是以法律来限制行政权力的滥用。他把所有公共职能都直接控制在国家手中，由公司文官按照法律确定的原则进行管理，文官则按照职能和部门以等级制形式组织起来，明确界定每个职位的职责和权力。这些法令授予公司行政一种正式的和公共的性质，使其从属于法治，并规范各部门的活动范围。法律对政府权力进行限制的目的，就是为了灌输纪律和遏制权力滥用。而在这之前，税务官滥用权力，为自己牟利的现象层出不穷。他们只要低估地主的税额，就能拿到巨额回扣。至于违反公司规定，从事私人贸易的文官更是大有人在。例如，弗朗索瓦·格兰

---

① 罗摩·摩罕·罗易（1772~1833），梵社创始人之一，对印度教进行理性化改革的先驱。出生于一个虔诚婆罗门家庭，掌握波斯语、阿拉伯语和梵语，后又学习英语，进入殖民政府部门任职。他在政治、公共管理、教育和宗教领域有着显著影响，以努力废除萨蒂和童婚，推广英语教育而闻名。不仅是印度宗教的最早领袖，也是印度政治觉醒即民族主义运动的最早领袖。

② Roy, N. C., *The Civil Service in India*, Calcutta: Firma K. L. Mukhopadhyay, 1958, p. 19.

③ Metcalf, Thomas, *Ideologies of the Raj*, Cambridge, UK: Cambridge University Press, 1998, p. 34.

德（Francois Grande）①，1782~1787 年在特哈特县担任税务官，被发现从事私人贸易，于 1788 年被康华利解职。关于此事，格兰德留下了一段记述，生动地写出了被解雇后的"悲惨处境"：

> 我引进欧洲靛蓝的制造方法，鼓励人们建立靛蓝工厂和拓殖园，我自己出资设立了三家，拥有 15000 英镑的财富。我的工厂、我的房屋、土地、家具、帐篷、装备、马匹和船只，估值至少在 10000 英镑以上。大老爷的笔轻轻一划，所有的希望和美好前景就被风吹走了。这种打击太有冲击力了，从那天起，我就倒下了，也许永远无法爬起来。大家看看我可怜的情况和感受吧！②

中央秘书处的税务官员在履行职责时，也要受到齐拉（Zila）或县法院法官的审查。县法院法官的管辖范围扩大到所有案件，包括税款的拖欠、敲诈或其他纯粹民事性质的诉讼。即便是行政当局，一旦成为诉讼当事人，也必须受法院法令的约束。最高行政当局一般不能干预司法裁定，除非司法已无能为力，只能诉诸政治权力作为解决问题的最后手段。③ 初审任务一般都委托给从公司的合约制文官中任命的民事法官。

康华利的法令和其他一些原则，共同构成了他的行政基础。从官僚机构理性化的角度来看，该法令代表了殖民当局的首次认真尝试，使行政权力的任意性从属于法治原则；以有条不紊审查案件取代以推测办案；在法律诉讼的裁决中减少偶然性因素，并最终明确了法律权威对于个人意志和权力的至高无上的地位。但从实质性和程序性内容来看，这还远远不够完善，需要经历几十年的时间才能完成这项工作。然而，1793 年法令标志着一个新时代的开始，建立在个人忠诚之上的价值观和人际关系，逐步让位给那些基于法律之上的价值和关系。

不过，文官薪酬依然由税务局根据收税额度来支付。黑斯廷斯时期，

---

① 格兰德夫人与沃伦·黑斯廷斯交好，参见 Dirks, N. B., *The Scandal of Empire: India and the Creation of Imperial Britain*, Cambridge, MA: Belknap Press, 2006, p. 42.

② O'Malley, L. S. S., *Indian Civil Service, 1601-1930*, London: J. Murray, p. 35.

③ Misra, B. B., *Central Administration*, Chapter Ⅴ, p. 244.

县税务官薪金为每月 1200 卢比，康华利把薪金提高到了 1500 卢比。即便如此，康华利还认为远远不够。他认为，效率和诚实只能出自体面而舒适的生活。只有有了足够多的储蓄，并确保退休回家之后的体面生活，才能确保文官提供廉洁和高效的服务。文官在完成最低限度 12 年的服务期限之前，是无法晋升到县税务官级别的。在康华利出任总督之前，一位诚实文官不可能通过节省就能在退休后衣食无忧。现在，由税务局向文官支付固定数额的薪酬，以实现康华利高薪养廉的意图。这样，黑斯廷斯时期延续下来的文官的横征暴敛和贪得无厌才有所收敛。康华利时期，规定税务官所获代办费为所征税额的百分之一。尽管各县每年征集的税款额度不同，但在任何情况下，县税务官每年获得的代办费，最高不得超过 27500 卢比。①

康华利的改革为行政机构官僚化的成长创造了基本条件。除了巩固殖民地国家的权力基础，他引入了与行政组织有关的法人、法律和专业的思想。1787 年，他在中央秘书处任命首席秘书，年薪为 50000 卢比，代表参事会总督签署命令和事项，并对所有行政部门全面负责。这是官僚集权的开始。在康华利时期，中央秘书处的部门是三个（公共工程部门、机要部门和税务部门），1793 年增加了第四个部门，专门负责司法。②

五 韦尔斯利对帝国文官的教育和培训

康华利体制留有一项关键的缺陷，文官的教育和培训付之阙如。当康华利确定要由欧洲人来担任行政管理关键职位时，公司大多数职员都已深深浸染了商栈习气，无法适应管理印度乡村的各种行政工作，而公司董事会也没有采取任何办法来弥补这一缺陷。董事会年复一年地往印度派送同样素质的人员，从不考虑他们的身份和职能已发生了剧烈变化。无论是1773 年还是 1793 年的议会法令，都没有采取措施规范文官的教育和培训。1792 年，在更新特许状时，本来是有这样的机会的，但议会也未能对此问题加以慎重考虑，只是规定公司任命职员到文官职位上时，不应小

---

① Blunt, E., *The I. C. S.*, p. 19.

② Misra, B. B., *The Central Administration of the East India Company, 1773-1834*, Manchester: Manchester University Press, 1959, p. 247.

于 15 岁，大于 22 岁。但此后董事会依旧派出一些刚满十五六岁，没受过多少教育的孩子。1796 年，后来的孟买总督埃尔芬斯顿（Mountstuart Elphinston）到达印度时，不过 16 岁，只受过区区两年的教育。他在这方面并不算特别，当时送往印度的文书基本都是这种情况。①

对文官进行教育和培训以便履行行政职能的传统，始于韦尔斯利。1798 年，韦尔斯利（Richard Wellesley）担任孟加拉总督，他本人在哈罗和伊顿受过完整的古典教育。1798 年到达印度之后，他马上注意到文官的能力和他们所承担的行政管理责任并不相称。他知道董事会派来的青年文书绝大多数在文化和智识上只适合从事简单沉闷的抄写工作。由此，他认为应该马上做出安排，提高公司职员的知识水平，使他们能掌握印度语言、法律和规范的行政管理技术。②

在 1800 年 7 月 10 日的备忘录中，韦尔斯利记录了成立威廉堡学院的正当理由。备忘录指出，"责任、政策和荣誉"要求我们"不应将其［印度帝国］作为一项临时的不确定的收购来进行管理，不应将其视为通过冒险而顺手征服的帝国和意外延续的好运……应将其视为一项神圣的事业和一块永久的属地"③。那么，如何将帝国统治建立在牢固基础之上？根据韦尔斯利的想法，答案不在于推翻一个王国，完成一场革命，或发动一场战争，而在于建立一套文官机构，"能提供取之不尽的有用知识，各种有教养的才干和经过良好培育的道德"。④ 设立威廉堡学院的目的就是要确保提供这种人员。

韦尔斯利将建立学院视为一项紧迫任务。1800 年 5 月，在未得到公司董事会批准之前，他就建立了威廉堡学院，三个月之后才送给董事会一份详细的备忘录。这份备忘录除了附上威廉堡学院采用的规范之外，还详细解释了韦尔斯利急于做出总体性安排，对初级文官进行教育的初衷。他

① Cohn, Bernard S., "Recruitment and Training of British Civil Servants in India", in R. Braibanti（ed.）, *Asian Bureaucratic Systems Emerging from the British Imperial Tradition*, Durham: Duke University Press, 1963, p. 98.

② Cohn, Bernard S., "Recruitment and Training of British Civil Servants in India," pp. 111 – 113.

③ Roy, N. C., *The Civil Service in India*, p. 54.

④ Misra, B. B., *Central Administration of the EIC*, p. 389.

提出，让公司职员在印度仍以商业目标为首要任务，已不再适合他们现在承担的责任和从事的职业。东印度公司在印度履行的行政管理职能，只有通过文官来履行。他们要对千百万有着不同语言、风俗、习惯和宗教的人实施司法正义；他们要在一个有着上百万人口的县里管理一套庞大而复杂的税收体系；要在一个世界上人口密度最大的地区维持民事秩序；还要在政府之外的许多地方担任外交代表。在法官和税务官的任上，他们还要不时建议参事会总督修订现有法律，或制定任何他们认为对辖区治理和福利有益的新法。对于如此复杂繁重的工作，韦尔斯利总结道，公司文官"是强大政权的部长和官员……他们履行治安官、法官、大使和省督的职务，在世界上任何其他的地方，这些职责都是由政治家来承担的。还有各种无法克服的困难，折磨人的炎热气候，各种语言障碍，本地居民的特殊习惯、法律和风俗"[1]。而公司董事会派来的文书们只接受过非常低劣的教育，并且在一般情况下，这些教育还带有错误的内容。因此，毫不奇怪，绝大多数文官自然无法胜任委托给他们的任务。各县的高级官员完全不愿意，甚至无法将工作交付给这些无能至极的青年文官。[2]

韦尔斯利认为，马德拉斯和孟买的文官都应来威廉堡学院学习。既然孟加拉文官都是如此无能和低效，马德拉斯和孟买文官的情况又能好到哪儿去呢？如果各个管区试图通过教育方式来提升他们的行政能力，那么文官就应该在他们获得实际行政任命之前，花三年时间在威廉堡学院学习。促使韦尔斯利提出这一要求的另一重要原因是，既然所有的领土最终都从属于东印度公司这个最高权威，那么这些区域都应以同一原则和理念来加以管理。只有三个管区直接负责的官员们相互之间没有嫉妒和敌意，遵奉同样的行政传统，并为同样的帝国理想所激励，这种统一才有可能。[3] 韦尔斯利坚持在威廉堡对马德拉斯和孟买管区的文官进行培训和教育，就是为了消除三个管区相互之间的猜疑、竞争和嫉妒，给未来的管理者提供共同的观念和相似的见解。尽管威廉堡学院在开办 3 年后，就应公司董事会要求而关闭，但前后还是延续了 7 年，训练了一批卓

---

① Roy, N.C., *The Civil Service in India*, p.58.
② Roy, N.C., *The Civil Service in India*, p.59.
③ Roy, N.C., *The Civil Service in India*, p.59.

越的公司文官。①

韦尔斯利在军事上实行耗费钱财的扩张主义，在经济上偏向自由贸易，政治上又与议会监督局主席邓达斯（Henry Dundas）过于接近，这些都使公司董事会对他甚为光火，一度试图将其召回，对其举办威廉堡学院的行为更是坚决反对。1804 年，董事会严令要求关闭威廉堡学院，韦尔斯利对低级文官进行教育和培训的计划就此搁浅。经协商，威廉堡学院避免了马上关闭的命运，但被迫降为专门的东方语言培训学校；但从另一方面来说，韦尔斯利的行动却大获成功，是他迫使公司董事会开办海利伯瑞东印度学院来教育培训公司职员，提升他们的文化素质和行政能力。

第三节　对康华利体制的修正

接下来我们将看到，康华利体制遇上了以托马斯·芒罗②（Thomas Munro）为代表的行政威权派。他们大大修正了这一体制，使英式的法制和分权体制适应于殖民地的情况，更多带上了集权专制的色彩。

在 1798 年至 1858 年，关于如何组织运作殖民地行政官僚体制，主要有两种原则在互相竞争。第一种承认作为执政力量规范的法律的至上性，不仅约束所有个人和社会阶层，而且也约束政府及其官员。第二种却相反，支持以自由裁量或行政干预的形式进行统治。第一种是契约原则，强调必须以书面详细记录的程序来保障个人自由；另一种原则就是集权，强调程序上的简单，特别是个人的专断统治。前者设想行政和司法职能的分离，后者却要求将两者结合。法治在路径上是理性的，而自由裁量则是感性的。③ 文官中的行政威权派，如芒罗、马尔科姆（Malcolm John）和埃

① Misra, *Central Administration of the EIC*, p. 401.
② Sir Thomas Munro, 1st Baronet（1761~1827），出生于苏格兰格拉斯哥，第一位著名的军人文官。托马斯·芒罗原是马德拉斯军队的一名军官，1792 年提出了解决从迈索尔和海德拉巴获得的巴拉马哈尔和卡纳拉县税务整理的莱特瓦尔制度。1820 年成为马德拉斯总督。
③ Stokes, E., *The English Utilitarians and India*, p. 86.

尔芬斯顿（Elphinston）①，他们的理念与辉格派限制国家行政权力的思想存在着对立的一面。②

具体到印度的情况，行政威权派认为存在一种东方的政府原则，每个行政单位要有一位官员，所有行政权力的线索和头绪都要经过他的手，每一领域的人们都指望他的指导。他们认为，将能量和权力集中在一位负责官员的手上，不让它们分散，东方人是最能够理解这种原则的。③ 当然，英国行政官员并未全盘接受这种理论。但在英国统治孟加拉的最初阶段，以及后来英国在印度建立的最高权威，这一权力集中的原则却都成为一种共同诉求。

一 芒罗体制在马德拉斯的出现

康华利体制的核心特点就是法治基础上的分权制衡，将税务和司法治安职能分离，税务管理由税务官承担，而包括警务在内的治安、民事和刑事司法④的责任都被授予司法—治安官。这种职能的分化组合，在 19 世纪初就开始遭到公司内部行政官员以及印度民众的反对，他们认为这种组合并不适合。在印度，警察职责和刑事司法职能常常并行，两者的结合的确会妨害个人自由，但这种自由在 18 世纪晚期的印度情境下还不受重视。公司政权的当务之急，是为急剧扩张的军力提供基本的物质保障，并维持基本的社会秩序。这样，高效地评定和征收税额、审理税务案件的权力与治安职能相结合，就成为一种有吸引力的选择。韦尔斯利的总督参事会最

---

① 埃尔芬斯顿（1779~1859），出生于苏格兰，其伯父为东印度公司董事，将其引入印度殖民政府。作为一名著名的军人行政管理者，曾在联合其他王公反对马拉塔人的斗争中取得重大成就而获得奖赏，后担任孟买总督。在那里，他为印度人开办了几所教育机构，还写过关于印度和阿富汗的著作。

② Cohn, B., *The Ideologies of Raj*, p. 32. 科恩和斯托克斯都对芒罗学派进行了过于保守的评价，认为他们不过是试图保存印度原有的体制、习俗和方法。而迈克拉伦（Mclaren, M., *British India and British Scotland*, Akron, Ohio: University of Akron Press, 2001, pp. 189-213.）则将芒罗、马尔科姆和埃尔芬斯顿置于 18 世纪中叶苏格兰启蒙运动的知识背景下进行了深入而全面的考查。认为他们是在权威和自由之间寻找平衡，在印度新出现的迈索尔式的军事—财政国家的基础上既维持国家的秩序，也保持其民间活力。

③ Roy, N.C., *The Civil Service in India*, p. 69.

④ 1790 年孟加拉的刑事司法职能开始由英国人控制，这种职责只授予公司职员，原来的印度人法官都被清除。

终放弃了高等法院的刑事司法职能，并单独组建了民事和刑事高等法院（Chief Sadr Diwani and Nizamat Adalat）。那时，韦尔斯利认为这是在遵从康华利法制化的事业，最终完成行政与司法的分离。他对这种新法律体制充满热情并希望能在马德拉斯加以施行。但他也认为，"地税永久整理"并非新体制根本原则的必要组成部分。①

虽然在地税永久整理中，公司政府不加掩饰地引入英式统治原则，人为构建了一个土地所有者阶层，作为自己的统治基础，有意识抛弃那些本地传统，但在大多数情况下，行政体制的英国化是有限度的。它并不是要在印度社会发动一场全面革命，其目的不过是要限制政府对社会的干预，以降低行政管理的成本和风险。康华利认为，受独立的司法保障的公共法律，能确保那些与最大多数人最为攸关的利益。新体制的核心就是保护西方意义上的私有财产权利。在推翻和改变旧社会方面，康华利认为这能起到最具决定性的作用。② 到1810年，康华利所确立的孟加拉体制已成为殖民地行政体制的正统。

在印度北部孟加拉管区的广大新扩张地区，由康华利建立的行政体制未加修改就被加以应用。康华利试图以法治取代个人自由裁量，以正式立法来实现对政府的控制，并将行政托付给一套独立的司法机构。他希望这样一套制度能为保障私人财产和个人权利构建稳定的基础，并提供明确的保护，以抵制行政权力的滥用。他依照这一原理来改造孟加拉的行政管理，剥夺了县税务官的所有司法和警察治安权。在各县任命欧洲人法官，这一职位将民事法官与刑罚、治安权联合起来，并录用各种等级的印度"本地专员"协助处置较小的民事案件（标的50卢比以下的）③。在县法院之上安置了省级上诉法院，听取大量初审案件和对县法官民事判决的上诉。同时，省的民事和刑事法院还履行巡回法院的职能，审理更为严重的

---

① Blunt, E., *The I. C. S*, London：Faber and Faber, 1938, p. 53.

② Stokes, E., *The English Utilitarians and India*, p. 88.

③ Stokes, E., *The English Utilitarians and India*, p. 141. 印度人法官只能审理印度人的案件，而专门审理欧洲人案件的权力属于加尔各答的王室最高法院。随着英国人在印度定居和经商人数的增加，最高法院的实际管辖已经无能为力。女王统治时期，法院系统合并，原有的民事刑事法院与最高法院合并，建立加尔各答的高等法院。后来要求各省印度人法官审理有关欧洲人的刑事案件，这是1883年伊尔伯特法案争议的根源。

刑事案件，听取对县法官履行的刑事治安判决的上诉。1792年，柴明达尔们的武装随从被解散，治安权力被取消，一支完全由政府警察队伍组成的分区警局（thanas）建立起来，并处于县法院法官监督之下。位居整个司法系统顶点的是加尔各答的高等民事和刑事法院。韦尔斯利对这套建立在"英国宪法原则"基础上的制度充满尊崇，1805年，他离开印度前，命令手下的军官亚历山大·里德（Alexander Read）和芒罗将这套体制引入马德拉斯从迈索尔王国新吞并的各县。

康华利的县域管理模式并未能给印度提供一套最终样板。更为一般的模式，还是由托马斯·芒罗在马德拉斯发展起来的更为"精细"的管理。在与提普苏丹进行战争期间及其后，公司获得了新的土地。巴拉马哈尔县（Baramahal）处于军官里德上校的管辖之下，托马斯·芒罗是其助手。他们的管理方式与孟加拉模式有很大不同。芒罗每年都有八九个月在县里各处巡游，住在帐篷里，一年所经之处超过1000英里，听取耕种的农民、印度教圣人和当地首领的意见。他相信自己在南方重新发现了一种土地使用和占有的古老模式。芒罗认为，许多个世纪以来，土地税都是由农民个体直接缴纳给国家的。他的观点很快就给董事会的董事们留下深刻印象，并在1812年东印度公司第五次下院特别委员会报告的质询中提交了证据。孟加拉模式向其他省扩张的进程受到了阻挡，并发生逆转。对于芒罗的胜利，伍德鲁夫这样评价：

> 芒罗得到了绝大多数县官的支持，许多人都是在他和里德的训练下成长起来的。他的胜利就是县官们的胜利。还有，他不仅促成而且明确了县官们的思想。自此之后，他就不仅仅只是一种遥控，而是和农民紧密接触，成为民众的父母，对发生的一切事情控制如此严密，以至于子民们对这种控制都产生了厌恶。①

1814年，芒罗受命调查司法系统。在康华利重组司法体系之后，维

---

① Mason, P., *The Men Who Ruled India*: *The Founders of Modern India*, New York: Schocken Books, 1954, p. 198.

持法律和秩序的所有责任都交给了齐拉（Zila）法官，留给税务官的只有税收权。芒罗则建议将警察和治安的责任也交给税务官。他进一步提出，恢复村庄生活，县警察对村庄生活的干预应受限制，授权村庄潘查亚特审理和判决小的诉讼案件。这一改革两年后在马德拉斯推广，并在 1818 年为孟买管区所吸收。他对充满书生气的官员并无太多尊重，而是敦促他们直接和民众交往，掌握鲜活的语言知识。

西北省的地税整理对芒罗造成了一定影响。由于人们对孟加拉永久地税制确立的柴明达尔土地所有权的价值尚无定论，在罗伯特·伯德（Robert Bird）和后来的詹姆斯·托马森（James Thomason，阿格拉省首位副省督）的影响下，西北省的地税整理是在联合村庄体制的组织下，朝着记录实际的土地所有权和农民具体职业来进行的。在整理过程中，官员们辛勤地仔细调查农民的权利，并详细绘制土地分布图。这一整理过程使得英国官员更深入地了解印度农村社会的实际情况，也使他们更多地考虑农民的福利。

芒罗在马德拉斯新吞并的各县进行调查之后，决定恢复实行古老的莱特瓦尔制。① 他对印度传统的认识与康华利不同，他在马德拉斯抵制将司法与行政分离并控制行政的原则应用于行政系统。他的同道马尔科姆、埃尔芬斯顿和梅特卡夫②（Charles Theophilus Metcalfe）都是韦尔斯利的下属。在他们的思想和工作中出现了一种新的意识，试图替代康华利的英国化的行政管理形式。19 世纪上半叶，功利主义③开始在殖民地内部的行政管理中产生影响，并成为印度统治政策中占主导地位的学派。虽然公司赋税非常沉重，农民和地主往往需要抵押借贷才能负担，但试图为印度的农民谋福利以巩固统治，还是成为印度殖民地文官的一部分理想。其中的一

---

① 政府直接从莱特农民手中征税，有的莱特下面还有佃农，但与不直接从事耕作的税务承包人的柴明达尔不同。黄思骏先生在《印度土地制度研究》中对殖民地印度的税收和土地问题有全面而深入的论述。

② 梅特卡夫（1785~1846），出生于加尔各答一位英国皇家军官家庭，19 岁被任命为雷克将军的政治助手，担任过多个重要的外交和军事职位，其中 1813~1819 年担任德里驻扎官。后代理过孟加拉总督。

③ 从个人之功利到社会群体之功利，边沁学派在 18 世纪末和 19 世纪初发生了一些根本性的变化，改变了原来自私自利的个人利益最大化的功利主义的面貌，而呈现了一种道德的利他型的功利主义的趋向。

些文官，尽管年龄和气质不同，却有着思想上的一致，这使我们有可能将他们视为同一种政治传统的奠基人。

芒罗等人以不同形式反对康华利体制的精神。他们的具体成就，首先就体现在地税整理中的莱特瓦尔制。这一体制首先由芒罗在他 1818~1827 年担任马德拉斯省督期间发展起来，并扩散开的。蒙特斯图亚特·埃尔芬斯顿于 1819 年担任孟买管区总督，他在打败马拉塔人之后并入孟买管区的西印度广大地区采用了莱特瓦尔制。这一成果由 1827~1830 年担任孟买总督的约翰·马尔科姆维持下来。在北方，德里驻扎官，后来成为总督参事会成员和代理总督的梅特卡夫，是最为年轻，也是最后离开印度的行政派官员，他全力抵制康华利体制扩张到新征服的西北省份。那里，村社成为税务整理的基础（村社实行马尔瓦尔制，即由村社头人负责收税），行政和治安职能联合，由税务官单独承担。[1]

芒罗和他的行政官们对康华利体制的颠覆被视为一种创新。而实际上，正如马尔科姆所坚持的，他们所具备的不过是一种保守精神，他们反对的是一种冷漠的、没有生机的机械原则。此原则源自一种单纯推理的、非历史的态度，试图把英国的观念和制度强加给印度社会。他们无法断然拒绝康华利体制的整个哲学，因为这代表的是一种英国式的对政府权力的怀疑主义政治本能；但他们希望修正这种哲学，以一种伯克式的方式来弥补辉格主义的肤浅。他们为解决印度问题带来了伯克的历史观，认为人类社会是一个由过去、现在和将来构成的连续的共同体[2]。芒罗他们虽然没有否认法治和分权在理论上的功效，但他们否认将这种原则不加修正地应用于印度。他们认为，康华利体制天真地认为在从外国传统中抽取的几项抽象原则基础上就可以建立一个政治社会，仅仅根据推理就引入一种政治理念，根本未对印度社会的历史和环境加以考虑。

尽管芒罗体制和康华利体制在政治理念和相关政策上存在差异，但两者之间还是有着共同性。康华利的孟加拉体制是处心积虑的英国化行为；

---

[1] Stokes, E., *The English Utilitarians and India*, New York: Oxford University Press, 1959, p. 91.

[2] Hampsher-Monk, I., *The Political Philosophy of Edmund Burke*, London and New York: Longman Group UK Limited, 1987, p. 56.

芒罗在马德拉斯的工作，虽然试图将政权对现有社会的干预降至最低，但也打上了同样的印记。无论是康华利的柴明达尔制，还是芒罗的莱特瓦尔制，都涉及由政府中的英国官员积极承担工作职责。两者都依靠土地的私有产权，这种产权是受英国式的法律制度保护的，并对印度社会土地租佃制度造成了根本变革。但他们的态度并不是革命性的：芒罗试图在自己的职权范围内给予马德拉斯农民私有财产权，他并没有意识到自己的行为有助于土地的商品化，有助于瓦解原有的社会体制和习惯；同样，康华利在气质上是保守的，他并不想引发一场社会革命，只是试图为一个处于迅速解体中的社会带来秩序和稳定。

二　行政派主导殖民地行政体制

芒罗在马德拉斯对土地所有权和征税方式进行了多年调查之后，提出了解决巴拉马哈尔和卡纳拉县税务整理的莱特瓦尔制。在这个过程中，他对康华利体制产生了不满，甚至是某种敌意。芒罗对康华利体制的指责，主要是认为它完全是人为的和外来的，完全不顾本地古老制度，在解决印度人自己的争端时，将他们完全排除在外，反而强加一种人们无法理解的新的法律形式和技术。无论从哪个方面来说，它都不适合印度社会的需要。它破坏了印度政治中将统治权和司法权视为简单易懂事物的传统。在这一传统中，哈基姆（Hakim），或统治者，总是随身背负正义之剑。[1]剥夺县税务官的司法和警察权力，就使得民众所能见到的这位政府代表，无力惩罚犯罪和纠正错误行为；将司法和治安管理权授予远离乡村的法院，而这座法院是由外国人主持，并使用成本高昂的技术性过强的程序，这样实际上等于剥夺了农民应该享有的司法正义。[2]

芒罗的补救办法就是恢复辖区内的"潘查亚特"，即由村中父老组成习惯法庭；授予村长处理小的民事和刑事案件的有限权力；任命新的各种等级的印度本地法官，给予他们大大扩展了的司法管辖权；限制从低级法

---

[1] Hampsher-Monk, I., *The Political Philosophy of Edmund Burke*, London and New York: Longman Group UK Limited, 1987, p.146.

[2] 英国司法为律师公会所把持，诉讼收费昂贵。这些使得英国的经济上的附属阶层（Subaltern）完全享受不到司法正义。在印度的康华利体制也有这样的问题。

院上诉的权利。1814~1816 年，他成功地施行了这些措施，恢复了民事司法的日常管理。最后，芒罗终结了僵化的权力划分，将司法机构的地位抬高，但剥夺了他们行政和治安权；县一级的行政机构现在被赋予了极为重要的影响和权威，授予县税务官处理土地和地租等民事纠纷的权力，并把治安官和控制当地警察的权力转让给他们。除了刑事审判的权力，基本所有地方政府的权力都被置于县税务官一人之手。由于马德拉斯管区各县规模远超孟加拉各县，大到足以在分区税务官之下再分出塔鲁克（Talukas），使得税务官职位的重要性又格外被抬高了。① 马德拉斯管区各县进入了一条从税务官开始的人格化的半军事化指挥链，与孟加拉分工清晰的非人格化的管理体制形成了鲜明对照。马德拉斯的县税务官直接向政府所在地的税务委员会负责，而孟加拉管区内又插入了三个省级税务委员会，利用通信来行使非人格的控制权，而不是依赖个人的检查和直接掌控。除了这些区别，马德拉斯和孟加拉在县以上的行政和司法结构的其他方面都很类似。

梅特卡夫为政府权力的集中统一给出了一种切实可行的形态。家长制作风的最终目的，就是要形成这样一种没有划分的政府权力。梅特卡夫后来成为本廷克总督参事会的代理主席，以家长制原则重组了孟加拉管区的行政。由于不受孟加拉政府条例的限制，康华利体制并没有在德里实行，梅特卡夫便可以自由发挥原莫卧儿政府裁量权的传统，在二三位欧洲助理的协助下，自己一身担任省督、首席法官、税务官和军队司令等不同职务。与芒罗一样，他试图避免干预本地人的各种制度，并试图尽可能地让他们通过潘查亚特和村长来解决自己的争端。② 事实上，通过让现有的税收制度保持完整，并避免在德里以外的城市设立法院，梅特卡夫的统治比

① 1803 年之后，马德拉斯管区拥有 14 万平方英里领土，县的数量在 20~27 个之间变化。1892 年，威廉·亨特的调查数据显示，马德拉斯的县的平均面积是 5646 平方英里，孟加拉的县平均是 3224 平方英里，在西北省和奥德则是 2194 平方英里。所以马德拉斯没有设地区专员职位，而是往下设立了分区税务官（Sub-Collector）和首席助理税务官（Head Assistant to Collectors）。

② 对于梅特卡夫建立的德里体制的具体描述见：Spear, Percival, *Twilight of the Mughuls*, Delhi：Cambridge University Press, 1951, Chap. Ⅴ.

起芒罗他们以往在马德拉斯实行的制度，显得更为原始，也更具父权制色彩。[①]

许多人认为，康华利带着一种他本人未必觉察的种族偏见，将未经改革的英国司法系统视为尽善尽美，几乎原封不动地移植到孟加拉新扩张的领土上。但他人为地制造了一场大灾难，殖民政权尚未来得及纠正印度习惯法不确定性的缺陷，又给印度增加了英国分权体制所造成的特别的痛苦。事实上，程序的简明和非技术性，本是印度传统司法实践中很值得珍惜的优点，现在却被抛弃，被一种"通过技术安排，提供许多不知所云、单调乏味、满是辩论记录的昂贵审理模式"所取代[②]。康华利建立的柴明达尔制更是留下了无穷的隐患。在对现有财产权的界定远未完成，总督参事会内部认识还很不一致的情况下，康华利就将各种权利混为一谈，授予大柴明达尔几乎绝对的财产权利，完全忽视柴明达尔下属和佃农的利益，几乎是人为制造了一个拥有土地所有权的包税人阶级。[③] 当然，这确实给英国在孟加拉的统治奠定了一个忠诚的柴明达尔地主阶层。

1829 年，首任印度总督本廷克（William Bentinck）决定建立新的行政单位，将一些毗邻的县安排在一起，组成了新的管理单位即地区（Division）。将 4~5 个县置于一位新的负责官员——税务和巡回专员（地区专员）的管理之下。[④] 专员同时作为治安法官在各县巡回，并监督税务官和司法—治安官等县级官员有关税收和警务治安的行为。由此，除了民事司法，所有的行政职能和权力都集中在他们身上。但是，地区并没有成为一级新的行政单位，也没有取代县。更准确的理解是将其看作负责监督和控制县级官员的高级官员，县仍然是比地区更为自然的单位。这可以解释，为何随着时间推移，地区专员逐渐成为地方行政中的多余部分。除马

---

① Stokes, E., *The English Utilitarians and India*, New York：Oxford University Press, 1959, p. 152.

② Mill, James, *History of British India*, Vol. V, London：Routledge, 1972, p. 425. 边沁同样谴责将英国的司法程序移植到孟加拉。

③ Stokes, E., *The English Utilitarians and India*, New York：Oxford University Press, 1959, p. 153.

④ Stokes, E., *The English Utilitarians and India*, New York：Oxford University Press, 1959, p. 152. 1829 年孟加拉政府条例 1。

德拉斯，其他省份都设立了地区专员职位。对于那些显示过工作热忱的县官们来说，在退休之前出任专员，确实是一份清闲而报酬丰厚的优差。在这段时期，县司法—治安官依然是政府一般行政的支柱。

三 本廷克和县级行政职能分配的改革

关于如何分配县里的各种行政职能，孟加拉政府的摸索仍然远未结束。事后来看，1829 年的安排只是过渡性质的。1831 年，本廷克又对县级官员的职能做了进一步的改变。这一年，民事司法从司法—治安官的职能中分离出来。到那时为止，税务官还只是负责收税，而司法—治安官负责民事司法，维持法律和秩序，履行其他的一般行政职责。1831 年，民事司法职责被移交给单独的民事法官，而司法—治安官的其他职能则被授予税务官。这样，县里就有两位负责官员。一位是税务官，履行县里首席行政执行官的职能，包括税收、管理较小的刑事案件、维持法律和秩序，而另一位就是民事法官，履行赋予他的职责，还被授予管理较大的刑事司法权，这种权力是从税务和巡回专员手中移交过来的。这样，县的司法官员就成为民事和治安法官。[①]

这种对政府内官员责任和职能的重新安排也只是实验性的。人们很快就发现，1831 年的安排使得改革再次成为必要。面对种种沉重的职责，县税务官看来也同样不堪重负。对他来说，如果自己接受过充分的教育和培训，如果有组织得很好的警力归他指挥，还有适当数量的助手帮助他分别履行各种很难合并的职责，那么高效履行这些职责还是可行的。但不幸的是，海利伯瑞教育体制并不能训练足够数量的官员来同时监督和控制如此多样的职责，也无法提供足够多的经过训练的助手帮助履行责任。1831年重新安排官员职责的结果，就是地方政府无力采取有力而适当的行动来镇压犯罪。面对这一困境，招纳那些接受英语教育的印度人担任低级文官，分担沉重的行政责任，就显得必要而可行。

人们普遍意识到对公共职能进一步重组的迫切性。1836 年，总督奥

---

① Roy, N. C., *The Separation of Executive and Judicial Powers in British India*, 1931, Calcutta: Firma K. L. Mukhopadhyay, 1959, p. 12. 在马德拉斯，根据管区 1816 年条例XI，治安官和税务官的职能结合在一位官员手中。孟买则是在 1827 年。

克兰（Lord Auckland）任命了一个委员会调查警务的实际情况，并对如何更好组织警力提出建议。① 委员会由 W. W. 伯德（William Bird）主持，成员有后来成为孟加拉第一任副督的弗里德里克·哈里戴（Frederic Harliday）。在经过必要的调查之后，他们报告说县级官员的负担过于沉重。委员会认为，在肩负沉重税收责任的同时，还要有效履行一般治安和警务管理，并管理较小的刑事案件，的确是不堪重负。县税务官总是用绝大部分精力关注税收问题，只有这样，他才能收足税款，免受政府的责难；但如此一来，他就只能忽视行政和警察职责了。委员会认为，只有将税收职能从县行政治安官手上的责任中分离出来，将其置于单独的税务官手中，才能克服这一缺陷。② 委员会的建议被采纳，税务职能再次被分离出去。到1845年，孟加拉管区实施了这一政策。但这一分工并未将警务管理的效率改善到令人满意的程度。

1853年，孟加拉政府的秘书塞西尔·比顿（Cecil Beaton）提交了一份备忘录，上称："由于保留一个单独的税务官阶级，负责履行专门的税收职责，这些职责对于他们精力来说却是不够，由此我们可悲地丧失了权力，并妨碍给其他政府部门提供帮助。"③ 次年，印度政府收到一封信件，鼓吹恢复到1838年采取的步骤，将税务和治安职能重新结合起来，置于同一个负责官员手中。信件还强调，税务和治安职能的分离有损于行政的品质和人民的利益。④ 1838～1859年，各县都有三位县长官：县治安官，税务官，县法官。1859年，税务官和治安官的职责再次联合起来。是否保留税务—治安官审理较小刑事案件的权力，提交给1860年任命的印度警务委员会来考虑。

最终，在1876年，代替亨利·缅因（Henry Maine）成为印度政府法律参事的詹姆斯·费茨詹姆斯·斯蒂芬（James Fitzjames Stephen），在谈到县级官员权力和职能，特别是刑事司法的管理时，对这个问题提出了著名的备忘录。他强调县级官员的地位是英国统治赖以建立的基础。维持县

---

① Roy, N. C., *The Civil Service in India*, Calcutta: Firma K. L. Mukhopadhyay, 1959, p. 45.

② *Report of the Indian Police Commission*, Calcutta: University of Calcutta, 1913, p. 5.

③ Parliamentary Papers, Vol. 59 of 1857, London: Henry Hansard, 1857, p. 295.

④ Parliamentary Papers, Vol. 59 of 1857, p. 289.

级官员的地位，对于维持英国对印度的统治是绝对必要的。无论是出于改善司法管理还是其他的目的，这种地位都不容削弱。如果县税务—治安官不能审理小的刑事案件，惩罚违法者，那么他的权威就会受到削弱。在这个世界上，有权惩罚的人才是统治者。斯蒂芬的这份备忘录成为英国文官谈论县治安官职务时的圣经。从此之后，所有反对刑事司法与行政职能结合的英国人都安静下来了。①

四 非规范省份县政管理和军人文官的任命

19 世纪上半叶，东印度公司政权在印度的征服和扩张导致大量领土的兼并。英印政府对于应在新领土上建立何种行政体制的立场变得更加难以协调。一些新征服地区不愿服从程序复杂、职能分离的行政安排。结果，在英属印度其他地方业已生效的规章和法律，只好暂停在这些地区实施。根据 1854 年修订的章程，参事会总督以行政权力为非规范省份制定条例，授权文官根据自己的权力，采取必要的行政措施，来管理公司新征服的任何领土。这些领土成为"非规范"省份，权力集中在称为副专员（Deputy Commissioner）的县官手中，由副专员行使所有政府职能，包括行政、治安和司法。他不仅是治安官和税务官，还是法官。他依据条例的精神采取行动，在审理司法案件中使用自由裁量权，而不用考虑任何法律。这实际上是一种个人专制政府的模式。县级官员在年度巡行中，能够施行"原初正义"，"在树下解决争端"，而不是诉诸拖沓冗长的司法程序。②

旁遮普就是典型的"非规范省份"。该地的行政模式是由劳伦斯兄弟建立的。亨利·劳伦斯（Henry Lawrence）是军人，而约翰·劳伦斯（John Lawrence）则是文官（后来还成为总督，在文官中为数很少）。他们做民众父母官（Ma-Pah）的思想感染了自己的部下，给旁遮普的县域行政管理深深地打上了个人印记。这些部下作为副专员在马背上巡行全县，为民众主持公道，他们进行的统治完全是家长式的。劳伦斯兄弟要求官员尽可能遵从政府条例的一般原则，但在没有法律可适用的情形下，可以依照自己的

① Roy, N. C., *The Civil Service in India*, Calcutta: Firma K. L. Mukhopadhyay, 1958, p. 48.
② Mason, P., *The Men Who Ruled India*, Vol. 2, *The Guardians*, London: J. Cape, 1971, p. 143.

判断行事。他们在旁遮普的实践完美地诠释了这一点："如果能做，最好还是正规合法地做；但如果不正规，不合法，那就全力去做。"①

非规范省份行政体制的简单性特别适合中央省和缅甸那些条件落后的部落民地区，也包括规范省份内的一些情况特殊的地区，如孟加拉东部各县。旁遮普的这一制度就延伸到了奥德、中央省和缅甸等地区。② 由于康华利坚持司法和行政的统一与合理化，他的烦琐复杂的体制一度扩展到了比哈尔和奥里萨之间的桑塔尔地区。但桑塔尔人在1855年叛乱之后，印度政府被迫修正了原先并不适合当地情况的康华利体制，也在那里实行了简单易行的非规范体制。

非规范体制的另一个重要特点是由军人文官，而不是由合约制文官来统治。一般认为，军官特别适合在新征服的领土或其他附属于英国统治的土地上建立并维持秩序；而合约制文官的人数由于其招录受到严格控制，无法应付新征服或吞并的省、县治理的要求。而且，文官的"精致优雅"在非规范省份还会受到有意的压制和蔑视。一位不了解情况的合约制文官从英国带了一架钢琴前往旁遮普任职，此事被亨利·劳伦斯知道后，在两年之内让他调动了五回，这架可怜的钢琴由此散了架。③

当然，非规范省份文官任用中的双重来源，有时候也和某些当权者的偏好有关。例如，总督艾伦布劳（Edward Low, Ellenborough）不喜欢合约制文官，就把一些根本未经训练且没有民事管理经验的军人任命到高级民事职位上。在他完成任期离开印度时，很少有合约制文官出现在政治部门（political line）④ 或非规范省份。在信德，查尔斯·内皮尔（Charles Napier）任用了许多军官负责税务和司法。当英国在旁遮普的统治稳定之后，劳伦斯兄弟任用的副专员中，来自西北省的合约制文官和来自孟加拉军队的副专员数量相等。这种双重来源在旁遮普、阿萨姆和缅甸一直持续

① O'Malley, *Indian Civil Service*, London: J. Murray, 1991, p. 58.
② Dungen, P. H. M. V., *The Punjab Tradition: Influence and Authority in Nineteenth-Century India*, Australia: Allen & Unwin, 1972, p. 87.
③ Gilmour, D., *The Ruling Caste: Imperial Lives in the Victorian Raj*, London: John Murray, 2005, p. 162.
④ Fisher, M., *Indirect Rule in India: Residents and the Residency System, 1764–1858*, New York: Oxford University Press, 1991, p. 157.

到 19 世纪和 20 世纪之交，成为在合约制文官职位上实行举荐和庇护的重要来源。[1]

1876 年，奥德、中央省和孟加拉的非规范县以及西北省就停止从军中招录文官，信德省也于 1885 年停止，旁遮普省和阿萨姆也分别在 1903 年和 1907 年停止招录军人文官。但在第一次世界大战中，再次实行从军人中招录文官的方法。

第四节　殖民地官僚国家的建立

牛津大学加拉赫（Jack Gallagher）教授等认为，19 世纪英国帝国主义是一种特殊形态的帝国主义，姑且可称之为"自由贸易帝国主义"。它的行事原则是，在对待有着悠久文化传统和稳定政治经济体制的传统国家时，如可能则与之贸易，如必要则使用军事暴力，获取通商贸易权利。

但加拉赫的分析显然不适用于印度，或者更准确地说，只适用于从美国独立、不列颠第一殖民帝国瓦解，到 1885 年瓜分非洲狂潮这一特殊窗口时期的英国对外扩张。东印度公司建立殖民政权的根本目的，是建立新的殖民地统治秩序，以利于资本对印度的开发、利用、榨取和掠夺[2]。虽然殖民政权在立法等职能上依附于英国议会，东印度公司建立的法治基础上的以职能分殊为特征的行政机构，还是开始了印度近代史上殖民地近代国家建设的进程。东印度公司在文官机构中既引入了职能和任期规范，根据业绩和资历晋升、货币薪金、官员权利受法律保障等英式理性官僚制因素，也借用了莫卧儿帝国的官僚等级制和直接控制县政的专制统治形式。[3] 到东印度公司终结之时，无论是在总督参事会、省督参事会，甚至在某些省份的副总督职位上，以及 1853 年设立的殖民地立法会中，在任

---

① *Report of the Public Service Commission*，*1886-1887*，p.10. 正式进入合约制文官职位的军官和非合约制文官人数在 1886 年依然有 66 位。

② 罗宾逊、加拉赫：《自由贸易帝国主义》，《殖民主义理论选读》，北京大学出版社，1995。

③ 现代行政管理的研究日益脱离民主与专制这一二元对立的统治模式，而更多引入了有效（高效和低效）治理、国家能力建设的研究路径。见 Chakrabarty，B. & Bhattacharya，M.（ed.），*Public Administration*：*A Reader*，India：Oxford University Press，2003.

和退休的公司合约制文官都占据了重要位置。公司在印度的中央政府各部秘书，也由各省的合约制文官轮流任职。无论是各省高等刑事和民事法院，还是各县的治安法庭，四分之三的法官职位由合约制文官充任。[①] 正是通过将税务、治安和司法等公共职能完全掌握在以合约制文官为代表的官僚国家手中，英国殖民者才可能在军事强制的基础上，在印度建立了一套混合了理性官僚制和莫卧儿专制统治的新秩序。这是比印度以往任何帝国更为巩固的近代殖民地国家，用马克思更形象的话说，"这两种专制结合起来，要比萨尔赛达庙里的狰狞的神像更为可怕"。[②]

1853年，马克思在《不列颠在印度的统治》一文中写道：

> 的确，英国在印度斯坦造成的社会革命，完全受极卑鄙的利益所驱使，而且谋取这些利益的方式也很愚蠢。但是问题不在这里。问题在于，如果亚洲的社会状态不来一个根本的革命，人类能否实现自己的命运？如果不能，那么英国不管干了多少罪行，它造成的这个革命，其实是充当了历史不自觉的工具。[③]

不管在征服印度和平靖大小王公反叛的过程中犯下了何等残暴的罪行，东印度公司政权都成为历史不自觉的工具。借用东印度公司先进的军事技术和法制化的组织力量，英国殖民者在印度近代历史上构建了一个近似绝对主义王权[④]的殖民地官僚国家。这套以官僚专制为基础的殖民地国家机构，以总督（副王）为其金字塔塔顶（实际受到英国议会监督局以及后来的印度事务大臣的监督和制约），通过剥夺柴明达尔的警察权力、

---

① Singh, Chandrahas, *The Civil Service in India* (1858-1947): *A Historical Study*, Delhi: Atma Ram & Sons, 1989, p. 103.

② 马克思：《不列颠在印度的统治》，《马克思恩格斯全集》第九卷，中共中央马克思恩格斯列宁斯大林著作编译局，人民出版社，1961，第144页。

③ 马克思：《不列颠在印度的统治》，第143页。

④ 绝对主义王权在欧洲历史上是近代民族国家建立的重要基础。在印度的历史进程中，殖民统治无意识地履行了绝对主义王权对民族国家建设的奠基功能，国家——民族构建模式。见查尔斯·梯利：《强制、资本和欧洲国家：公元990-1992年》，魏洪钟译，上海人民出版社，2007，第59~63页；佩里·安德森：《绝对主义国家的谱系》，刘北成、龚晓庄译，上海人民出版社，2001，第15~16页。

剥夺不服从的小王国的武装，通过驻军和控制警察队伍，实现了对法律实施和暴力控制的垄断权。① 绝对主义王权对近代国家建设的奠基工程，还包括收集和掌握与国家能力和安全相关的重要信息，全面摸底、盘查一系列重要信息，包括国家的地理、自然资源和人口信息资料，以此作为制定税收和开支的重要依据和基础。这一系列的工作都有赖于印度文官机构及其后一系列专业机构的建立才得以实施，对于殖民地国家的维持和扩张尤其重要。因为它涉及税收问题，制定统一和有效的税收政策是早期国家建设的最重要内容。对于东印度公司统治的 100 年来说，殖民地国家主要是通过战争和征服来建立新的统治秩序。正是为了筹措战争的资源，为了支持战争或备战的需要，他们不得不建立相应的机构去募集资金，募集资金的最重要的手段就是萃取税赋。以军事暴力为基础，开始是临时性的劫掠（抢劫孟加拉国库，对小王国勒索军事补助金，并签订补助金条约），后来逐渐发展为稳定的税收。随着定期的普遍的税收制度的建立，一支常规性的行政及财政队伍建立起来，以国家行政权力的形式，将税赋萃取功能向殖民地社会全面渗透扩张，从而构成了殖民地国家的本质特征。因此，尽管殖民地国家的立法权和监督权都依赖英国议会，这一时期殖民地"国家建设"主要集中在建立税收制度、集权式官僚体制、收集和整理国家信息、垄断对武力的使用等方面。在某种意义上，这一时期是"殖民地官僚国家"在印度重构政治权力和权威的时期；从马克思的殖民主义"双重使命"理论来看，也是以合约制文官机构为代表的国家行政机构官僚化的建设性发展阶段。

我们也将在后面的章节中逐渐看到，在血与火中建立起来的殖民地官僚国家如何使行政机构理性化，以行政吸纳政治来获得殖民统治的稳固。

---

① Anderson, D. M. and Killingray, D. (ed.), *Policing and Decolonisation: Politics, Nationalism and the Police*, Manchester: Manchester University Press, 1992, p45.

第三章
改革年代：考录制的确立和实施

国内学界对东印度公司文官机构的招录方式改革的认识，大多都是将之作为英国文官制度改革的背景。[①] 而实际上，竞争性考试录用制度的实施具有重要的行政、政治、教育和社会意义。原先，东印度公司文官主体通过一套庇护体制加以招录任用，并在海利伯瑞学院接受任职前的专门培训。1853 年的公司特许状法案废除了庇护制，代之以竞争考试招录制度。当时人们相信，通过考试，牛津、剑桥大学毕业的高素质学生将取代海利伯瑞那些受公司董事庇护的与东印度公司相关家族的子弟。这种考试制逐渐扩展到印度，将大大提高英属印度统治的行政管理效率和统治合法性。

本章考察合约制文官机构招录方式变革的背景、考试制度的确立及其实施结果。我们将探讨考试招录制度折射出的英国社会权势的转移，以及考试制度是如何通过知识霸权和文化控制，在殖民地国家的权威构建和维护中发挥作用的。

第一节　印度文官考录制的确立

印度文官招录方式变革的主要推动力，不是来自印度殖民地内部，而是来自英国社会各阶层对印度殖民地利益主导权的激烈争夺。[②] 总的说

①　"诺斯科特—屈威廉报告"出台的背景，是英国文官的"官职恩赐"和"政党分肥"的状况亟待改进，两人的调查报告也以大量事实证实了人们对英国文官腐化、效率低下的普遍印象。

②　Moore，R. J.，"The Abolition of Patronage in the Indian Civil Service and the Closure of Haileybury College"，*The Historical Journal*，Vol. 7，1964（No. 2.）：pp. 246-257.

来，垄断印度殖民利益的土地和商业贵族阶级已经无法拒绝新兴工业资产阶级对印度利益进行再分配的要求。1832 年，代表工业资产阶级利益的自由党在英国开始长期执政，积极着手推进各种行政和吏制改革，印度事务也成为他们决心整饬的目标。1853 年，自由党政府任命了以马考莱（Thomas Macaulay）为首的三人委员会来调查东印度公司的用人制度。该委员会在报告中提出建议，要求"以公开竞争考试择优选派印度文官"①。同年，英国议会根据自由党政府的建议，通过特许状，撤销公司董事会任命官员的权力，以公开竞争考试择优选派印度文官。1854 年，海利伯瑞学院不再具有教育培训和选派文官的权力。1855 年 7 月，公开竞争考试在伦敦举行。②

改革派赢得了舆论战。曾经合乎道德的事物现在已变得不再合理，不能为英国资产阶级接受了。在改革派诸如查尔斯·屈威廉（Charles Trevelyan）和罗伯特·劳（Robert Lowe）等人看来，统治印度的这样一个重要的行政机构，竟然完全依靠东印度公司建立的一套很随意的选拔制度，这是很不正常的；而竞争性的考试制度能提供更为可靠的选拔方法，招录那些具有更强能力和更优品质的人进入文官机构。在新的政治观看来，完全忽视官员资质的庇护任命体制已经成为一件"不名誉"的事情，并会败坏公众的道德。通过举荐进入印度文官机构并不在于它特别令人讨厌或低效，而主要在于它不合乎道德。需要在新的知识和道德的基础上，建立一套能为英国资产阶级接受和认可的制度。一方面，作为垄断商业资本代表的东印度公司政治势力日渐衰退，另一方面，工业资产阶级的力量越来越强大。竞争性考试，就成为他们向英国土地和商业贵族争夺文官任命权的突破口。

一 改革突破口：东印度公司文官招录制度

19 世纪四五十年代的英国，是一个改革的年代。这一改革精神反映在人才选用和晋升标准上，就是以功绩取代出身。此时，英国完成了工业

---

① Moore, R. J., "The Abolition of Patronage in the Indian Civil Service and the Closure of Haileybury College", *The Historical Journal*, Vol. 7, 1964 (2), p. 248.

② Moore, R. J., "The Abolition of Patronage in the Indian Civil Service and the Closure of Haileybury College", p. 256.

革命，成为世界上最先进的工业强国。经济变迁的同时，还伴随着重大的社会和政治变迁。1832 年议会改革后，工业资产阶级取得了政权，上升到统治地位，代表新兴工业资产阶级利益的自由党人开始长期执政。就印度事务而言，随着东印度公司贸易垄断特权的削弱和取消，他们对印度文官职位任命的垄断权也受到英国工业资产阶级的挑战，这一挑战还得到了文化和教育界的支持。1833 年以来，在选择进入海利伯瑞学院（位于伦敦北部，由公司董事会设立负责培训东印度文官）的人员时，考试逐渐渗入举荐制之中。1853 年确立考试制度招录文官的改革条件具备了。

1. 海利伯瑞学院

按照 1784 年的印度法令、1793 年的公司特许状两项议会立法，向印度殖民地举荐任命文书、职员、医生和教士的权力被授予公司董事会，这就确立了文官机构职员任命和提拔的基本原则。公司董事会成员之间，早已存在一套人员举荐的规范体制。任命和举荐权的分配是按照董事会的资历进行的。30 位董事（24 位在位，6 位轮换）中，董事会主席和副主席各有举荐 2 名合约制文官的权力，议会监督局主席也有举荐 2 位文官的权力。每年公司任命的人数都不一样：从 1802 年到 1830 年，共有 1190 位文书被派往印度的三个管区[1]，最少的 1817 年派出了 7 位，最多的 1828 年派出了 69 位，年均是 37 位；同一时期，共有 7727 位军校生派往印度，年均 258 位。[2]

除总督、省督以及军队高级指挥官之外，印度殖民地所有官员都应从公司内部的合约制文官中选拔。选拔一般遵循资历原则：想获得年薪 500～1500 英镑的职位，至少要在印度工作 3 年以上；年薪 1500～3000 英镑的职位，至少 6 年；年薪 3000～4000 英镑的至少要 9 年；4000 英镑以上年薪，至少 12 年。[3]

1800 年，印度总督韦尔斯利（Charles Wellesley）在加尔各答建立了

---

[1] Parliamentary Papers, 1812-1813, 1833, *Writers and Cadets*, India, Vol. 26, Paper 536, p. 87.

[2] Cohn, Bernard S., " Recruitment and Training of British Civil Servants in India ", in R. Braibanti（ed.）, *Asian Bureaucratic Systems Emerging from the British Imperial Tradition*, p. 127.

[3] E. Blunt, *The I. C. S.*, , p. 33. 后任职年限分别调整为 4、7、10 年。

威廉堡学院，着手弥补文官在教育和能力上的缺陷。韦尔斯利希望学院能提供阿拉伯语、梵语、印度斯坦语、孟加拉语等印度各种语言的教学，还能提供印度教和伊斯兰教的法律和法学、英国法和东印度公司条例规章的教育。学生还应接受政治经济学、地理学、数学、拉丁语、希腊语、现代欧洲语言，以及欧洲与印度历史的课程教学。学生需要在学院中学习3年，接受正规考试的测验。但公司董事会对韦尔斯利个人并无好印象。他支持私商贸易，进行耗费钱财的军事扩张，对同僚也态度倨傲，这些都触怒了公司董事会，也连累到他的威廉堡学院计划。董事会借故要废除这所学院，虽几经努力最后得以保留了下来，但已降为专门的语言培训学校。

1804年夏天，公司董事会决定探讨在英国建立培训学院的问题，并于同年的9月19日决定在英国国内设立教学培训机构，先选址在伦敦北郊的赫特福德，后改在海利伯瑞，为那些准备前往东印度加入公司行政机构的年轻人提供教育。尽管东印度公司的东方贸易特权在1813年和1833年的特许状中陆续被剥夺，而且管理印度事务的重要决策与人事权都收回到议会监督局的控制之中，但直至19世纪中叶，东印度公司的董事们依旧保有对印度文官的任命权，可以举荐那些与自己有关系的年轻人到公司文书的职位上。一般来说，进入学院之后，文书要在那里学习2年的法律、政治经济学和各种印度的地方语言①，然后前往印度。到达印度之后，他还要进一步接受测试，在具备印度地方语言和行政管理的能力后，才能获得任职资格。

从1806年开始，学院的入学考试由学院教授和校长主持，但大多只是走走形式。进入海利伯瑞的学生要有很好的古典和圣经知识，并对历史和道德哲学有初步的掌握。在1813年更新公司特许状之前的议会辩论中，持自由派立场的议会监督局前主席格伦维尔②曾提议对进入学院的人举行竞争性考试，但未获议会接纳。结果是，1813年的特许状只规定前往印度任职的文官都必须获得海利伯瑞学院的毕业证书。在1833年东印度法

---

① Cohn, Bernard S., "Recruitment and Training of British Civil Servants in India", p. 99.

② 托马斯·格伦维尔（Thomas Grenville, 1755-1849），英国辉格党首相乔治·格伦维尔次子，1806~1807年担任议会监督局主席。

案辩论的过程中，后来的第一任印度法律参事马考莱①则全力支持查尔斯·沃特金·韦恩②。韦恩是格伦维尔的妹夫，也是他在政府中的代表，他竭力主张通过竞争考试来招录公司职员。作为妥协，马考莱设计了一套4倍提名的制度，要求对进入海利伯瑞学院的人员实行有限竞争。但公司董事们从未提供如此多的人员来参加竞争。作为应对，公司董事在议会发起决议，要求延期执行这样的规定。③

但从19世纪30年代开始，入学考试就变得有些货真价实了。学生需要证明自己了解希腊语《旧约》的四福音书以及古希腊的荷马史诗，阅读并了解希罗多德、色诺芬、修昔底德和索福克勒斯的作品，以及拉丁语作者西塞罗、塔西佗、维吉尔和贺拉斯的作品。④ 1836年之后，由公司聘请的主考人员来主持入学考试，这些主考人员都来自牛津、剑桥和伦敦大学国王学院。19世纪30年代的考试通过率是75%左右。随着入学考试的要求日益变得严格，还出现了专门教学生应付考试的填鸭式导师和学校。⑤ 这种入学考试本来是为了防止某些董事将官职任命权浪费在那些无能的考生身上，但正如坎贝尔（Campell）所评论的，应付考试的技术到了这样的程度，和其他现代科学一样完全成为一种专业，以至于绝大多数接受过正规教育的年轻人都能依靠死记硬背通过考试，无须特别的天分和学识。⑥

所有这一切在1853～1855年之间发生了改变。1853年议会颁布的《印度政府法》（Government of India Act）废除了公司董事会对文官任职的庇护举荐，并且规定，合约制文官的任命只能根据竞争性考试的成绩来获

---

① 托马斯·马考莱（Thomas Babington Macaulay, 1st Baron, 1800-1859），早期受查尔斯·格兰特等克拉彭集团成员的影响，1818年进入牛津大学学习法律。1833年出任第一任印度总督参事会法律参事，开始在印度编纂刑法典的工作，影响深远，并成为在印度推动英语教育的重要成员。后在监督局主席伍德邀请下成为考试制度调查委员会主席。

② 韦恩（Charles Williams-Wynn, 1775-1850），出生于一个古老的威尔士大家庭。他的第二任妻子夏洛特·格伦维尔是首相乔治·格伦维尔的女儿。他的曾曾祖父，在1680至1685年间担任下议院议长。托马斯·格伦维尔既是韦恩的大舅子，也是他的表哥。1822年1月，他进入枢密院，并担任监督局主席至1828年。

③ Misra, B.B., *The Administrative History of India*, *1834-1947*: *General Administration*, New York: Oxford University Press, 1976, p.34.

④ Cohn, Bernard S., "Recruitment and Training of British Civil Servants in India", p.101.

⑤ Cohn, Bernard S., "Recruitment and Training of British Civil Servants in India", p.102.

⑥ Cohn, Bernard S., "Recruitment and Training of British Civil Servants in India", p.103.

得。1854年以马考莱为主席的一个调查团拟订了方案，准备在来年加以实施。第一场竞争性考试在1855年举行，最后一群由公司董事举荐的学生在1856年进入海利伯瑞，1857年12月离开，学院也于1858年初关闭，正好与东印度公司对印度的统治同一年终结。

2. 东印度公司政治势力的衰落

根据伯纳德·科恩的研究，东印度公司的董事会成员及其举荐的印度文官，都来自英国社会以伦敦为中心的狭小群体，并从苏格兰和英格兰东南部的银行和商业家族以及土地贵族中获得补充。这些群体之间有着密切的文化和经济联系，血缘和亲缘又巩固了这层关系。从1800年到1860年，50到60个相互关联的大家族提供了统治印度的文官主体。[①] 直到19世纪70年代，在那些通过公开考试选拔上来的人员积累足够资历，有机会升迁到高级职位之前，这批公司董事保举的职员在印度殖民地行政管理中一直起着非常重要的作用。[②] 这也是印度文官机构的早期精神中，贵族气质和等级制得以维持的阶级基础。

由于英国议会对公司贸易垄断权的不断限制和剥夺，东印度公司的政治影响力也就随之大大下降。与东印度公司直接相关的人员在英国议会中拥有的席位，也从1800年的110名议员的巅峰，下降到1834年的45名。比较而言，印度事务是新兴工业资产阶级较容易取得胜利的战场，那里没有国内土地贵族对英国政治的巨大影响，也没有各部文官与土地和金融贵族之间盘根错节的关系，议会议员们的关注程度也与国内文官事务的改革不可同日而语。而东印度公司的政治势力日渐衰微，已无力抵抗新兴工业资产阶级的进攻。因此，虽然英国国内文官机构改革的呼声很高，但率先实现改革的，却是文官腐败无能情况并不特别严重的印度殖民地。印度文官机构成为文官机构改革的突破口。

马克思在1853年提出，东印度公司在此时已成为英国政府必须处理的事务。因为从人种边界、政治边界和军事边界上看，公司使用直接和间接统治的手段，已在印度次大陆全境最终确立了不列颠的无上权威。占有

---

① Cohn, Bernard S., "Recruitment and Training of British Civil Servants in India", p. 126.

② Cohn, Bernard S., "Recruitment and Training of British Civil Servants in India", p. 128.

了旁遮普和信德，就可以击退来自中亚细亚的任何侵犯，对抗正向波斯边境和阿富汗扩张的俄国。而工业资产阶级对印度投资的一切企图，都遭到受东印度公司控制的印度当局的阻挠和暗中破坏。于是，印度就成了产业资本向金融寡头和贵族寡头政治做斗争的场所了。工厂主们意识到自己在英国的权势不断加强，现在正要求消灭在印度的这些敌对势力，彻底消灭东印度公司。而且，到1853年，东印度公司债务已达5000万英镑之巨，除田赋之外，收入来源越来越少，而支出却还在不断增加。单靠鸦片税这笔不可靠的收入已很难弥补赤字，因为中国人也已开始自种罂粟，鸦片税现在已面临完全枯竭的危险境地。此外，还要为毫无意义的缅甸战争增加军费支出。狄金逊先生说："情况就是这样：失掉印度帝国会使英国破产，但要维持它又会使我国的财政紧张，以致引起破产。"①

3. 古老大学的要求

极力要求采取竞争性考试招录方式的有三个群体的代表。首先是内阁首相阿伯丁、监督局主席查尔斯·伍德（Charles Wood），以及前监督局主席格伦维尔（Thomas Grenville）和韦恩等人。格伦维尔是自由党中最直接参与，也最热心此事的。其次是乔伊特（Jowett，牛津大学巴里奥尔学院院长）、哈罗公学的校长沃恩（Warne）、西敏寺公学的校长里戴尔（Riddel），他们代表着教育机构的态度。介于上述两类人之间的，是马考莱、格莱斯顿（财政大臣）以及屈威廉（财政部副大臣），他们是前两类人的联系人。出于不同的原因，三个群体都希望改革。而他们之间的相互影响，决定了改革最终所采取的形式。

为何大学希望改革，乔伊特向格莱斯顿解释说：

> 我认为，没有比给大学毕业生更多前往印度任职机会更大的好处了。这样的一种诱因将为我们开辟新的知识领域。它将为我们扎进社会土壤提供新的根源。它将为我们提供我们一直想要的，一种超过奖学金的激励。对于那些无意于听取命令的人来说，它能回答一个沉闷

---

① 马克思：《东印度公司，它的历史与结果》，《马克思恩格斯全集》第九卷，人民出版社，第167~176页。

的问题。学院的老师经常会被一位获得了一等奖学金的本科生问道："没有任何服从命令的职业，没有任何从事律师的机会，也没有任何的社会关系能在生活中将我推向前行，我该选择何种生活？"①

大学施压要求实行竞争性考试招录职员，直接原因就是文官招录是解决毕业生就业难题的途径之一——将钱财从东印度公司董事举荐人手中转移给大学毕业生。这是一个简单推理就能得出的认识，但其背后还有更为复杂的动机。19 世纪 50 年代，有着悠久历史的古老大学（在英国，通常指牛津和剑桥两所大学）进入了一段危机与改革并存的时期。毕业生的就业问题，只是危机的次要方面，更根本的危机是大学本身如何定位。19 世纪上半叶，毕业生人数稳定上升，而专业领域的就业机会，比如教师、教士和律师职业，却没有相应规模的增长。对学界的政治家来说，更大的危机来源于古老大学的身份认同。从 19 世纪 50 年代到 80 年代，不断有王室、司法界和行政部门派出的调查团前往调查大学的现状，调查它们是否能够适应新的时代精神。他们认为很有必要通过改革来满足大众的强烈愿望，为整个国家建立的大学，不能只是服务于少数人的利益。"完全可能，我们只能按照原样再存在 20 年了，作为一种孤独的非政府团体……我们投入的巨大财富并未能表现出任何功利性目标！"②

大学需要更多地面向社会，服务社会的需要，这就是所谓大学功利主义化的实质。在此背景下，让大学生能获取印度文官职位，便成为适时的举措了。乔伊特试图解决大学的身份危机问题，希望牛津、剑桥这些古老大学也能成为政治家和行政官员的训练基地。而在印度和国内的文官招录中同时实行竞争性考试，就为实现这种转变提供了必要的外部条件。

但关于大学改革的方向，还存在另外一种声音，牛津大学林肯学院的院长帕提森（Mark Pattison）③ 是其主要代言人。他认为，将大学转

① Compton, J. M., "Open Competition and the ICS, 1854 - 76", *English Historical Review*, Vol. XXXIII: p. 266.

② John Roach, "Victorian Universities and the Liberal Intelligentsia", *Victorian Studies*, (1959), p. 135.

③ 马克·帕提森（Mark Pattison, 1813-1884），英国作家，英国国教牧师，曾任牛津大学林肯学院院长。

变为政治家和行政官员的苗圃只会令人反感。他主张牛津、剑桥这些古老大学应按照德国大学的方式进行改革，成为学术研究的中心，培养和训练学者而非统治者。但乔伊特设想，如果大学能在文官招录制度的改革中取胜，就等于击败帕提森和他的朋友们。所以，乔伊特对文官招录考试改革抱着很大的期望，这事关他的大学改革理念能否取得成功。

客观地说，如果不对现有教育内容加以适当调整，牛津、剑桥的教育对于在竞争性考试中获胜并不那么有帮助。这也是大学里反对乔伊特的那一派人竭力试图论证的观点。此时，"印度研究"这一新知识领域的出现，调和了两派的矛盾。已有的东方语言的教学（这是德国大学里最优秀的专业）得到了复兴和扩充；印度地理、历史也首次进入大学教育课程。印度文官考试的整个知识范围，如今都已经在大学的课程之内。这是一个正向促进的循环，教学内容的扩张，加上其他从政府下拨的新基金，又能给大学的学者们提供更多教授职位和研究机会。

剑桥三一学院和牛津巴里奥尔学院发奖学金给学生的消息对每个学科都有很大的促进。传统的主科如古典文学和数学自不必说，许多新的学科，比如有关印度的历史、法学、现代语言和自然科学等，都对学生产生了吸引力。按照马考莱的说法，没有什么比每年提供 40 个带养老金和美好婚姻前景的高薪职位更能刺激大学生了。①

除了这些经济政治的变迁，当时英国社会文化精英们也从哲学和宗教的角度，鼓吹自由主义改革意识形态，对殖民地管理体制的改革提出了自己的要求。这些人包含了 19 世纪初至 20 世纪初的英国知识界和思想界精英圈子中很大一部分人，如屈威廉、格兰特、马考莱、格伦维尔等人，他们拥有类似的教育背景和人生经历，甚至都是来自少数几个家族，而且彼此之间还具有千丝万缕的血统和婚姻关系。这个社会改革家、哲学家、作家、历史学家、艺术家的群体，来源于 18 世纪末至 19 世纪初的一些商人和制造业者家庭，彼此间除了生意上联系和共同的福音派信仰之外，在很

---

① Compton, J. M., "Open Competition and the ICS, 1854–76", *English Historical Review*, 1968, Vol. XXXIII: p. 275.

多社会问题上也持相似的主张，从而形成了一个独立的以功利主义和福音派为哲学和宗教基础的改革派别——"克拉彭派"①。英国中产阶级的普遍倾向——相信人性进步，追求社会公正，坚持基本的、积极的价值观，在 18~19 世纪之交时，表现为福音派或非国教宗教热情和废除奴隶贸易的要求，而维多利亚中期那代人在批判基督教的同时，也提倡自由主义改革和帝国诚实行政。②

　　印度文官招录制度的改革不仅是社会经济发展以功绩制取代身份制的要求，也是东印度公司政治力量衰落，墙倒众人推的结果。而东印度公司文官招录制的改革，也和当时英国社会文化知识和教育界的呼吁和积极支持是分不开的。印度文官的招录方式肯定要改革，但采取哪种方式改，还得有人费思量。

二　公开考试竞争的引入

　　前文指出，公司董事会控制着进入海利伯瑞学院的举荐名单。入选者要求在学院接受两年包括各种印度和欧洲科目的课程学习。在学习结束时，再通过笔试，对他们所学的知识加以测试。海利伯瑞学院是精英教育和培训的真正开始。在此之后，根据 1853 年的特许状法令，实行了一套公开考试竞争制度。法令规定："公司董事提名或任命进入海利伯瑞学院学生的所有权利、特权都应停止"，"在印度事务监督局专员制定的规则之下，任何渴望进入上述海利伯瑞学院的国王陛下的自然出生的臣民……都将允许通过考试而成为候选人"。③ 该法令并没有排斥印度人参加法令所规定的公开竞争考试。例如，格伦维尔对这一问题的辩论进行评述说，如果印度考生能前往英格兰，并通过必要的考试，他们就能获得任用，并不因其出生地而受歧视。马考莱也持有相同看法，他补充说，如果印度人能通过英语和西方知识的教育，考试成绩还能超过欧洲考生，那么他们就

---

①　张旭：《从"克拉彭"到"布卢姆斯伯里"——近代晚期英国文化贵族考》，《陕西师范大学学报（哲社版）》，2009（6），第 115 页。

②　张旭：《从"克拉彭"到"布卢姆斯伯里"——近代晚期英国文化贵族考》，《陕西师范大学学报（哲社版）》，第 115 页。

③　Misra, B. B., *The Bureaucracy in India: An Historical Analysis of Development up to 1947*, London: Oxford University Press, 1977, p. 77.

有权进入公司文官机构。① 马考莱认为这样招录进来的印度人必然能完全适应英国教育的条件。② 但进入文官机构的考试只在伦敦用英语举行，对于远隔重洋的印度人来说，便天然具有了一种排斥效应。③

在法案成为法律之后，议会监督局主席伍德任命了一个委员会，以马考莱为主席，就有关在海利伯瑞学习的内容和时间，东印度公司文官候选人考试的方案以及其他问题提出建议。委员会在相关的各个要点上都提出了建议。这样就建立了一套制度，规定只能由公开竞争考试的结果来决定进入印度文官机构的人选。在咨询了马考莱之后，查尔斯·伍德也提出一项议案，不再让东印度公司承担维持海利伯瑞学院的责任。议案在1855年议会开会期间得以通过；海利伯瑞的东印度学院在1858年初被废止，因为它的课程安排已经不适合通过公开竞争考试选拔出来的人员的年龄和身份了。

根据马考莱委员会的建议，考生进入海利伯瑞学院的年龄上限为23岁，允许前往印度的最大年龄为25岁。当时有这种想法，主要是注意到公司大部分文官的大部分时间是要在印度偏远的农村地区履行职责，那里没有任何接受进一步教育的便利条件，因而在任职之前，应该得到当时英格兰所能提供的"最好的、最自由和最为完整的教育"④。正如马考莱认为的，如果相当数量的文官是在牛津或剑桥获得了文科学位的男性——一个青年学者阶层，那么这一目标还是很值得去实现。但根据21岁的准入规则，他们就会被排除在外，因为大多数大学毕业生都超龄了。如果将参加考试的最高年龄提高到23岁，就会有相当多的牛津和剑桥大学的毕业生能通过竞争考试加入公司的文官队伍。

将准考年龄上限提高到23岁，文官机构的地位也会发生相应变化。进入海利伯瑞的新生就不再被当作男生对待。他们都是大学毕业的成年男

---

① Hansard, Vol. CXXVIII, p. 48, p. 75.

② Home (Pub) Progs., March 1885, Nos. 165-171.

③ 在19世纪中叶，印度教某些种姓规定了这样一条，不允许种姓成员跨越"黑海"，否则取消种姓成员资格。到19世纪80年代，甘地前往伦敦求学时，也遭遇了这样的困境。但这种规定已经很松弛了。

④ Compton, J. M., "Open Competition and the ICS, 1854-1876", *English Historical Review*, 1968, Vol. XXXIII: p. 277.

子，不是通过家世和照顾，而是凭借优越的知识能力通过竞争进入的。他们去那里不是为了完成他们已经完成了的通才教育，而是要接受专门的任职前培训和教育，这种专门教育是印度文官履行公务时所需要的。但事实上，从知识和文化的造诣上，政府内的部长与那些参加竞争考试的能手（Competition Wallah）之间并没有多少差距。在社会方面，两者的家系在大多数情况下类似，都具有上层中产阶级的出身。①

在更大年龄阶段实行竞争考试制度，就要求立即改变海利伯瑞学院的构成。对于那些通过竞争性考试而直接成为见习生的人来说，进入海利伯瑞学院只是为了接受有关印度政府行政管理的课程培训。然而，有人就会质疑学院讲座的标准问题。早些时候给 18 岁的公司董事举荐人提供的系列讲座，与那些根据知识能力和造诣挑选出来的 23 岁男子所需要的讲座必将有很大不同。真正的问题在于，海利伯瑞东印度学院是否应当继续维持下去。根据 1853 年法令的 40-1 条款，这意味着议会监督局可以制定条例，允许那些没有进入海利伯瑞学院的人加入文官机构。这一条直接导致1858 年 1 月停办海利伯瑞学院。根据监督局的规定，印度见习文官附属于不同的大学和学院，以使他们能够完成学习。见习时间不少于一年，不超过两年。

马考莱委员会建议的竞争性考试的科目是英语语言和文学，包括作文、历史和一般文学；还有希腊、罗马、法国、德国和意大利的语言、文学和历史；数学（纯粹与混合），自然科学，道德和政治哲学，梵文和阿拉伯文。考生须通过书面考试，并获得每个科目的成绩。他们至少要在考试开始前 6 个星期通知监督局，告知他们参加考试的目的，列出他们选择的考试科目，提交必要的证书和推荐材料。②

委员会建议的竞争性考试的科目大多与未来印度文官的职业生涯无关，但马考莱仍将这些包括在公开竞争考试之中。对此，他本人在委员会的报告中解释说：他担心，万一把相关的知识分支，特别是将东方学的分支规定为竞争性考试的内容，那么"绝大多数人，其中许多具有卓越能

---

① Kingsley, J. D., *Representative Bureaucracy: An Interpretation of the British Civil Service*, Yellow Springs, Ohio: The Antioch Press, 1944, p. 68.

② Misra, B. B., *The Bureaucracy in India*, London: Oxford University Press, 1977, p. 78.

力，勤奋程度令人赞叹的年轻男子，都无法取得成功"，这将浪费青年学子最为宝贵的生命期。① 因此，他建议竞争性考试的科目应满足如下条件，即对那些"可能会失败的考生来说，无论他将来致力于何种职业，都不会为准备考试所付出的时间和劳力留下任何的遗憾"②。在选择竞争考试的科目时，马考莱显然只考虑了欧洲考生的利益。

除了为牛津和剑桥大学毕业生的利益考虑，马考莱的建议还受到他对通才型公共行政具有高度优越性这一信念的引导。在他的建议中，通才被视为一种在一般的文化科目中，包括在人文方面训练有素的人。这并不是一种新思想，而是源自古老大学的古典传统。牛津依据拉丁文和希腊文来评价学生的卓越程度，而剑桥则将高等数学视为一种智力训练。将这一原则应用于文官机构的竞争性考试，就意味着通才教育对于专科教育的优势。

通才教育这一概念是与以等级为基础的英国教育系统直接相关的，那里的贵族等级和上层中产阶级通过他们的公学和大学，维持对高级学识的垄断地位。虽然倡导竞争性考试，但马考莱知道，不管是不是自由竞争，中产阶级将继续垄断公学和高等教育，阻止在较低阶级中招录文官，防止高等教育向社会底层渗透。③ 两份报告的基本原则都是使用分级的办法来任用文官。报告集中在从上层阶级的大学毕业生中招录所谓的"管理者"，很少关注那些从事行政事务和文书工作的非大学毕业生，而正是他们组成了官僚机构中的辅助阶层。在印度，他们主要是被列入非合约制文官机构的印度人，1892 年之后，他们则进入省级文官机构或附属机构。但这些都超出了马考莱的考虑范围。

对于公开竞争考试的目的，马考莱并没有在 1833 年法令中提出。但在1854 年的委员会报告中，他提出竞争考试是"为积极生活的最高目标"训练思维，而不是鼓励填鸭恶补应付考试，也不鼓励讲究形式的学究气。④

---

① 这完全反映了马考莱对东方文化的贬斥和歧视。他甚至认为"所有东方文化的成就抵不过一书架欧洲图书馆的藏书"。这一思想与其在印度推进英语教学和法典编纂具有共同基础。

② Misra, B. B., *The Bureaucracy in India*, London：Oxford University Press, 1977, p. 78.

③ Kingsley, J. D., *Representative Bureaucracy*, Yellow Springs, Ohio：The Antioch Press, 1944, p. 69.

④ Misra, B. B., *The Administrative History of India*, *1834-1947*, New York：Oxford University Press, 1976, p. 183.

为见习文官准备的专门的学习包括四个分支：印度历史，包括地理和不同种族的知识，英国权力在印度的进展和政府组成原则；法学原理及据此制定的法律；商业和金融科学，包括银行、汇率和税收；以及东方语言。见习期结束时需要参加第二次考试。根据他们在首次竞争性考试成绩中所处的位置，决定他们可以选择服务的省份；在第二次考试中获得的名次将决定他们在机构中的级别。对文官来说，根据自己的资历获得年金，而这种资历取决于第二次考试和到达印度学习各省地方语言之后的最后考试的名次。整个过程鼓励更高的"智力测验"。马考莱也承认，这是到目前为止可制定的"最道德的测试"①。

监督局接受了这些建议，制定了规章来管理考试并选拔候选人。随后候选人就被公司董事会任命为公司文官。根据 1855 年 1 月制定的规章规定，监督局任命考官。1855 年 7 月 16 日举行了第一次考试。1858年，监督局和董事会的权力与职能移交给了参事会印度事务大臣。另外，马考莱委员会先前履行的为监督局拟订规章的咨询职能，以及监督局任命考官的职责，都在 1855 年 5 月 21 日移交给了由英国女王任命的文官事务专员，由他负责为印度文官机构举办竞争性考试。根据 1858年的《印度政府组织法》，印度事务大臣被赋予制定规章的行政权，举办考试，允许通过考试的人员进入印度文官机构。文官事务专员为其提供咨询并协助他制定规章，以便控制和监督考试，并最终颁发证书给那些适合任命的考生。文官事务专员制定的规章需要在 14 天内交由议会审议。从此，文官的招录权力就被集中在帝国议会政府的直接控制之下。

三 调适：考录制度、大学教育体制及帝国政策

招录取得学位的大学毕业生，尤其是牛津、剑桥的学生，这是 1854年马考莱委员会的建议。通过对考试方案的详尽阐释，马考莱明确说明了如何确保这一结果。最初几年的考试结果很成功，也完全在马考莱的建议

---

① *The Report of the Fulton Committee on the British Civil Service*（*1966 - 1968*），Edinburgh：Edinburgh University Press, 1993, p. 129.

料想之中。在考试举行的第一年（1855），70% 的成功考生是牛津、剑桥
大学的毕业生，头五年的平均水平也有 60%。但 1859 年之后，情况开始
变化。到 1864 年，只有 10% 被录取的考生是牛津、剑桥的毕业生。① 在
同一阶段，成功考生中大学毕业生的比例也趋于下降，尽管没有那样显
著。有人解释说：

> 并非印度文官机构的考试无法吸引大学生，如果有什么问题，也
> 只是考试太受欢迎了。文官事务专员的报告说：一入职便享有文书级
> 别的工资，只要有足够热情和毅力投入工作，薪水会稳步增加；对于
> 公共事业所呈现的无限机遇，职位本身所拥有的尊严、荣誉和影响并
> 不过分。按照规定，可以在合适的年龄选择自由退休，使得印度文官
> 成为一种饶有趣味并且在收入方面有优势的职业……我们确信……只
> 要东印度公司文官招录的竞争性考试为更多人知道和了解，就会吸引
> 更多的年轻人。②

但考生们发现，对于这个需要竭力争取的荣耀工作，大学并非是准备
文官机构公开竞争考试的好地方，更好的地方是那些为应付考试设立的填
鸭式教育学校。填鸭式教育是维多利亚中期一种很特殊的现象，是市场经
济对于考试盛行的一种反应——在进入印度文官机构的公开考试中，两种
考试特征提高了填鸭式教育的受欢迎程度：很低的年龄限制，以及考试范
围的多学科分布。

大学教育与这样的竞争性考试并不兼容。剑桥和牛津分别以数学和古
典学见长，大学的学问讲究艰深、专精，而竞争性考试却要求智力的全面
开发，涉及 16 门考试科目，每位考生至少要选择 4~5 门功课的考试，在
常规的教育体制内无法找到这样的指导。因为人们为考入大学很早就进行
了专业分科。为了弥补这样的缺陷，现在只能依靠填鸭式的考试补习
班了。

---

① Compton, "Open Competition and the ICS, 1854-76", *English Historical Review*, 1968, Vol. XXXIII, p. 276.

② Compton, "Open Competition and the ICS, 1854-76", p. 277.

　　行政职能所要求的是拥有一般的知识，而不是特别的专门知识。行政在许多的面向上都无视学术前沿，只欣赏一般的智能。像一小群印度文官这样的精英，承担着足令一般人望而生畏的各种职能，个人所具有的多种能力是非常重要的。因此，弥补专业化常规教育缺陷的迫切要求，就驱使有前途的考生前往补习班。而同时，不断降低的年龄限制也逐渐将他们排除在大学之外。海利伯瑞的学生前往印度的时候都很年轻，18 岁或 19岁。显然，如果后续被录取的考生要受益于完整大学的教育，那么前往印度的年龄就要大很多。1854 年委员会由此建议将参加竞争考试的最高年龄限制设在 25 岁，允许大学毕业生有足够的时间参加补习班，并逐步完善和补充有关考试科目的知识。但对于高龄考生，也有不利因素。前往印度任职时年龄越大，就越难适应印度的各种条件，他在文化上的反应也会越强烈；通常年纪越大，也越可能排斥审理无穷无尽的小民事案件这样的苦差事，而这却是印度文官职业的一部分。

　　调适的结果，就是文官事务委员会放弃马考莱委员会的建议，将招录大学精英变为招录公学的精英。对考生的年龄限制逐年降低，1859 年为23 岁，1865 年降为 21 岁，随之，大学毕业生的投考和录取比例也逐年下降。尤其是牛津和剑桥，他们的毕业时间晚于苏格兰和爱尔兰以及印度的大学，因而受到的打击最重。[1] 毕业生根本没有时间准备考试，只能安排在假期到补习班上课，还要留出精力准备学位考试，并要面对两种考试都可能失利的结局。

　　印度事务大臣萨尔斯伯里（Salisbury）推行的变革，加剧了考试招录的这种变化。1874 年，萨尔斯伯里[2]成为保守党迪斯累利（Benjamin Disraeli）政府[3]的印度事务大臣。正是按照迪斯累利所主导的政策，试图

----

① Compton, "Open Competition and the ICS, 1854-1876", p. 279.

② 英国保守党在 19 世纪下半叶的重要人物，后来两次出任保守党领袖和首相。

③ 迪斯累利是英国第一位强调种族优越观的政治家。迪斯累利对于殖民地人民与殖民地，并没有浓厚的兴趣。他曾说："我们无法负载殖民地的重担"，然而，他却冀望将不列颠帝国的力量扩展至亚洲地区，他在人口与文化问题最严重的印度殖民地上有力地强化了大英帝国的力量，使英国女王成为印度女皇。在英国史上，他是首次将印度视为帝国基石的政治家，替不列颠帝国统御印度立下基石。汉娜·阿伦特：《极权主义的起源·帝国主义》，林骧华译，生活·读书·新知三联书店，2014，第 183 页。

在海外建立一个排他的、独一无二的阶层，这个阶层的主要功能只是统御，而不是殖民，"种族主义"就成为一件不可或缺的工具，它竭力将一个阶层从国内的普通民众身份转变成"第一流组织、无其他血缘融合"的统治种族，并自认为是"天生的贵族阶层"（the aristocracy of nature）①。两年后，萨尔斯伯里决定将参加竞争性考试的考生年龄限制从 19～21 岁降为 17～19 岁，并将被录取的考生送入大学见习两年。这一决定表面上是为了使文官在进入印度文官机构时，还是一些行为方式和观念都未定型的青年人，因而更容易适应印度文官机构的工作和印度的环境。② 他声称，降低年龄限制，能使那些参加文官考试但未成功的人减少机会成本，有足够时间再去准备其他的就业考试。但潜在的因素，则是 1868～1876 年，有好几位印度人通过考试进入了文官机构。为保证印度文官机构的英国特征，故对此应加以限制。③

大学反对这一决定，因为大学并没有合适的课程和专门的指导能满足文官候选人见习的需要。反对者中有牛津大学巴利奥尔学院的乔伊特，他也是马考莱委员会的一位杰出成员。1874 年 12 月 27 日，他写信给萨尔斯伯里，信中称："对于候选者的年龄问题，我强烈主张我们应该拥有与印度文官机构的要求相一致的最宽限制。父母的担忧，对印度炎热气候的恐惧，在英国国内获得职位的希望，都是前往印度的强烈阻碍。如果将年龄从 21 岁降为 18 岁或 19 岁，我们只会看到合格的候选人数量将至少减少一半，入选考生都将是中学男生。在年龄限制降为 21 岁的现存体制的头 10 年，接受过大学教育的考生数量已经大为减少。而印度政府希望候选者到达印度时年龄不大于 24 岁，因此，我建议继续维持年龄限制的现状（17～21 岁）。"④

---

① 汉娜·阿伦特：《极权主义的起源·帝国主义》，林骧华译，第 184 页。
② Shukla J. D., *Indianization of All-India Services and its Impact on Administration 1834–1947*, New Delhi: Allied Publishers, 1982, p. 69.
③ 英国统治者认为：文官机构的英国特征（品质）是指英国人特有的正直、诚实、完善和高度的责任感。要在印度行政管理中维持这些特征，或让印度人获得这些品质，就需要在文官机构中维持足够数量的英国人。种族主义成为凝聚群体力量鼓舞文官士气的工具。
④ Parliamentary Papers, Vol. 55 of 1876, pp. 284–285.

反对者中还有印度总督诺斯布鲁克（Thomas George Baring Northbrook）和一些地方省督。诺斯布鲁克反对降低年龄限制的这一建议，不是因为他试图安抚印度舆论和履行维多利亚女王对印度人进入文官机构平等权利的承诺。事实上，诺斯布鲁克断言，不应采取任何行动去鼓励印度"本地投考者参加竞争性考试"①。诺斯布鲁克本人对考试年龄限制这一问题的相关备忘录进行了分析。他发现在 101 位提交了意见的官员中，有 5 位完全没有涉及年龄限制的问题。只有 27 位认为应该降低现行年龄限制，36 位支持维持现状，还有 33 位认为应该将年龄下限规定超过 21 岁。诺斯布鲁克支持将年龄限制提高到 22 岁，这样一位年轻男士就能在获得大学学位之后参加竞争性考试。② 将年龄限制设为 19~22 岁的观点出现在 1875 年 9 月诺斯布鲁克的备忘录上。

萨尔斯伯里看来一开始就已决定将考生年龄上限设为 19 岁。③ 他对文官事务委员会的意见并不看重，尽管在印度的 96 位高级官员中有 69 位讨论到有关年龄限制问题，他却依然在其中 27 位官员的支持下就采取了重大行动。④ 萨尔斯伯里在 1876 年 2 月 24 日的急件中决定将竞争性考试的年龄限制降为 17~19 岁，并准备不顾诺斯布鲁克的反对意见，从1878 年 7 月即开始生效。⑤ 他在给诺斯布鲁克的这封急件中的态度异常强硬：

我已收到您 1875 年 9 月 30 日第 57 号急件，有关 I. C. S 候选人的选拔任命问题。显然，如果马考莱勋爵及其他建立竞争性考试制度的人员是对的，那么，排除接受过大学教育的候选人，就没有什么好再辩护的。

---

① Parliamentary Papers, Vol. 55 of 1876, p. 485.

② Parliamentary Papers, Vol. 55 of 1876, p. 501.

③ Roy, N. C., *The Civil Service in India*, Calcutta: Firma K. L. Mukhopadhyay, 1959, p. 86.

④ Roy, N. C., *The Civil Service in India*, Calcutta: Firma K. L. Mukhopadhyay, 1959, p. 87.

⑤ East India Service: Correspondence Relating to the Report of the Indian Public Service Commission Including the Question as to the Limit of Age for the Indian Civil Service Competition—*Despatch from the Government of India to Viscount Cross*, pp. 10, 84, 85.

最低年龄限制与以前一样，设为 17 岁，19 岁的最高年龄限制也将在 1878 年 7 月的竞争性考试中首次实施。在此时间以前入选的候选人要求至少两年的见习期，并要求通过规定学习的特殊科目的考核。①

萨尔斯伯里希望从公学获得最好的人才。当时的想法是，让这些从公学选拔出来的见习人员获得大学学位，并清除那些可能通过填鸭式教育考进来的人员。正是填鸭式教育帮助那些"社会中不合适的人"（出身较低阶层，但更为用功的考生）在公开竞争考试中打败了那些有能力、教育背景良好，并且有社会地位的考生。帝国统治者抱有种族偏见的同时，也对等级和阶级相当敏感，排斥印度人和英国社会较低等级考生。

然而，萨尔斯伯里的目标未能实现。在写给印度总督瑞滂（Ripon）的信中，牛津大学巴利奥尔学院院长乔伊特说："从公学出来的最好的男生，很少去参加印度文官机构的考试；尽管说现在考生天赋与以前相同，但他们的阶级出身不高。"② 降低年龄限制并未能排除那些依靠填鸭式教育录取的不合需要的考生。乔伊特说，降低考生年龄的政策反而增加了未来可能要"竭力去纠正的罪恶"。因为除非考生与父母同住，否则，他们在很小的年纪，就得单独面对伦敦的各种诱惑，成长过程中的风险倍增。③

萨尔斯伯里计划直接从公学中招录男生的政策却产生了一个意外的后果，就是刺激了新的公学和其他中学的出现。这些学校希望能为印度文官机构提供合适的考生和候选人。伊顿公学、哈罗和马尔勃罗这些旧式公学之外的学校、私立走读学校由此迅速发展起来。由于"填鸭学校"的出现，旧式公学对行为纪律和品格的强调也日益失去其重要性。与萨尔斯伯

---

① Parliamentary Papers, Selection and Training of Candidates for the Indian Civil Service, 1876, Public No. 19-From Lord Salisbury to his Excellent the Right Honourable the Governor General of India-in-Council, Indian Office, London, 24th Feb. 1876.

② Compton, "Open Competition and the ICS, 1854-76," p. 281.

③ Compton, "Open Competition and the ICS, 1854-76," p. 282.

里的用意相反，参加文官考试的许多人并不在意大学学位，他们只想利用一切机会，尽早前往印度任职。

只是到了 1892 年至 1896 年，印度文官机构才得以成为一个以大学毕业生为主的机构，马考莱的目的才终于实现。大学毕业生占据了以往补习班学生的份额，没有任何大学经历的补习学校学生的比例从 59% 下降为 6%。这种变化的实现有赖于两个因素：第一是将考试的最大年龄限制改回 23 岁；其次是调整考试科目及分数的分布，使之与牛津和剑桥的本科课程教学更加贴近。

尽管英印当局声称考试制度具有公开竞争和自由的特性，尽管英国人不断调整考试制度与英国教育体制的关系，试图将英国自由教育的精英招入印度文官机构，以维护帝国的长远利益，但从竞争性考试在 19 世纪下半叶和 20 世纪前期的数据来看，考试确实成为维持中产阶级帝国统治和利益的重要手段。进入印度文官机构高级职位的人员中，除了寥寥几位印度人，几乎完全是英国中产阶级家庭的子弟。[①] 这种考试制从印度人的角度来看，只是将东印度公司的显性庇护制，转变为公开竞争考试制度掩盖下的对英国中产阶级的隐性庇护制。但总体来说，英国中产阶级子弟通过竞争性考试进入印度文官机构，代表着一个素质更高，更遵从法律规范和文官职责的群体进入印度，为印度未来的民族国家理性化的官僚行政体制的建立奠定基础，是一种历史的进步。

四 构筑文化霸权：考试科目及内容

前面已述及马考莱委员会建议的公开竞争考试科目。委员会按照以下三条标准来排名。第一，不指望任何年龄为 22 岁的考生能精通所有的考试科目；第二，对于口径宽、深度浅的任何知识，不另行奖励；第三，如考生仅蜻蜓点水似地参加某些科目的考试，则无法获得分数。考生在考试成绩榜单上的位置将由他参加考试的总分来决定，而不是由参加考试科目的数量来决定。由马考莱委员会规定的分数值，在 1855 年条例中，收录如下：

---

① 印度人进入文官机构所占每年招录人员的比例，见本书第四章第二节。

科目	最高分数值	科目	最高分数值
英语（作文）	500	意大利语言文学和历史	375
英语文学和历史（包括英格兰法律和宪法）	1000	数学（纯粹与混合）	1000
希腊语言文学和历史	750	自然科学（化学、电磁学、地质学和矿物学）	500
罗马语言文学和历史	750	道德科学（逻辑、思想、道德和政治哲学）	500
法国语言文学和历史	375	梵语语言和文学	375
德国语言文学和历史	375	阿拉伯语言和文学	375

总分：6875

资料来源：Report of the Public Serice Commission, 1886-1887, p.14.

考试科目分数值的分布中，梵语语言和文学以及阿拉伯语言文学分值之和所占比例仅略高于 10%。在前四年的公开竞争考试中，绝大多数考生选择的科目是英文、希腊文、拉丁文和法文。

规定公开竞争考试科目的条例实际上到 1878 年都没有改变，除了在 1868~1869 年度加上了动物学和植物学作为自然科学科目的一部分，其分数也相应地从 500 分增加到了最高值 1000 分，自然科学明显变得更加重要。分配给其他科目的分数也经历了一些小的变化，早在 1859 年，数学的分数就从 1000 分增加到了 1250 分。而梵文和阿拉伯文，也由于印度人的压力，都从 375 分增加到了 500 分。

1868~1869 年度规定的考试科目和分数值一直实行到了 1878 年 4 月。[1] 1878 年 7 月的新考试条例规定，参加考试的最大年龄限制降为 19 岁，竞争考试所接纳的知识分支也由此发生巨大变化，因为要使考试更加适合年龄降低了的考生。英国历史和英语文学的标准降低了，考查的重点也转移到为考生所挑选的专门著作上。外国语言和文学基本都被排除在外；数学考试的范围仅限于算数、代数、几何、微积分原理，以及较低层

①　*Twenty-Third Report of Her Majesty's Civil Service Commissioners*, 1878, p.326.

次的应用数学；自然科学方面的考查也大大压缩，仅限于诸学科中的两门，即化学、电磁学以及光和热的实验法则；道德科学，只包括逻辑和道德哲学，政治经济学被排除在外。

科目改变的理由是，这些学科都比较容易加以精确考核，都在18~19岁男生智力所及的范围之内，并且都在苏格兰和爱尔兰的学院里讲授过，也在英格兰公学的高年级讲授过。但这完全偏离了马考莱委员会建议实施的考试方案。1878年7月考试在知识上的分支以及其最高分值罗列如下：①

科目	最高分数值	科目	最高分数值
英语作文	300	意大利文	400
英格兰历史（由考生选定某一时期）	300	数学（纯粹与混合）	1000
英语文学	300	自然科学（包括任选两门科目，其中，化学500；电磁学300；光热试验原理300；机械论哲学，以及天文学提纲300）	600~800
法文	500		
政治经济学原理	300		
希腊文	600	逻辑	300
拉丁文	800	梵文	500
德文	500	阿拉伯文	500

这种情形也随着以后年份里考试年龄限制的改变而改变。数学和自然科学变得更加重要。例如，到1892年，数学就分为两个部分，数学（纯粹和应用）以及高等数学（纯粹和应用），各占900分。另外，自然科学被分为六组，每组占600分。包括化学和物理学原理（那些参加高等化学和物理的考生不能选）、高等化学、高等物理学、地质学、动物学、植物学和动物心理学。② 这种专门化的分科倾向同样显现在历史学科中，它以往只是作为语言和文学研究的一部分。例如，历史学科的考查项目下，

---

① *Report of the Public Service Commission*, 1886-1887, p. 16.
② *Thirty-Seventh Report of Her Majesty's Civil Service Commissioners*, 1893, p. 19.

又单独规定了希腊史 400 分、罗马史 400 分、英格兰史 500 分、现代史 500 分，还有至少某一特定时期的印度史。① 考试内容的重心也偏向经济史、法律和政治科学，包括分析法学、早期制度史和立法理论。以往的道德哲学科目被分为两组，逻辑和精神哲学（古代和近代）以及道德哲学（古代和近代）。政治哲学逐渐成为专门的学科，并与政治科学整合到一起。所有这些考试科目都单独给分。古典学的科目依旧保持，希腊文和拉丁文各给 750 分，而梵文和阿拉伯文各给 500 分。但考试并未规定必选科目，考生可自由选择考试科目的组合。

19、20 世纪之交，又增加了地理学作为考试科目。逻辑和精神哲学成为逻辑和心理学，形而上学和道德哲学合为一体，两门科目的分数都从 1892 年的 400 分上升为 1909 年的 600 分。此外，在政治压力下，梵文和阿拉伯文都从 500 分上升到 600 分，但希腊文和拉丁文却被拆分为三块，两门科目各在考试中占 300 分。数学的重要性继续上升。例如，每一组都从原来的 900 分上升到 1250 分。政治经济学和经济史的分数也同时从 500 分上升到 600 分。②

1917 年的文官事务委员会报告显示，1909 年之后再没有增加新的考试科目。第一次世界大战期间文官考录制实际上中止实施。战争结束之后，增加了新的科目，原有的若干学科也被细分为更加专门的一组科目。新增加的科目有农业、体质人类学、社会人类学和工程学。这些都是在世纪之交新出现的社会和管理科学。经济学划分为经济学概论、经济史和公共财政。政治科学为新的科目让出了空间，自己也细分为政治理论、政治组织和宪法法律以及地方政府。心理学从逻辑学中分离出来，形而上学从道德哲学中分离出来。低等数学和高等数学依然按照"纯粹"和"应用"来分类，天文学和统计学被加入原有科目。实际上，知识的增长和专业化的巨大进展，直接源于第一次世界大战所造成的紧急事态。由于印度文官机构是一个既存组织，其考试和培训计划不得不对时代的呼唤做出

---

① 对印度历史的研究主要是为专门的或进一步的考试做准备，并与印度文官的工作要求直接相关。

② *Report of the Civil Service Commissioners*（Regulations for Concurrent Open Competitive Examination, August 1909），pp. 3-4.

回应。1922 年 8 月 1 日在伦敦举行的考试所建议的考试科目就是这种回应的显现。试将考试科目罗列如下①，以便与 1855 年 7 月的考试科目进行比较。

考试科目	分值
第一部分　必考科目	
1. 评论	100
2. 英语	100
3. 当代（当代有关社会和政治的科目）	100
4. 科学（关于科学包括地理学的一般原则方法和应用问题）	100
5. 翻译（选择下列语言进行翻译，所选语言不得于第二部分再选，即法文、德文、意大利文、西班牙文、葡萄牙文、荷兰文、俄文；对于那些在第二部分中选择两门现代语言的，拉丁文可以成为选项）	100
6. 面试	300
第二部分　（考生可以选择总分为 1000 分的不同科目）	
语言、历史和文学	
7. 拉丁文翻译、散文与诗歌作文	200
8. 罗马历史和拉丁文学	200
9. 希腊文翻译、散文与诗歌作文	200
10. 希腊历史和文学	200
11. 法文翻译、自由作文、命题作文和对话	200
12. 法国历史和文学	200
13. 德文翻译、自由作文、命题作文和对话	200
14. 德国历史和文学	200
15. 西班牙文或意大利文翻译、自由作文、命题作文和对话	200
16. 西班牙或意大利历史和文学	200

①　*Report of the Civil Service Commissioners*, 1922（Extract from Regulations for the Indian Civil Service）, pp. 3-5.

17. 俄文翻译、自由作文、命题作文和对话　　　　　　200

18. 俄国历史和文学　　　　　　　　　　　　　　　200

19. 阿拉伯文翻译、自由作文、命题作文和对话　　　200

20. 阿拉伯历史和文学　　　　　　　　　　　　　　200

21. 波斯文翻译、自由作文、命题作文和对话　　　　200

22. 波斯历史和文学　　　　　　　　　　　　　　　200

在 7~22 科目中，与某一门语言相伴的历史和文学科目只能为那些选择了这门语言作为考试科目的考生所选。只有在选定某语种的情况下，才能选择相应语种的文学科目。

23. 英语文学第一阶段（1350~1700）　　　　　　200

24. 英语文学第二阶段（1680~1914）　　　　　　200

历史

25. 英国历史，到 1660 年，社会经济、政治和宪法法律　200

26. 英国历史，1660~1914 年，社会、经济和宪法法律　200

27. 欧洲历史，公元前 400~公元 1494 年，或 1494~1763 年　200

28. 欧洲历史，1763~1914 年　　　　　　　　　　200

经济学、政治学、法律和哲学

29. 经济学概论　　　　　　　　　　　　　　　　　200

30. 经济史　　　　　　　　　　　　　　　　　　　200

31. 公共经济学，包括公共财政　　　　　　　　　　100

32. 政治理论　　　　　　　　　　　　　　　　　　100

33. 政治组织　　　　　　　　　　　　　　　　　　100

34. 联合王国和英帝国宪法，英格兰地方政府法律　　100

35. 英国私法（Private Law）　　　　　　　　　　200

36. 罗马法　　　　　　　　　　　　　　　　　　　100

37. 公共国际法和国际关系　　　　　　　　　　　　100

38. 道德哲学　　　　　　　　　　　　　　　　　　100

39. 形而上学　　　　　　　　　　　　　　　　　　100

40. 逻辑学　　　　　　　　　　　　　　　　　　　100

41. 心理学　　　　　　　　　　　　　　　　　　　100

本地语考试是 1.5 小时；当代（第 3 科），科学（第 4 科）的考试用阿拉伯语。波斯语、巴利语和梵语作文的考试时间都是 2 小时，其余的考试都是 3 小时。

1922 年，在阿拉哈巴德举行了印度第一场招录文官的公开竞争考试，考试科目大致相同，但一些科目诸如人类学、农学、工程学和现代欧洲语言被排除在外。文官事务专员对是否考核人类学进行了讨论。人们曾担心，印度社会本身就是人类学研究的领域，印度人可能不喜欢将自己作为科学观察的材料，置于人类学家的显微镜下。这种担心其实没有根据，因为无论是体质人类学还是社会人类学，都包括在了 1928 年在德里举行的考试科目之中。农学和工程学对印度具有更大的重要性，各自占 400 分，它们和人类学一样，在阿拉哈巴德的第一次考试之后，很快就被列入以后的考试科目之中。① 在印度举行的文官招录考试的另一特征，就是强调在英国和欧洲历史之外，对印度历史的三个大的阶段进行研究。文官事务委员会所建议的面试分值也有所降低。英印政府对面试的认识原本大致与文官事务委员会一致，但又顾虑若将分数确定为 300 分，会被印度人质疑为太高。因此，经文官事务委员会认可，面试分值最后降为 200 分。伦敦和印度考试的必考科目是一样的，将各学科划分为不同的部分，情况也是一样。总的来说考试的方案实际上是一样的，除了一条专门的报考人数规定：如果德里的报考人数超过 200，公共事务委员会有权从中选择哪些人最后参加考试。这种选择将综合考虑考生是否适合印度文官机构的职位，并关注各个省份是否都有合适的代表。

从科目的安排和变化，我们看到殖民地文官需要掌握的文化知识的主体深深地打着欧洲中心论和文化优越论的烙印。对拉丁文、欧洲史、罗马史、英国文学、自然科学和数学的掌握，支撑着人们对欧洲权力的尊崇和信仰，显示英国对自己所代表的欧洲文明的傲慢与自信，强化着

---

① Home（Ests.）File No. 531of 1921，包括为 1923 年文官考试草拟的规则；而 Home（Ests.）File No. 134 of 1926 ＆K. W.，包括为 1928 年 1 月 4 日在德里举行的文官考试制定的规则。

殖民统治的合法性。英国在文化智识上对殖民地知识精英主导权的寻求更是被发挥得淋漓尽致。可怜的是，印度知识还被阿拉伯历史文学、波斯历史文学挤占，而即便是面对 20 世纪 20 年代印度民族主义的强大压力，梵文翻译、作文，吠陀问答，梵文语法和梵文文学，印度文明史，以及印度思想（从吠陀时代到公元 1200 年）一共只占 400 分；后来好不容易才提高到 600 分，但是可以选择不作为考试科目。"印度人不仅在权利上同欧洲人隔离开，而且在思想和价值观上也同欧洲人隔离开来。在帝国想象中，与殖民地有关的知识文化被塑造成处在遥不可及的地方的他者，被划分在欧洲一切文明价值的边界之外。殖民地人民被视为不能与之讲道理、不会自我控制、不能自我表述、不尊重生命价值、只理解暴力的人群。"① 支撑殖民地人民人格、情感和灵魂的文化知识，成为可有可无，甚至是可以完全被无视的迷信和糟粕。知识和权力之间形成了一种隐性共谋，利用国家力量，通过所谓公开竞争考试，施行文化同化政策，为印度本地精英进入文官机构筑下道道文化鸿沟，共同构建殖民统治得以维持的文化霸权。②

第二节　印度文官考录制的实施及影响

文官考试很快就产生了显著的社会影响。我们将公开招考制度前后入选考生的家庭出身、父母的专业或职业背景做一比较后发现，印度文官机构高级文官的来源主体，从东印度公司时期的商业贵族家族、乡绅和教士阶层等英国社会中产阶级中上阶层，逐渐过渡到以专业人士为主的中产阶级的中下阶层。在更大的社会范围内，英国社会正上演一幕从土地、金融和商业贵族，逐渐向工厂主资产阶级和依靠专业技能谋生的中产阶级的权势转移。文官考试所反映的变化无疑是更大范围权势转移的一个缩影。

---

① 迈克尔·哈特、安东尼奥·奈格里：《帝国》，杨建国、范一亭译，江苏人民出版社，2005，第 150 页。
② 萨义德：《文化与帝国主义》，李琨译，生活·读书·新知三联书店，2007，第 78 页。

一 东印度公司文官的社会和教育背景

早在 1793 年，公司董事会成员之间就已经建立起一套人员举荐的规范体制。即使以那个时代的标准，这套体制易于滋生腐败也是显见的。1808~1809 年，有谣言称，有公司董事会成员在明码标价出售公司的文书资格和军官资格。为此，议会任命了一个调查团，专门调查此案。至少两起案件被证实。一个孟加拉的文书职位售价 3500 英镑，马德拉斯的文书职位售价 3000 英镑，军官资格售价 150~320 英镑。① 很难有证据说，这些腐败和不当交易与公司董事会成员直接相关，或是受到某位董事的纵容，② 但这套制度的漏洞是明显的。既然任命可以授予此人，也可授予他人，那么私下出售举荐名额的可能性确实是存在的。

官职任命和举荐权的分配是按照董事在董事会的资历进行的，董事会主席和副主席都获得举荐工作文官的权力。议会监督局也获得举荐工作文官的权力。每年的任命人数都不一样。改革之前，共有 1190 位文书被派往印度的三个管区。③ 最少的 1817 年派出了 7 位，最多的 1828 年派出了 69 位。平均是 37 位。同一时期，7727 位军校生派往印度，年均 258 位。④

在此期间（1802~1830 年）举荐进入海利伯瑞学院的 426 位学员中，23% 是董事的亲戚子弟，55% 是公司董事朋友的子弟。我们无法再对这些朋友关系作进一步分析，因为在调查时，董事们只简单回答，是与被举荐孩子的父辈或亲戚有情谊，而许多的关系都是源于在印度共事的经历。1784~1834 年，在公司任职的 110 位董事中，一半以上都有在印度居住生活的经历。1834~1854 年的所有董事都是和印度有关系的英印人⑤。在1809~1859 年间中进入文官机构的职员中，35% 的父辈都有在公司文官机构或军事机构中工作的经历。而 1839~1840 年，由于公司董事会成员都

---

① House of Commons, Parliamentary Papers, 1809, Vol. Ⅱ, pp. 3-12. 议会关于东印度公司的庇护权是否存在滥用的调查团报告。
② House of Commons, Parliamentary Papers, 1809, Vol. Ⅱ, p. 12.
③ House of Commons, Parliamentary Papers, 1812-1813, 1833, Writers and Cadets, India, Vol. 26, Paper 536, p. 87.
④ Cohn, Bernard S., "Recruitment and Training of British Civil Servants in India", p. 127.
⑤ 19 世纪的英印人是指在印度生活和工作过的英国人，而不是 20 世纪所说的印欧联姻的后代。

是英印人，这一数据一度上升到 45%。在公司统治的最后阶段，如果将叔伯父、祖父、母系亲戚以及和印度有商业业务往来的关系都算上的话，被任命的职员中有印度渊源的数据还会上升。①

1793 年到 1854 年间，决定东印度公司进入印度文官机构人选的关键因素是公司董事会。1831 年的 30 位董事之中，8 位是伦敦商人和银行家，5 位是退休的公司高级职员，4 位来自其他职业和行业。② 1834 年之后，大致有下列几种利益集团对文官人选的任命具有持续影响力："印度"利益团体，由返回英国的前公司职员组成；城市利益团体，由某些大的金融和商业团体组成；船运利益团体，他们代表那些按合同规定给公司提供船只进行商业贸易的公司和个体。

董事们通过各种方式紧密联系在一起。他们中的大多数都居住在伦敦，到 19 世纪上半叶，这种集中到伦敦的趋势更加明显。居住上的集中使得他们之间的通婚成为顺理成章之事。这些董事构成了一个严密的社会群体，他们之间的文化、经济利益和社会关系盘根错节。由他们任命到印度去的职员，也大都属于英国社会的中产阶级中上层，或至少与这一社会群体有着某种密切关系。

当然，这些团体之间社会联系的密切，并不表明他们在社会观念上也总是相似的。19 世纪早期，公司的董事会中，福音派是很小但很有影响的一个群体，代表着一种并不完全等同于主流的社会价值观念。福音派寻求在国内革新道德和社会观念，并积极在海外进行传教活动，特别是在印度传播基督教。康华利的重要助手查尔斯·格兰特（Charles Grant）③ 就认为印度的问题是由宗教的邪恶和不道德滋生的，只有皈依基督教才能拯救他们。除查尔斯·格兰特之外，还有索恩顿·阿斯特尔（W. Thornton Astell）、曼尼（W. T. Money）、休·英格里斯（Hugh Inglis）、罗伯特·索

① Cohn, Bernard S., "Recruitment and Training of British Civil Servants in India", in R. Braibanti（ed.）, *Asian Bureaucratic Systems Emerging from the British Imperial Tradition*, Durham: Duke University Press, 1966, pp. 126-133.

② House of Commons, Parliamentary Papers 1831-32, Vol. 9, Paper 735, p. 325.

③ 查尔斯·格兰特曾在东印度公司任职，并成为康华利的重要助手，返回英国后一度担任东印度公司董事会主席，并成为克拉彭集团的核心人物，鼓吹在印度传播基督教，实现印度的道德革新，以改革印度社会。

恩顿（Robert Thornton）等人，也都是活跃的福音派信徒，并在19世纪的前20年中担任位置重要的公司董事。在有调查数据的1809～1810、1819～1820、1829～1830年间，大约有12%的被举荐文官声称自己的父亲为乡绅（Gentlemen）。而1829～1840年和1839～1850年，这一数据下降为4%。此外，既然许多教士都是土地贵族的次子，那些教士的子弟可能也与土地利益团体有关①。同样，有些文官的子弟也是这种情况，他们也可能来自土地贵族。但土地贵族大体上没有对公司文官的构成造成很大影响。小商人和手艺人也没有出现在董事会和文官机构中，由英国中部的工商企业主构成的新兴中产阶级也没有出现其中。

总之，公司的董事会成员，以及整个文官机构成员，大都招录自英国社会中以伦敦为中心的狭小群体，并从苏格兰和英格兰东南部的银行和商业家族以及与土地贵族有关的子弟中补充血液。这些群体之间存在着密切的文化和经济联系，血缘和亲缘又巩固了这层关系。1840～1860年，50～60个相互关联的大家族提供了统治印度的文官机构职员的主体。其中六分之五都是从事垄断商业的英印家族、教士和土地乡绅子弟。② 直至19世纪70年代，在那些通过公开考试选拔出来的文官积累资历晋升到高级职位之前，这些职员都起着很重要的行政管理作用。③ 他们赖以成长的贵族和较高社会等级的思想文化以及权力运作方式都对他们的行为造成深远影响，也对他们在殖民地招录文官的方式造成影响。

二 公开竞争考试制度之后文官的社会和教育背景

我们能从文官事务委员会的报告材料中，清晰地看到考试制度后文官

---

① Dewey, C. J., "The Education of a Ruling Caste: the Indian Civil Service in the Era of Competitive Examination", *The English Historical Review*, 1973, Vol. 88, Appendix I, p. 284.

② Gilmoure 在其著作中对这些家族有详细介绍，具体参见 *The Ruling Caste: Imperial Lives In The Victorian Raj*, London: John Murray, 2005, p. 29–43. 来自北爱尔兰的新教家族，相互关联的贵族子弟、教会人士，有旁遮普的约翰·劳伦斯、亨利·劳伦斯兄弟与罗伯特·蒙哥马利（后来的陆军元帅蒙哥马利的祖父）。由于公司董事会主席蒙达斯长期任职的缘故，苏格兰在英印帝国的构建中亦不落人后。他介引大量苏格兰人进入公司文官机构和军队，如芒罗、埃尔芬斯顿和马尔科姆等。

③ Cohn, Bernard S., "Recruitment and Training of British Civil Servants in India", in Ralph Braibanti (ed.), *Asian Bureaucratic Systems Emerging from the British Imperial Tradition*, p. 102.

机构招录人员的社会背景分布。其中，占据最大部分的来自中产阶级的上层家庭，另有相当多见习人员是英国国教会教士和牧师的子弟。（见表1）

表1 1858~1897年ICS新招人员父辈的职业

单位：%

职业		1858~1897年	1858~1862年	1892~1896年
商人和工厂主		17	7	15
教士	圣公教会	16	23	15
	其他	5	4	6
文官	本国	9	3	6
	印度	3	3	3
陆军和海军军官		9	8	5
地主和独立资产者		8	11	6
法律顾问和律师		8	6	10
内科和外科医师		6	10	5
教师和记者		4	4	5
小商人		4	6	5
农夫和镀金匠		8	8	12
其他职业		3	3	4

资料来源：Dewey, C. J., "The Education of a Ruling Caste: the Indian Civil Service in the Era of Competitive Examination", *The English Historical Review*, 1973, Vol. 88, Appendix I, p. 284; Civil Service Commissioner's Reports.

律师、法官、法律顾问、内科和外科医师、学院和中学教师等组成了有知识学问的专业家庭。他们的子弟获得的职位数与教士子弟相近。军官子弟人数略少于（英国和印度殖民地文官机构）文官的子弟。印度文官的子弟进入的人数相当稳定。土地所有者（乡绅）家庭子弟入选文官机构的人数逐步下降，而人数增长最快的是商业人士及制造业者家庭的子弟。至于中产阶级，底层会计师和办事员的子弟占据了重要的地位。在1870年英国教育法颁布之后，教育逐渐普及到社会的较低阶层，较低阶层群体的子弟也开始进入。然而，入选考生大体还是保持了中产阶级上层的面貌。

　　然而，许多来自中产阶级的考生和入选人员都未上过大学，依照过去普遍承认的社会分类标准，是无法进入被称为英国绅士的社会阶层的。许多非大学毕业生进入了印度文官机构，从 1855 年的 1 名增加到 1874 年的 22 名。① 考试年龄限制的下降，导致新的公学（高级私立中学）和一般私立中学大量涌现，为文官竞争性考试提供了大量考生。例如，1858 年，在参加考试的考生中，许多人至少在 21 所古老的公学中的一所接受过教育，诸如伊顿、哈罗、埃克塞特、马尔博罗、拉格比和西敏寺。40 名在这类公学接受过教育的考生中，有 16 名入选。考生中来自私立中学或接受私人授课（private tuition）的只有 10 位，其中有 4 名入选。他们将 1858 年非大学生考生录取的总数提高到 20 名。②

　　到了 1869 年，考生在其中接受教育，然后直接参加竞争性考试的中学数量上升到了 109 所。在旧式公学、新公学和私立学校之外，还有相当数量的文法学校。考生名录中也包括了设在印度的学校，如加尔各答的圣泽维尔学院、科罗托拉分校、德维顿学院，以及相当多的没有在登记本上提到的学校。然而，旧式公学在文官招录中的重要性延续了下来。在 1869 年参加考试的 376 名考生中，有 121 名在旧式公学接受过教育，其中 27 人入选，超过了入选总人数 53 人的一半。考虑到文法学校和其他类型公学的考生考试的结果，能看出教育和训练的质量起了很重要的影响。1870 年，58 名考生是来自私立中学或接受过私人教导培训，占总参考人数的 15.4%，占入选人数 67 名中的 10 名，略少于 15%。接受私人教育的考生比例整体来说很小。③

　　但从 1878 年 7 月第一批根据 19 岁年龄上限选择的考生参加竞争性考试时开始，形势朝着有利于私人培训学校的方向改变。文官事务委员会的有关考试报告显示，参加考试的 134 名考生中，17 名完全来自私立学校，50 名考生部分参加过私立学校的学习，还有部分参加过一所或几所旧式的公学、文法学校或其他正规学校的学习。换句话说，在私立学校之外，旧式公学也开始组织专门的培训，为印度文官机构的竞争性考试做准备。

① Bradford Spangenberg, "The Problem of Recruitment for the Indian Civil Service During the Late Nineteenth Century", *Journal of Asian Studies*, Vol. Ⅲ, No. 2, Feb. 1971, p. 345.

② *Twenty-Third Report of Her Majesty's Civil Service Commissioners*, 1879, pp. 464-469.

③ *Twenty-Third Report of Her Majesty's Civil Service Commissioners*, pp. 458-61.

许多考生提前离开学校，前往某所学院接受专门的考试准备课程。竞争性考试的诱惑实际上降低了学生对学校内正规课程的兴趣。某些对竞争性考试不感兴趣的最优秀的学生则进入大学，这或许可以解释为何随着考生年龄门槛下降，来自公学的入选考生人数却减少了。① 例如，参加 1878 年 7 月考试的考生中，有 35 名曾经在一所旧式公学接受过教育。但在这 35 名中，只有 3 名入选。其余的 10 名入选考生要么来自纯粹的私立学校，要么在国外接受了中等教育。②

1878 年 7 月之前，考试还是依照旧规则操作，将 21 岁设为年龄上限，而不是 19 岁。无论他接受的是正规学校教育还是私人培训，一位青年考生进入大学之后，智力肯定会更为成熟，自己的能力得到更好的发展。他们虽然不是完全完成了大学教育，但大学生活还是会教给他形成成熟和独立的判断能力，这种判断能力是填鸭式教育无法教会的。尽管更多考生的来源从公学变为了一般的私立中学，但从结果看，公学并没有在考试中失败。在 1878 年 4 月参加考试的 17 名部分接受过公学教育的考生中，7 名入选，其中 3 名来自马尔博罗，2 名来自西敏寺，布莱顿和国王学院公学各 1 名。③该次考试总共只有 13 人入选印度文官机构，但有公学经历的考生占据了 54%。

但在由 19 岁男生参加的竞争性考试中，智力因素逐渐变得不那么重要，考生转而把更多的精力放在专门准备上。无论是老师还是学生，都倾向于掌握考试技术，预测考题，确保在考试中取得好成绩。这样产生的直接效果就是不断由应考老师提供刺激，训练考生，为竞争性考试做准备。

除了某些特别突出的人员，17~19 岁年龄阶段的考生与那些接受大学教育并获得学位，在更大年龄阶段参加竞争的人员相比，他们所接受的教育就不那么充分了。④ 渣打豪斯公学的校长弗兰克·弗莱彻（Frant Fletcher）在伊斯林顿调查团面前证实了这一看法，这也是他在牛津求学时对于同龄人的真切感受：

---

① Minutes of Evidence (55611) and 557031, in App. XI to the *Islington Commission Report*.
② *Twenty-Third Report of Her Majesty's Civil Service Commissioners*, 1879, (Statistics, Table V), pp. 466-469.
③ *Twenty-Third Report of Her Majesty's Civil Service Commissioners*, pp. 463-465.
④ Minutes of Evidence (53, 349-53, 351), App. XI to the *Islington Commission Report*, p. 20.

最近一次重要转变发生的时候（1892），我在牛津。当时，考试年龄上限从离开中学的年龄改到了离开大学的年龄。我在中学的同龄人在旧制度下（1892 年之前）获得成功，我在大学的同学则是在现存制度下取得成功。我和那些通过了旧式招录考试（17~19 岁年龄段）的人都进入了大学，他们在见习两年之后很容易就前往印度。我很自信地说，那些在现行制度下招录的人员，比那些在旧制度下招录的人员获得过更充分完整的教育，在智识上也更为敏锐成熟。我在中学见到的旧制度鼓励填鸭式教学，以应付考试，甚至使这种填鸭必不可少。而现行的考试制度安排则试图使外来干预最小化，用充分而自由的中学和大学教育……我绝对更愿意看到年龄上升而不是下降。[1]

由于绝大多数考生都接受过某种程度的填鸭式或应试教育，为了弥补应试教育的欠缺，并测试考生的智力品质，从 1858 年开始，文官事务委员会就在绝大多数考试科目上扩大了面试。在最初的两年，在英语、希腊和罗马语言和文化科目上对考生加以面试。在众多主考官的建议下，文官事务委员会在其他科目中也使用了同样的面试。人们相信，面试能使"考生的自然准备情况得到公平测试，而填鸭或者抄袭的考生，也很容易就能探测出来"。面试不仅使得填鸭毫无用处，还暴露了那些考生似是而非的无知，并丧失了他们由于幸运预测到考题获得的"不当优势"。此外，它还给考生机会，纠正他可能在笔试中由于不小心而造成的错误。因此，正规的面试制度就被建议作为笔试的补充。[2]

英格兰公学中最优秀的学生对大学经历更感兴趣，而不是在 18 岁或 19 岁时寻机进入印度文官机构。然而，苏格兰的大学生却在绝大多数时候都参与了进入印度文官机构的竞争。由于苏格兰中学的教学水准较低，特别是在古典学和数学方面，使他们不敢直接参加文官机构的竞争性考试，只能专门在大学里为文官考试做准备。本杰明·罗伯特森（Benjamin

---

[1] Minutes of Evidence (55, 467), App. XI to *the Islington Com. Report*, p. 178.

[2] *Fourth Report of Her Majesty's Civil Service Commissioners*, 1859, (Correspondence), pp. 218-20.

Robertson)、约翰·奥米勒（John O'Miller）、哈维·亚当逊（Harvey Adamson）等人，都曾在进入大学之后专门准备竞争性考试。[①]

由于在考试中获胜就能确保一生的职业，印度文官日益成为专业人士为其子弟寻求职位的选择之一。对于中产阶级中下层那些家境一般的能干年轻人来说，与家庭分离，面临种种困难的工作条件等不利因素反而意味着更大的吸引力。他们准备接受这样的不利条件，以换取可观的经济报酬和事业前景。在这些人身上，还发展出一种与众不同的独属于公共机构的气质。正如马考莱所说，他们拒绝贵族的政治庇护，赞成忠诚、自助、刚毅和尽职等美德，将英印帝国视为人生的试验场。殖民地的官员特别珍视这些美德，因为人们相信，种种美德将把英国统治提升到商业和贸易的物质驱动之上，为这种统治注入"文明使命"的道德召唤，并在殖民地民众之中建立起对政府的信任。[②]

当 1892 年考试年龄上限提高，来自旧式公学的考生数量又上升了。这表现在 1893 年和 1894 年的相对份额上。（见表 2）

表 2 1893~1894 年来自英国公学教育背景的考生

公学名称		录取的考生人数	
		1893 年	1894 年
渣打豪斯（Charterhouse）		2	4
伊顿（Eton）		1	3
哈罗（Harrow）		—	1
伦敦	基督医院（Christ's Hospital）	—	3
	商人泰勒（Merchant Taylors'）	1	2
	西敏寺（Westminst）	2	2
马尔博罗（Marlborough）		1	2
温切斯特（Winchester）		1	3
总数		8	20

资料来源：Report of the Civil Service Commissioners, 1893, Table Ⅱ, pp. 153, M-4; And 1894, Table Ⅱ, pp. 161-162.

[①] Minutes of Evidence (54818-28), App. Ⅺ to the Islington Com. Report, pp. 134-5.

[②] Thompson, A. S., "Empire and the British State", In S. Stockwel（ed.）, The British Empire: Themes and Perspectives, Malden, Oxford: Blackwell Publication: 2008, p. 35.

出于行政效率和政治的考虑，英印当局在 1892 年将考生年龄上限提高到 23 岁。一战之后，文官事务专员还拒绝了伊斯灵顿调查团的建议，该调查团提出重新恢复考生年龄上限为 19 岁，将见习期延长为 3 年以提高青年文官在法律方面的训练质量。由于年龄上限提高了，大学毕业生在考生中的比例也上升了。（见表 3）

表 3 1855～1896 年英国各大学毕业生在印度文官机构职员招募中的比例

单位：%

年份	1855～1896	1855～1859	1874～1878	1878～1882	1887～1891	1892～1896
牛津	24	34	12	3	5	52
剑桥	16	23	4	1	15	25
爱尔兰各大学	10	24	9	11	3	5
苏格兰各大学	10	9	8	7	6	4
伦敦各大学	5	6	3	5	7	4
印度各大学	2	0	1	0	4	4
总比例	67	96	37	27	40	94

资料来源：Dewey, C. J., "The Education of a Ruling Caste: The Indian Civil Service in the Era of Competitive Examination", *The English Historical Review*, 1973, Vol. 88 (No. 347): pp. 262-285.

从上述材料可以得出的结论就是，随着受教育阶层范围的扩展和各种科学知识的普及（包括各种公学、私学和文法学校的建立），印度文官机构高级文官的来源主体从东印度公司时期的商业贵族家族、乡绅和教士阶层等英国社会中产阶级中上阶层，逐渐过渡到以专业人士为主的中产阶级的中下阶层。但由于保守党和自由党对殖民统治政策的变换，这种转变并非一个直线上升或下降的过程，而是曲折变化，有起有落，自由主义的公平竞争原则的具体执行受到执政者政策的巨大影响。历史有时也会开倒车，但总体来说，印度文官机构的竞争性考试在一定程度上适应和促进了这一社会权势转移的过程，并促进了知识的传播和教育的发展。印度殖民地文官的文化素质有所提高，忠诚对象和责任意识也都有改善，这就有利于提高殖民地行政管理的效率。

第三节　为印度人打开一条小小缝隙？

理论上，印度人也可以经由考试进入文官机构。根据 1853 年《印度政府法》第 36、37 条规定，"上述（印度）公司董事会对提名或者任命某人为东印度学院学员的所有权力、权利或特权应停止，并且国王陛下的所有自然出生的臣民都应从属于此种规范。"① 公开竞争考试被确认为进入合约制文官机构的唯一渠道，允许参加竞争性考试的最高年龄限制为23 岁，并声称向印度人开放所有利益丰厚的职位和就业机会。重要的文官职位由于推行了公开竞争原则而得以向印度人开放，为能跨越地理和文化鸿沟的印度精英进入文官机构较高职位打开了一道"小小缝隙"。②

但是，尽管法律没有故意将印度人排斥在合约制文官机构之外，法令的具体规章却意味着印度人若想投考，就必须漂洋过海，付出巨大的代价。关于印度种姓制度的种种陋俗，也客观上限制着高级种姓出身的印度人参与文官考试。甘地准备远赴英国求学深造时，就遭到家族的重重阻拦，最后班尼亚种姓的族长甚至宣布"这位年轻人从今天起不再是本种姓的人了"。迟至 1925 年，B. C. 穆克吉（B. C. Mukherjee）的父亲，一位保守的柴明达尔，试图说服自己的儿子不要加入印度文官机构。因为前往英国的见习必定会使他打破种姓规定。③ 关于考生的年龄限制、考试的地点和内容等，都对印度人不利。为了能够在进入印度文官机构的竞争中获胜，印度人必须首先从印度的大学毕业，然后前往英国，在那里他们将不得不花费至少一年时间准备考试——考试科目的安排，在设计时就有利于那些接受过英国公学教育的学生。这些困难，再加上昂贵的往返交通费用，都成为前往英国投考的障碍。可以说，直至 19 世纪中叶，在公司殖民地政权转变为女王直属殖民地之后，康华利体制确立的排斥印度人的旧

---

① *Report of the Public Service Commission*，1886-87，p. 12.

② Chand，Tara，*History of the Freedom Movement in India*，Vol. Ⅱ，New Delhi：Publications Division，Ministry of Information and Broadcasting，1961，p. 375.

③ 禁止海外旅行，是因为这很可能破坏印度教徒的饮食禁忌。圣雄甘地在前往伦敦学习法律之前，也遭遇革除种姓的困难。甘地：《甘地自传》，上海社会科学院出版社，2015，第十二章描述了甘地种姓身份被开除的事情。

制度几乎没有受到任何实质性影响。

在伦敦举行的公开竞争性考试主要是为了实现它自己的特定目标，即为印度殖民地的文官机构提供它所需的英国职员。至于考试是否对印度人合适，英印统治者并未作过什么考虑。因为按照最初的理解，考生首先应该接受英国的教育和训练。对于那些希望进入印度文官机构的印度人来说，他们必须保证自己是"优秀的当地人"。正如后来的事务大臣阿盖尔公爵（The Duke of Argyll，George Compbell）所提出的："如果进入印度文官机构的唯一通道就是一场在伦敦举行的竞争性考试，那印度本地人又能有多少机会和可能，在他们自己国家的行政机构中获得公平份额？在他们自己国家，那里的教育又如何能使他们具有这样的能力，并由此而赋予他们这样的份额呢？"①

对印度人而言，1854年马考莱委员会制定的公开竞争考试规则，只是使英国中产阶级对合约制文官机构职位的垄断变得更加体面，更具虚幻性。印度文官机构的公开竞争考试在伦敦用英语举行，还对考生年龄作了严格限制。从一开始，这种限制就成为一种排斥印度人的不公。② 至于考试的内容，以英国近代的自然科学和人文科学为主体，再结合以对印度人的品行和社会特点为研究焦点的印度学。这也是英国人利用殖民政权的力量，以科学的名义，巩固和加强殖民者在文化上的权威。③ 它为马考莱所鼓吹的文化同化事业提供了强大动力，也更有利于英国在殖民地培养一个没有经济基础的文化精英和买办阶层。④

1833年，英国议会曾明确否定任命印度人到高级职位上的种族原则。公司特许状法令载有一项条款，规定任何印度人，不得"仅因其宗教、出生地、血统、肤色，或其中任何一项因素而被禁止任用于东印度公司政府中的任何职位或工作中"。⑤ 但在公司统治时期，没有一位印度人能够

---

① Blunt, E., *The I.C.S.*, p. 50.
② *Proceedings of Imperial Legislative Council*, March 17, 1911-*Speech of Pandit Madan Mohan Malviya*. p. 32.
③ 萨义德：《东方学》，刘宇根译，生活·读书·新知三联书店，2002，第139页。
④ 帕塔·查特吉：《民族主义思想与殖民地世界》，范慕尤等译，译林出版社，2007，第36页。
⑤ Sikka, R.P., *The Civil Service in India: Europeanization and Indianization under the East India Company*, 1765-1857, New Delhi: Uppal Pub. House, 1984, p. 57.

成为公司合约制文官，因为对合约制文官的选择是建立在公司董事对亲戚朋友的庇护之上。而印度人并不处在这一庇护网络之中。

在政府职位上大规模地排斥印度人，与其他因素一道，激起了印度人的不满。这些对经济剥削、政治压迫和文化同化的不满和愤恨，共同激起了 1857～1858 年的印度民族大起义，终结了东印度公司对印度的统治。英国王室根据《印度政府组织法》（*Act for the Better Government of India*）的规定，完全承担起对印度的直接统治。它在已有的基础上维持了英属印度文官机构的公开竞争考试。① 它规定，凡进入英属印度文官机构的成员，必须通过文官事务委员会举行的公开竞争考试，而文官事务委员会又服从内阁事务大臣所制定的规则。②

1858 年，维多利亚女王宣布印度人拥有进入合约制文官机构的完全而平等的法律地位。女王这样宣示自己的意志："但凡吾之臣民，无论其种族和信仰，皆可自由公平地获致公共机构职位，可适时承担一切基于教育、能力与诚实程度来履行之职责。"③ 女王陛下的印度臣民被宣布与帝国其他部分的英国臣民平等。女王宣言再次强调肤色、宗教或出生本身并不能剥夺获得王室治下印度公共职位的资格。④ 这一值得纪念的宣言为印度殖民地的人民带来了新的希望。宣言未对印度人参加竞争性文官机构考试提出任何限制。1833 年法令在法律上消除了印度人进入合约制文官机构的种族因素，而 1858 年的女王宣言宣布了印度人进入合约制文官机构的完全和平等的权利。这些都为文官印度人化奠定了基础。

1859 年 10 月 27 日，印度事务大臣查尔斯·伍德任命了一个由当时在印英国人中的杰出人士组成的委员会，来考虑印度政府提出的同时举行公开竞争考试的请求。他们在 1860 年 1 月 14 日和 20 日两次提交报告，建议：将文官职位总数的一部分分配给印度人在印度进行竞争；同时举行两场印度文官机构的考试，一场在印度，一场在英国，参加考试的考生回

① Banerjee, A. C., *Indian Constitutional Documents*（1945）, Vol. I, p. 264.

② Blunt, E., *The I. C. S.*, London: Faber and Faber, 1938, p. 48.

③ Blunt, E., *The I. C. S.*, London: Faber and Faber, 1938, p. 53.

④ Roy, N. C., *The Civil Service in India*, Calcutta: Firma K. L. Mukhopadhyay, 1959, p. 27.

答同样的试题，并由相同的阅卷人进行评阅。① 这两项建议唤起了人们的希望，却未能得到当局批准。

1860 年，文官事务委员会修改规定，允许进入公开竞争性考试的最大年龄限制从 23 岁降为 22 岁。考试录取的考生将在英国见习一年。② 此次降低最大年龄限制的理由是，录取的大龄考生如果还在英国见习一年，再到印度开始其职业生涯，将会太晚。当局还认为，23 岁这个年龄超出了获得文科学士学位的平均年龄，所以要降低。③ 显然，这种改变给在伦敦的印度考生制造了额外的困难。

从表 3 中我们能看到，在伦敦举行的公开竞争考试只是为印度人打开了一道进入合约制文官机构的门缝。从 1855 年至 1891 年之间举行的 47 次考试中，共招录了 1509 名英国人。作为对比，漂洋过海前往伦敦参加考试的印度人为 127 人次，共招录了 24 名印度人，平均每年不到 0.5 人。24 名入选者中，还有 2 位分别由于健康和马术课程的原因，最终未能获得任命。

与英印殖民政府早期实行的那种建立在种族排斥基础上的公司董事的文官举荐制相比，英国资产阶级所鼓吹的建立在普适自由竞争意识形态上的公开竞争考试，无疑是一种历史的进步。将考试制度建立在种族平等、公开竞争、文化教育和知识的传播之上，英国殖民当局就可以为自己的统治赋予一定的合法性和权威。只要印度人能掌握足够的欧洲文化，就能通过考试进入文官机构的高级职位。马考莱说："……通过治理良好的政府，我们可以教育我们的臣民，使他们拥有获致善治政府的能力，这种能力是在欧洲的知识中显现出来的，在未来的某个时代，他们可能也会要求欧式的制度。这一天何时到来，我不确定……但当它来临时，那将是英国人最值得骄傲的一天。"④ 这种文化上的同化（assimilation）政策，是英国统治印度影响至为深远的一步。帝国统治也由此获得了高远理想与价

---

① Collections from Yearly Indexes-Extract from the Proceedings of the Indian Legislative Council Assembled under the Provisions of the Government of India Act, 1915, Proceedings No. 5.

② Hansard's Parliamentary Debates (Third Series, March 25 to May 26, 1862) Speech of Mr. Hennessy.

③ *Report of the Public Service Commission*, *1886-1887*, p. 14.

④ Carnading, D., *Ornamentalism*: *How the British Saw Their Empire*, Oxford: Oxford University Press, 2003, p. 12.

值。借此，英国人建立了殖民统治在知识上的霸权，实行文化同化政策，以此巩固和完善殖民统治的权力结构。文官考录制度的实施，也受到殖民统治政策的强烈影响。在对印度人开放高级文官职位的同时，考试制度在考试地点、内容和年龄限制等方面的安排，也为印度人考生制造了额外的困难。能前往伦敦参加考试，并接受所谓"充分、完整、自由教育"的印度人，局限于极少数能突破种姓、文化和经济障碍的印度精英。

在 1857 年印度民族大起义的压力下，接手印度殖民地政权的英国女王于 1858 年发表宣言，正式宣布承认印度人进入合约制文官职位的平等权利，从而开启了合约制文官的印度人化进程。印度人能否利用机会，把进入合约制文官机构的门缝挤成一条康庄坦途，既在于他们自己的奋力争取，也在于英国统治阶级中自由派、开明派的共同努力。①

表 4　1855～1891 年欧洲人和印度人通过考试招录进入合约制文官机构的情况②

年份	年龄限制	提供的职位数	欧洲考生		印度考生	
			参加考试人数	录取人数	参加考试人数	录取人数
1855 年 7 月	5 月 1 日前 18～23 岁	20	105	20		
1856 年 7 月		21	56	21		
1857 年 7 月		12	60	12		
1858 年 7 月		20	67	20		
1859 年 7 月		40	119	40		
1860 年 7 月	5 月 1 日前 18～22 岁	80	154	80		
1861 年 7 月		80	171	80		
1862 年 6 月		82	170	82	1	
1863 年 7 月	5 月 1 日前 18～22 岁	60	187	59	2	1
1864 年 7 月	5 月 1 日前 17～22 岁	40	217	40	2	
1865 年 6 月	3 月 1 日前 17～21 岁	52	282	52	2	
1866 年 3 月		52	242	52		
1867 年 4 月		50	278	50	1	

① Cumpston，M.，Some Early Indian Nationalists and Their Allies in the British Parliament，1851-1906，*The English Historical Review*，Vol. 76，（Apr.，1961），pp. 279-297.

② *The Islington Commission Report*，App. Vol. Ⅺ，pp. 252-253.

续表

年份	年龄限制	提供的职位数	欧洲考生		印度考生	
			参加考试人数	录取人数	参加考试人数	录取人数
1868 年 3 月		50	268	51	4	
1869 年 3 月		50	317	46	8	4
1870 年 4 月		40	325	39	7	
1871 年 3 月		37	224	36	5	1
1872 年 3 月		36	195	36	4	
1873 年 4 月		35	194	34	9（a）	1
1874 年 3 月		40	196	38	11	2
1875 年 3 月		38	192	38	6	
1876 年 4 月		31	197	31	5	
1877 年 3 月		31	200	29	3	2（b）
1878 年 4 月	1 月 1 日前 17~19 岁	13	66	13	3	
1878 年 6 月	6 月 1 日前超过 17 岁	13	134	13		
1879 年 6 月	1 月 1 日前小于 19 岁	29	173	29	1	
1880	6 月 1 日前 17~19 岁	27	180	27	2	
1881		31	144	31	3	
1882	1 月 1 日前 17~19 岁	40	137	39	3	1
1883		42	149	42	1	
1884		38	181	37	4	1
1885		43	205	42	6	1
1886		38	201	38	4	
1887		46	193	44	6	2
1888		47	232	46	4	1
1889		49	227	49	6	
1890		47	195	42	10	5（c）
1891		33	144	31	4	2
47 次考试招录总数			1509	127		24（b）（c）

资料来源：*The Islington Commission Report*，London：His Majesty's Stationary Office，1917，App. Vol. XI，pp. 252-253。

（a）1 位僧伽罗人参加了考试，未成功通过。（b）其中 1 位在见习期之后由于健康原因而被拒绝。（c）其中 1 位在骑术测试中失利而被拒绝。

第四章

印度文官举荐招录和早期印度人化

斯大林论及印度时曾说："几百人居然可以统治几亿人那么久，实在荒谬绝伦！"斯大林对数字的掌握并不精确，但他的确触及了英印帝国要面对的最大治理挑战：1200名左右的印度文官该如何统治印度的广土众民？对此，牛津大学 R. 罗宾逊教授等人在 1972 年提出了合作理论，认为是英国殖民者和印度本土精英的合作维持了英印帝国的统治。[①] 迄今为止，这一理论仍是这一问题的标准解释。一些学者试图修正该理论，强调英国殖民者和印度本地不同群体进行合作的动机、态度和方式、手段各不相同，各种矛盾和冲突层出不穷，甚至不断激化[②]，但他们也承认，英国殖民者与印度本土部分精英群体之间的合作处于一个程度不断加深、范围不断扩展的过程之中。

一个亟待破解的难题是，如何让印度本地精英进入合约制文官机构的高级职位，进而获得和巩固印度本地精英对英国统治权力的认可和支持。这一问题的解决，无论是对于英国工业资产阶级深入开发和利用印度市场，还是对于英国逐渐自由化的政治意识形态，以及随英语教育扩展和印度本土资本主义初步发展而产生的印度新兴中产阶级的政治要求来说，都至关重要。

这是一个漫长的历史过程，大致可划分为三个阶段：第一阶段，从

---

① Robinson, R., "Non-European Foundations of European Imperialism: A Sketch for a Theory of Collaboration," in R. Bowen Et Sutcliffe, B. (ed.), *Studies in the Theory of Imperialism*, London: Longmans, 1972.

② Seal, Anil, "Imperialism and Nationalism in India," in Gallagher, Johnson, and Seal, Anil (eds.), *Locality*, *Province and Nation*, *Essays on Indian Politics 1870 to 1940*, Cambridge: Cambridge University Press, 1973, pp. 24, 27, 123-153, 213-268, 269-325.

1793 年康华利在合约制文官机构职位上完全排斥印度人，至 1858 年开始逐步消除招录印度人的种族和法律等有形障碍，为文官印度人化的奠基阶段。第二阶段，从 1858 年到第一次世界大战，为文官印度人化的早期阶段。从第一次世界大战到 1947 年印度独立是第三阶段，为印度人化加速发展阶段。在第二阶段，公开竞争考试制度只是为合约制文官印度人化开启了一道门缝，这道门缝显然无法满足印度本地西化精英要求进入高级文官职位的要求。

本章试图回答以下问题：印度人应以何种方式进入文官机构，是对竞争性考试进行改革，还是将提名举荐作为招录印度人进入高级文官职位的最重要的替代方式？面对印度人的吁求，英国人又采取了何种政策？在确立殖民政权的权威与合法性方面，考试制和举荐制又分别扮演了何种角色？

第一节　举荐招录的延续和扩展

作为"帝国皇冠上的宝石"，印度是英国工业资本非常重要的商品市场和原料产地，为巩固其殖民统治，同时又能节约行政管理成本，需要培养一批"论血统和肤色是印度人，但论见解、道德和才智，则是英国人"的英式印度人阶层，作为英国统治千百万印度人民的中间人。英国的基督教传教士一直致力于在印度传教，以拯救印度人灵魂的名义，从文化上征服和改造印度。但为了减少与印度社会的冲突，东印度公司一直对传教事业加以阻挠。1813 年特许状法令开放英国私人前往印度经商和传教之后，在 1814~1815 年，仅英国浸理会就在孟加拉的萨兰普尔、钦苏拉等地创办了 30 所初级学校，此后还陆续增多。根据 1835 年马考莱教育委员会提出的教育备忘录和 1854 年查尔斯·伍德的有关印度教育的急件，确立了印度从初级学校到大学，推广世俗英语教育的体制。[1] 这一教育体系培养了大量西化知识分子，成为印度新兴中产阶级最具活力和影响力的成分。这一新兴阶层在教育投资和就业方面的利益，也是殖民政府不得不认真加以对待的。

---

[1]　陆梅：《论殖民统治时期印度中产阶级的特性与作用》，《东南亚纵横》2002（5）；《殖民地教育的发展对印度的影响》，《南亚研究》2000（1）。

随着英国国内资产阶级"政治自由"的拓展，即便是殖民统治，也需要有被统治者的一定的参与和同意（consent），以获得政治统治的合法性和认同。从 1832 年英国议会改革开始，英国国内政治逐渐从贵族寡头政治进入了精英民主阶段，有选举权的人数逐渐增加。印度人对政权的参与，一个是体现在立法会中[①]，另一个就是允许印度人分别进入高级文官和警察机构。[②] 军官的印度人化过程推行最晚。[③] 早在公司统治时期，殖民政府出于各种政治上的不时之需，就将印度传统统治阶层中的支持者、追随者和新兴中产阶级中的合作精英任用到非合约制文官职位上。1855年，东印度公司董事会对合约制文官职位的举荐权为公开竞争考试所取代，但举荐制并未随东印度公司的终结而走向消亡。出于加强和维护政府对官僚机构掌控能力的考虑，它在印度仍延续了下来。

一　1861 年《印度文官法》对举荐制的规定

前文已经提及，应印度总督坎宁（Canning）之请，印度事务大臣查尔斯·伍德任命了一个由当时最优秀的英印文官组成的调查团，调查同时在伦敦和印度举办考试的问题。在充分考虑了参事会委员的报告之后，伍德在议会提出了印度文官法案，并于 1861 年 6 月 6 日进行了二读。根据伍德的看法，印度人尽管并不缺乏学习热情和灵活性，但他们缺少那种能使人在某个负责岗位上单独行动的道德勇气。[④] 虽然提出了议案，但伍德也直言不讳地评论说："你不大可能在所有职位上都安排印度人，这些人将是帝国各个阶级的真正代表……要谈论当地人的代表，就应谈论最简单和最终的可能性。所有的经验告诉我们，在一个优势种族统治另一个种族

---

① 印度立法会始建于大贺胥任总督的 1853 年。1861 年，英国政府发布了允许印度人参与立法会的《印度参事会法令》，直至 1892 年新的法令，规定任命更多印度人进入立法会，具有咨询权。

② Arnold, D., "Bureaucratic Recruitment and Subordination in Colonial India: The Madras Constabulary, 1859-1947," in R. Guha (ed.), *Subaltern Studies Ⅳ: Writings on South Asian History*, 1985, pp. 1-53.

③ Sundaram, C. S., "Reviving a 'Dead Letter': Military Indianization and the Ideology of Anglo-India 1885-91," in A. D. Partha and S. Gupta (ed.), *The British Raj and its Indian Armed Forces*, 1857-1939, New Delhi: Oxford University Press, 2002, pp. 45-60.

④ Sir Charles Wood Papers-Wood to Sir Henry Maine, October 9, 1867, p. 173.

的地方，最为合适的统治方式就是专制。"① 伍德的继任者们也都相信这一原则，只是他们中的绝大多数从未如此坦率，总是试图以不同方式来掩饰这种令人不快的"真相"。②

1861 年英国议会通过的《印度文官法》，根据总督坎宁的建议，试图实现三重目标。第一，出于各种紧急情况的原因，过去许多文官的任命并不规范，明显无视 1793 年法律的限制。1861 年法令确认了所有这些任命的合法性。第二，法令明确列出一些职位，保留给规范省份的合约制文官。第三，1861 年法令允许印度当局在特殊的条件下，将这些表列职位任命给那些合约制文官之外的人员。③

《印度文官法》规定，凡附属于该法令列出职位（Listed Posts）的空缺都须由合约制文官来充任。④ 根据 1861 年法令，修订了的 1793 年法令仍保留那些在英国任命的合约制文官们的权益，即在正常条件下，他们有权获得总督参事会成员以下的印度主要文官职位。这些职位在 1861 年法令的附表中列出。⑤ 包括政府的秘书职位、会计部门（Account Department）的首长、民事和终审法庭法官、地方法院法官、规范省份各县的税务治安长官。⑥ 1861 年法令实际上为合约制文官保留了规范省份所有的高级职位。任命到列出职位上的人员只限于从合约制文官中选拔。但在特殊和紧急情况下，印度政府仍有权任命其他的人到这些职位上。⑦

1861 年法令使印度政府过去做出的一些任命合法化，从而修正了 1793 年法令关于合约制文官职位的若干条款。对合约制文官保留职位规定的修订，则使这些职位的任命受到特别限制：①在印度居住七年以上者才能被任命到保留职位上；②无论是被委任到税务还是司法部门，都必须

---

① Sir Charles Wood Papers-Wood to Sir Henry Maine, October 9, pp. 174-75.
② Majumdar, R. C., *British Paramountcy and Indian Renaissance*, p. 759.
③ Thakar, R. N., *The All India Services: A Study of their Origin and Growth*, Bharati Bhawan, 1969, p. 20.
④ Singh, H. L., *Problems and Policies of The British in India*, London: Asia Publishing House, 1963, p. 18.
⑤ 笔者将保留给合约制文官的 Listed Posts 称为列出职位，以与后来保留给省级文官机构的表列职位（Scheduled Posts）相区别。
⑥ Sir John Strachey, *India, Its Administration and Progress*, London: Macmillan, 1911, p. 75.
⑦ Blunt, *The I. C. S.*, p. 46.

参加所任职县的本地语考试。所有的部门测试（Department Tests，任职部门确定文官级别和职位的最终考试）均应包括这一考试。这种任命只是临时的，印度政府应将职务任命及原因立刻报告给印度事务大臣。③除非：事务大臣批准这一任命，及事务大臣参事会成员之多数同时出席会议，而且自批准任命通报给地方当局之日起，本地语考试须在 12 个月以内完成，否则任命将被取消。① 根据 1861 年法令，对印度文官的任命都将依据业绩做出，不再将资历作为晋升的唯一依据。②

印度事务大臣的参事会成员中，有人反对为特别任命做出这样的规定，因为这将给裙带之风和假公济私大开方便之门。他们的反对并非没有事实依据。例如，1861 年，在没有进行任何竞争性考试的情况下，印度政府做出的职位任命总数是 228 个，而 1862 年更是达到了 396 个。1861 年，投考文官机构低级职务的全部人员中，尚有 53% 是在有限竞争的制度下任命的。而 1862 年，就连参加有限竞争的人数也下降到了 42%，其余的都是由各省政府官员举荐。③

1861 年法令使得印度政府对于过去未遵照 1793 年法令，对那些既非合约制机构成员，亦非职位空缺所发生管区的人员做出的各种任命合法化了。还有一些职位，如果严格遵循法律的话，是属于合约制机构成员的，但由于公共机构运转的迫切需要，只好由非合约制机构成员填充。法令不仅使这些已经做出的任命合法化，还授权印度政府和各地政府可在将来做出类似任命。为了使合约制和非合约制机构之间的区别变得清晰而明确，法令提出了一项列表，列出了为合约制文官机构所保留的职位。④ 至少要

---

① *Report of the Public Service Commission*, 1886-1887, p. 17.

② Blunt, E., *The I. C. S.*, p. 48.

③ Hansard's Parliamentary Debates. Third Series, 1863, Vol. CLXIII, p. 953.

④ 职位列表如下：英属印度各省政府——秘书、初级秘书、下秘书，除去陆军、海军和公共工程部的秘书、初级秘书和下秘书；总会计师；民事审计员；财务副主管。司法部门——民事和治安法官，或规范省份的县首席司法官；上述诸省的附属和助理法官；上述诸省的治安官或首席治安官；上述诸省的联合治安官；上述诸省的助理治安官或治安助理。税务部门——孟加拉和马德拉斯管区的税务委员会成员；上述税务委员会的秘书；规范省份的地方税务专员或首席税务官员；上述诸省的县税务官和首席税务官员；上述诸省的与联合治安官职位联合在一起的代理或下属税务官；上述诸省的助理税务官和税务官助理；盐务总监；盐务管理员；关税、食盐和鸦片专卖专员；鸦片总监。合约制文官职责多样，任务非常繁杂。

在印度居住 7 年才能进入合约制文官的保留职位，这也给总督滥施恩惠设立了一定限制。

二 举荐制的扩展：非合约制文官进入合约制职位

出于维护印度政府权威和行政自由裁量权的考虑，英国议会准许印英政府通过提名举荐的方式，任命非合约制官员进入合约制文官机构内的保留职位。

合约制文官之外的那些公共行政机构中较低级别的文官，并未与董事会签署合约保障其职权、任期、晋升和薪金等各项权利。与康华利将保留职位完全留给合约制文官的设想不同，公司政府在实际运作中，任用了大量英国人、欧亚人（欧亚混血，到 20 世纪之后就称为英印人）和印度人进入了非合约制的附属机构。除了在税务和司法部门中大量任用印度人职员，非合约机构还包括了大量的欧洲人、欧亚人和葡萄牙人。他们以月为期，被临时雇用来从事誊写和其他的临时工作，在公司早期的行政管理中被称为 "月份书记官"（Monthly Writer），[1] 与正规的合约制文官相区别。由于公司政府经常处于战争之中，或者由于公共行政事务的紧急需要，对他们的任用延续了下来。显然，公司董事会并不支持这样的任命，因为这会缩小他们庇护举荐官员的范围，增加控制的难度。但出于经济节俭以及确保完成工作的考虑，只能任由印度政府便宜行事，任命非合约制职员从事各种保留给合约制文官的工作。

由于海利伯瑞学院培养的文官人数有限，许多工作很难在合约制文官中找到适当人选。1793 年特许状法令明确规定，总督参事会成员以下的职位空缺只能由产生这一空缺的各管区合约制文官来充任。但在 19 世纪上半叶，随着公司直接控制区域的急剧扩张，公司的文官机构无法预先确定文官职数。结果，相当数量的非合约制欧洲人和欧亚人在行政和司法部门中占据了高级文官的职位，处理秘密政治工作、会计和审计，担任控制食盐和鸦片专卖的总监。他们的职位津贴甚至超过了合约制文官的津贴。

---

[1]　Misra, B. B., *The Administrative History of India*, *1834 - 1947*; *General Administration*, Oxford: Oxford University Press, 1976, p. 324.

康华利体制的实施，也导致法律诉讼案件大量增加，于是一些较低等级的印度司法官员也被任命，在附属文官的级别上协助合约制法官来处理各种民事案件。①

尽管受到孟加拉体制的影响，但为了便于监督和控制，一些旧的本地税务单位塔希尔（Tahsil）仍保留下来（如在西北省和贝拿勒斯）。马德拉斯和孟买相应的税务单位管辖塔希尔和马姆腊特达尔（Mamlatdar）下的塔鲁克（Talukas），也在继续发挥职能。佩施瓦统治下的马姆腊特达尔负责收税，在县级层次也有相应的机构。这些职位都涉及税收、司法和警察职能，这使它们往往成为地方行政中相当重要的部分。为加以有效监督，本廷克根据1833年条例第9条，创立了非合约制的副税务官职位，而总督艾伦布劳又按照1843年政府条例第15条规定，任命了非合约制的副治安官，这一职位与副税务官结合在一起，以确保其权威。②

在非合约制文官机构内任职的印度人从1828年的1197人上升到1848年的2813人。③ 他们广泛分布在地方税务、治安和司法部门，但在1864年以前，没有一位印度人能进入合约制机构。1827年以前，在孟加拉，没有一位印度人被任用到税务和司法部门中月薪超过250卢比、年薪超过300英镑的职位上。他们在1852年的工资情况如下表：

表5　1852年在文官机构内任职的印度人的工资情况

每年获得的工资（英镑）	人数	每年获得的工资（英镑）	人数
1560	1	361~480	58
841~960	8	241~360	277
721~840	12	121~240	1173
601~720	68	24~120	1147
481~600	69	总数	2813

资料来源：Misra, B. B., *The Indian Middle Classes*, p. 179.

---

① Misra, B. B., *The Administrative History of India, 1834-1947: General Administration*, Oxford: Oxford University Press, 1976, p. 324.
② Misra, B. B., *The Indian Middle Classes*, Delhi: Oxford University Press, 1978, p. 176
③ Misra, B. B., *The Indian Middle Classes*, p. 178.

合约制与非合约制文官之间工资的差别有逐渐减少的趋势。里克特关于文官工资改变的报告表明，1850 年，在印度政府的支出中，相当部分的工资是支付给非合约制文官的。例如，孟买公共教育总监的职位，月薪为 2500 卢比，而加尔各答高级治安官的月薪都只有 2000 卢比。加尔各答、孟买和马德拉斯小标的案件法院的一级法官每月薪水为 1500 卢比，而泰戈尔巴布这位 1854 年立法会的助理职员，同样拿到了 1500 卢比的月薪。①

非合约制文官机构的行政事务常常涉及正规的行政和司法部门，它与合约制机构之间的界限也渐趋模糊。1854 年 4 月 26 日，在写给监督局主席查尔斯·伍德的信中，总督达尔豪西（Dalhousie）强调，在审理印度人案件的高级法院（Sadr Adalat）职位上任命印度法官，政治上非常必要。这一职位高于县治安法院法官的级别。孟买政府实际上也任命了一位非合约制文官担任县税务官。尽管违反了 1793 年法令的规定，印度政府还是在 1852 年 11 月 19 日批准了这一任命。该任命甚至也得到了公司董事会的批准。在孟加拉，虽然印度政府和董事会曾在一起案例中拒绝批准一位非合约制文官担任民事法官，但非合约制文官还是被任命到税务官、盐务总监、治安官级别的职位上。②

表 6　1851 年和 1857 年非合约制文官构成

单位：人

部门	1851 年		1857 年	
	欧洲人和英印人	印度人	欧洲人和英印人	印度人
行政治安	1131	109	1398	204
政治	100	39	151	82
税务和司法	1523	2762	1533	2560
总数	2754	2910	3082	2846

资料来源：Misra, B. B., *The Indian Middle Classes*, p. 194.

---

① Misra, B. B., *The Indian Middle Classes*, p. 179.
② Papers Relating to the Employment of Natives in the Civil Administration of India, 1865, pp. 54-5.

1851～1857 年，印度人在非合约制文官中的比例有所下降。

非合约制文官中的欧洲成员成为非合约制文官向英印殖民政府争取权益的力量来源。在 1857～1858 年印度民族大起义被镇压之后，非合约制机构中的欧洲人成员就向坎宁政府陈述自己的情况并提出了自己的理由。他们认为，如果通过细致的选拔和培训，能确保每一位合约制文官的任职资格，难道非合约制文官就不能通过实际工作证明自己的资格。

但非合约制文官中的印度人的情况就复杂多了，他们的权利和地位面临着特别的政治障碍。殖民政府刻意在合约制和非合约制文官之间维持差别。在 1852 年为专门委员会作证时，詹姆斯·密尔（James Mill）就说了："我认为，承认印度本地人适合各种各样的职位这一问题非常重要，因为他们的表现越来越适合更高的职位，我认为应该允许他们进入。"① 但在讨论如何维持区别时，他补充说："由于其构成，合约制机构实行逐步晋升规则。这一机构的成员并非被任命到某一特别的职位上，然后整个职业生涯都待在这个职位上；而是经过一段时间之后就会晋升，而且有希望晋升到最高职位上。因此，只要认为印度本地人不适合高级职位，就很难指望允许他们进入合约制机构。如果他们停止了晋升，而其他人却继续，那么比起将他们排斥在外，这会显得更不公平。"②

尽管非合约制文官可被任命到高级别职位上并获得高薪，但合约制和非合约制机构之间依然维持着明显差别。对非合约制文官的职务任命并不构成合约制机构的一部分。无论欧洲人还是印度人，他们都只是被任命到特定的职位上。他们将一直待在这一职位上，除非他们再次被委任到另外有着更高薪水的特定职位上。他们职位的安全性也是非常有限的。例如，一位由地方政府任命的非合约制机构的副税务官，即使由当地税务官在咨询了地区专员和税务委员会之后进行了提名举荐，但最终任命与否，还是要取决于印英政府的批准。这里没有竞争性考试，所依靠的就是县税务官、地区专员和税务委员会成员对被举荐者人品、资格和能力的熟悉程度。如果被发现有失职、无能、腐败或存在其他不为人知的不当行为，他

---

① Misra, B. B., *The Indian Middle Classes*, p. 180.
② Misra, B. B., *The Indian Middle Classes*, p. 181.

们会马上被剥夺任职资格，不需走常规审查程序，一切取决于税务官、专员和税务委员会对他的看法。工资有三级，300 卢比、400 卢比和 500 卢比。副税务官不能只通过资历就上升到最高一级工资，除非当地执政者满意于地方官员的报告，说他值得政府对他这样"慷慨"。①

根据 1843 年的政府条例第 15 条（Act XV），在孟加拉和西北省任命的非合约制文官中的副治安官，在解除职务的规定上与副税务官的条件相同。他们都交由地方政府处理，地方政府有权以失职、无能和腐败为由，马上开除任何一位副治安官。② 他们被置于县治安官的直接控制之下。治安官在政府批准之后，在他认为合适时授权给他们。他们需要服从他提出的任何命令，履行分配给他们的所有职责。恭顺是他们的最大美德，也是获得任命的前提和基础。

这样，1857 年印度民族大起义之前的非合约制机构显现了两种主要特征。首先，在公司董事会对合约制文官实行庇护举荐制的同时，印度政府也对非合约制文官同样实行庇护举荐。在英国招录的合约制文官打上了英式自由主义公开平等竞争的印记，能确保他们稳定的服务期限、良好的智识成就和充分的教育培训；而在印度的非合约制文官的招录，却依旧带有恭顺卑屈和低劣知识水准的印记。其次，在非合约制机构中欧洲人的优越状态，成为印度人争取权利的先声。当欧洲人同事被提拔上去之后，印度人要求晋升到高级职位的正当要求也就无法被忽视了。在 1861 年 6 月 8 日的备忘录中，坎宁写道："要从萨达尔·阿明（首席司法官）的位置上提拔一位非合约制机构内的欧洲人到齐拉（县）法官的职位上，而同时还有一位任期更长的印度人首席司法官，也有同样好的品质。我不知道通过何种论述，才能使整件事看起来更公平。只有高级法官才能决定谁更应该晋升，这样的行为与我们自己对印度本地人所宣称的原则不符。"③他认为，一位刚从大学毕业的印度人能前往伦敦参加竞争性考试，并能成

---

① Papers Relating to the Employment of Natives in the Civil Administration of India, 1865, p. 56.

② *Legislation Coms.*, 5 Aug, 1843, Nos. 4-11.

③ Papers Relating to the Employment of Natives in the Civil Administration of India, 1865, p. 47, Para. 12.

功地入选为合约制文官，那么一位印度人在非合约制机构内多年工作后的
晋升要求，就没有理由置之不理。如果印度当局不管 1793 年特许状法令
对于合约制职位的规定，能将一位欧洲人任命到特定职位上，那么这种特
别待遇也应同样扩展到印度人身上。

1861 年文官法令颁布后，为了与非合约制机构日益增长的责任保持
一致，印度政府逐渐提出重建非合约制机构的问题。1861 年文官法令把
这些根据 1793 年法令为合约制文官保留，却为非合约制文官实际占据的
特定职位的任命合法化了。法令也允许，经由印度事务大臣批准后，印度
当局可在特殊条件下，将合约制机构成员之外的人员任命到表列职位的空
缺上。实际上有两项任命，被任命者都是印度人。其中一位在 1862 年被
任命为孟买的县副助理治安法官，另一位在 1880 年被任命为孟加拉的附
属法官。①

19 世纪 60 年代发展出来的公共机构的一般政策，就是将合约制文官机
构作为"精英团队"（corps de elite），人数有限，既能满足政府主要的行政
职位的需要，又能确保为他们提供完整的训练。主要职位之外的职位，都
可以向非合约制机构中的印度人开放。② 此外，1857 年大起义之后，由于
过多的英国青年文官流入合约制文官机构，晋升都大大延迟，导致他们的
不满。1870 年法令（33 Vict., c. 3）试图消除这种不满，减少合约制文
官的招录，阻止任用薪酬高昂的行政人员来履行那些本可由更廉价成员履
行的职责。这样最终的结果就是任用更多的印度人进入合约制文官机构的
高级文官职位上。根据这一法令所规定的条件，合约制文官有两种招录方
式，一种是通过直接提名，另一种就是从非合约制机构中选拔晋升。

非合约制文官招录的方式差异很大。在马德拉斯，非合约制文官的任
命就是提名举荐，但候选人要通过某些科目的特别考试，如刑法、税务、
印度刑法典、刑事程序法、政府条例、印度证据法、税务委员会的摘要和

---

① *Report of the Public Service Commission*, 1886–1887, p. 24, Para. 37.
② Govt. of India Order Issued under Home Dept. Circular No. 21746 Dated 18April, 1879. 这是一
种对于过多招录合约制文官的反应。见第二章结尾处的表 4。1860～1863 年分别招录了 80
名、80 名、82 名、59 名合约制文官。当时大量招录人员的主要原因有两条：①满足新建
的非规定省份和地区，诸如旁遮普、中央省、奥德和信德对行政官员的要求；②印度军队
中的参谋人员无法提供大量军官去履行民事职责。

通知函件等。副税务官由地方政府任命，一般从有过塔希尔达尔（Tasildar）经历的官员中选拔。而塔希尔达尔由税务官举荐，从一些通过较低等级的专门考试的人员中选择。这些特定附属职位的提名都要求工作能力经过验证，并要由税务委员会和省政府加以批准。

非合约制文官并没有统一的招录方式。绝大多数省份都是提名举荐，一些省份采用竞争考试，还有一些两者兼用。当然，即便是要求考试的省份，也没有对资格标准做出严格要求。孟买招录的是大学毕业生，马德拉斯则招录大学一年级的文科生，加尔各答招录的却以大学入学考试为标准。西北各省只要求能通过本地语中级考试。1861年之后，特别是1879年之后，副税务官和塔希尔达尔级别的官员，就逐渐以这样的较低教育背景，占据了早些时候为合约制文官所保留的职位。

由于印度殖民政府并未明确规定，非合约制文官机构行政和司法部门的任命只能局限于各省的常住居民，导致非合约制文官的任命更加随意。[①]行政改革的问题涉及：①如何在非合约制机构内，将副税务官一级的官员与塔希尔达尔一级的区分开；②如何对每一级别的文官进行系统的教育和分层，能确保官员的正常晋升，同工同酬，工资增长也能互相协调。在1881年11月16日的备忘录中，印度政府的财政秘书T.C.霍普（T.C. Hope）实际上提出了一项方案，希望政府加以批准。[②]但印度事务大臣哈廷顿（Marquess of Hartington）提出了某些异议，直到1886年，重组非合约制文官机构的整个问题交给了印度政府任命的艾奇逊调查团来处理。

第二节　文官印度人化政策：举荐替代考试

殖民统治的权威很大程度上来自对合作阶层的恩赐庇护，[③]来自下级和民众的服从与认可。殖民地政府制订和实施印度人化政策，放开对印度人进入高级职位的举荐，寄希望于印度本地人的合作与效忠。因此，在考

---

① *Report of the Public Service Commission*, 1886-1887, pp. 41-2, Para. 55.
② Papers Relating to Covenanted and Uncovenanted Civil Service, 1886, pp. 1-23.
③ 从授予低级的政府职位，到发放枪支许可证，甚至给神庙施舍钱财，减免税款，县级官员庇护着大量的地方人员，巩固自己在一方的权势。

试制招录印度人的效果受到各种限制的情况下，各种形式举荐制的重要性便凸显出来。

一　印度人的鼓动与 1868 年奖学金方案

真正让印度人感到失望的是，英国政府通过不时降低参加公开竞争考试的年龄限制，试图将印度考生置于特别困难的境地。1864 年，只有一位印度人成为合约制文官机构成员，直至 1869 年，才增加到 4 位。① 1866 年，考生的年龄上限降到 21 岁，而年龄下限则从 18 岁降到 17 岁。②

在殖民政权的强力控制下，诉诸符合英国政治传统的合法政治鼓动是唯一出路。1867 年，东印度协会采纳了达达巴伊·瑙罗吉 （Dadabhai Naoroji） 的建议，支持在印度举行竞争性考试并在英国议会进行鼓动。东印度协会的一个代表团于 1867 年 8 月 21 日拜会了印度事务大臣诺斯科特 （Stafford Northcote） 并提交了一份备忘录，敦促在伦敦与印度同时举行考试。③ 1868 年，英印人协会通过印度政府向事务大臣提交了一份备忘录，要求同时在印度举行竞争性考试，并将一定比例的合约制职位作为考试的预留。孟买协会也通过当地政府递交了一份类似的备忘录。④

在经历 1857 年的大动荡之后，印度政府和母国的印度事务部为巩固与印度本地精英的合作，也急于寻求解决办法。印度总督劳伦斯 （John Lawrence） 转发了英印人协会提交的备忘录。他指出："不应让那些能力和品格经过检验的本地人，失去在这个国家的行政机构中占据较大的份额

---

① Blunt, E., *The I. C. S.*, P. 50. 他们分别是：1864 年，诗人泰戈尔的长兄萨仁德拉纳特·泰戈尔；1869 年的罗梅什·杜德和比哈里·拉尔·古普塔，苏伦达拉纳特·班纳吉。班纳吉参加了两次考试，第一次考试通过，因为印度和英国的计算年龄的方法存有争议而被取消，第二次又通过考试，进入了文官机构司法部门，却因小小的过失而被解职，且不能申诉。班纳吉带着满腔冤屈组织印度人协会，发起了全印性的文官印度人化政治鼓动，并成为国大党的著名领导人。罗梅什·杜德后来成为地区专员，退休后成为巴罗达土邦宰相，并成为著名的民族主义历史学家、经济学家。而古普塔在法官任上退休之后，也成为土邦宰相。早期的印度人文官由于其独特的经历和地位，往往成为民族主义运动的早期代表人物。

② *Report of the Public Service Commission* 1886-1887, p. 15.

③ Public Despatches to Bombay Government No. 36, October 14, 1868.

④ Panikkar, K. N., "From Revolt to Agitation: Beginning of the National Movement", *Social Scientist*, 1997, Vol. 25, (No. 9/10): pp. 28-42.

的机会。"但这点意见如何实现，请愿书的建议被事务部认为不合适。留待考虑的问题主要有两种。首先，是否应将伦敦的竞争考试作为进入印度文官机构的唯一途径，是否应该提供便利，让更多优秀的印度人参与竞争，其次，应否做出另外的安排，按照提名举荐的原则，任命那些业绩和能力经过验证的人进入 1861 年《印度文官法》保留给合约制文官的职位，问题归根结底，是在竞争考试和提名举荐两者之间进行选择，或者承认将两者各自作为文官机构招录原则的一部分。英国人安排的竞争考试，在形式上符合韦伯的合理原则，但在实际运作中又被事务大臣添加了种种不利的限制，并不符合印度人的利益。提名举荐在理论上是不合理的和落后的，但它在一定程度上符合当时人们对社会公平的看法，也符合殖民帝国的政治利益。

应印度事务大臣诺斯科特之请，印度政府于 1867 年 8 月 19 日通过一项决议，决定取消早先设置的障碍，将印度人晋升到非合约制机构内"更为重要、更有尊严和报酬更为丰厚的职位上"，包括非规范省份的地区专员助理以下职位。① 总督劳伦斯承认，向具有能力和品行的当地人开放那些更重要、更受尊重和更有利的职位，在政治上具有急迫性。尽管他认为同时在印度和英国举行考试的要求极不合适，但他还是试图采取行动，确保印度人进入印度文官机构中的高级职位。他认为，在允许具有可靠能力和品行的印度人在行政机构内占据更大份额这一问题上，不应失去任何改善的机会。②

1868 年 6 月 30 日政府通过另一项决议。劳伦斯据此设立了一项奖学金计划，以使"土生土长的印度人能更自由地前往英格兰"，"为进入印度的文官机构以及其他公共机构，完善他们的教育，学习各种学术技艺"。③ 根据这项奖学金方案，获奖者将在合理安排的一段时间内前往英国，并自获奖提名得到批准之日起，在那里学习三年，除非出于健康原因被迫提前返回。每人每年 200 英镑的奖学金将于当年的 12 月 31 日颁发。

---

① 林承节：《殖民时期印度史》，北京大学出版社，2004，第 131 页。

② Sharma, M., *Indianization of the Civil Services in British India*, 1858-1935, New Delhi: Manak Publications, 2001, p. 62.

③ *Report of the Public Service Commission*, 1886, p. 18.

每位参选者不得小于 16 岁、大于 20 岁。奖学金候选人的提名，主要通过举荐方式。9 个奖学金名额中 6 个根据提名，3 个是向有限竞争开放的。在实际操作中，政府主要偏向具有较高等级和社会地位的人选。这符合决议的精神。因为决议曾提出，由于巨大的社会和政治重要性，应给"具有绅士级别和地位的本地人子弟提供更大份额的利益"。英印当局庇护当地合作者的动机显而易见。但奖学金计划的主要目的，还是鼓励印度人前往英国，参加文官公开竞争考试。[1]

伍德之后的新任事务大臣是阿盖尔公爵（George John Douglas Campbell, 8th Duke of Argyll）[2]。1869 年 4 月 8 日，他在致总督梅奥（Mayo, Richard Bourke）的信中指出，单单依靠在伦敦一地的竞争性考试，招录印度人进入高级文官职位的努力只会徒劳无功。迄今为止，只有 16 位印度考生出场，其中 1 位（萨廷德拉纳特·泰戈尔）进入了合约制文官机构。只要伦敦的竞争性考试是印度人获得进入文官机构入场券的唯一机会，人们就有理由认为"这套体制给印度人强加了某些困难"。[3] 但阿盖尔公爵又认为，竞争性考试对英国人有利是正当的。他说："在竞争性体制中，尽管考试成功并不能保证就适合统治，或者就具备行政官员的能力，但这样至少能确保给那些合格者一个较好的机会。"既然欧洲人夺取并掌控着印度帝国，他们就具有这样的资格。竞争性考试只是一场英国内部不同阶层投考者之间的测试的本质，在此暴露无遗。[4]

但同时，阿盖尔公爵也强调："应该采取细致和谨慎的行动，在他们自己国家的行政职位的委任方面，给予他们一定份额，赋予印度本地人一些责任。"[5] 既然竞争性考试已经不能将有才干的印度人引入公共机构，

[1] Thakar, R. N., *The All India Services: A Study of Their Origin and Growth*, Patna: Bharati Bhawan, 1969, pp. 22-26.
[2] 阿盖尔公爵（1823-1900），英国自由派政治家。无论是自由派还是保守派，这一时期对印度人的态度都有相近之处，对印度人多有屈尊纡贵的高傲之态，安尼尔·西尔对此有详细论证。Seal, Anil, "Imperialism and Nationalism in India", in *Locality, Province, and Nation: Essays on Indian Politics 1870 to 1940*, Cambridge: Cambridge University Press, 2008, p. 1-26.
[3] Roy, N. C., *The Civil Service of India*, Calcutta: Firma K. L. Mukhopadhyay, 1959, pp. 69-70.
[4] Parlimentary Papers: The Admission of Natives to the Civil Service in India (1879), C2376, No. 8 (Para. 6).
[5] Roy, N. C., *The Civil Service of India*, Calcutta: Firma K. L. Mukhopadhyay, 1959, p. 70.

他转而支持更自由地在非合约制机构中任用印度人,然后再根据其能力,提拔进入合约制文官机构。"我们只能任用那些我们信任的当地人,并且只有依据当地的实际情况,印度政府才能决定哪些职位和地位是真正适合印度本地人的。"①

阿盖尔公爵建议,劳伦斯的奖学金计划只应当成一场试验。在颁发下一次奖学金之前,印度政府应该根据那些已获奖学金人员的情况,来说明取得的效果。② 总督梅奥及其参事会成员写信给阿盖尔公爵,询问中断劳伦斯的计划是否是立即和绝对的。公爵答复说:"在做出进一步建议之前,不再举行奖学金人员的遴选。"③ 这样,提名举荐就成为印度人进入合约制文官机构高级职位的主要方式,原先的奖学金计划被放弃。

二 英国议会对文官印度人化的回应:1870 年法令

早在 19 世纪 50 年代,英国自由党,特别是其中的激进派就表示了对于印度行政改革的关注。1868 年 4 月,由于亨利·弗赛特(Henry Fawcett)④ 等激进派议员的努力,英国议会提出一项法案,要求采取措施,在印度同时举行考试,以确保扩大印度人在高级职位中任职比例。此时,合约制文官机构成了欧洲人的专属保留地,而非合约制文官机构也继续由欧洲人主导,印度人又要求同时在印度和伦敦举行考试。在这种情况下,英印当局开始认识到提名举荐招录的重要性。印度事务大臣诺斯科特建议,将非合约制文官机构真正变为一个印度人的机构,此外,设计一种有别于在印度和伦敦同时举行考试的方法,让更多的印度人成为合约制文官机构成员。⑤ 他提议的另一种方法,实际上就是提名举荐。这样一来,就可以兼顾正在成长中的印度中产阶级和传统上层土地贵族的利益。前者要求以竞争为招录基础,而后者基于自己的考虑,认为提名原则更有利于

① Thakar, R. N., *The All India Services: A Study of Their Origin and Growth*, p. 26.
② Thakar, R. N., *The All India Services: A Study of Their Origin and Growth*, p. 27.
③ Parliamentary Papers No. 10 (Educational No. 110), Duke of Argyll to the Governor General in Council, July 15, 1869.
④ 亨利·弗赛特 (1833—1884),英国剑桥大学经济学教授,自由党议员,曾出任格莱斯顿内阁邮政大臣。
⑤ Hansard, 1868, Vol. 191, p. 1214.

社会公正与帝国利益。

1869 年 3 月，阿盖尔公爵按照同一思路，提出了一项新的条例草案。在 4 月 8 日的一份急件中，他向印度政府透露了草案的实质内容。他认为，在印度，"仅仅是智力上的聪明，还不足以证明其统治能力"，因为：

> 众所周知，印度某些在教育上最为落后的种族，其活力、勇气和行政能力却优越于那些智力更为发达的种族。在竞争性考试中，孟加拉人获得的机会可能多于帕坦人或锡克人。不过，让加尔各答大学里只会考试的学生去指挥上印度那些尚武部落，恐怕是一场危险的试验。①

在印度社会"等级和种姓制度的环境下"，出身和社会地位的存在与影响，是任何职位分配方案都无法忽视的。正如民族大起义中所显示的，这种影响是阿盖尔公爵担心的，也希望加以利用的。阿盖尔公爵提议，不再提供奖学金，因为这将导致更多的印度人前往伦敦参加竞争考试。他承认，有必要给印度人在管理自己国家事务时更大的任职份额，但又强调，这必须"在认真和谨慎选择的原则上在印度加以实施"。更自由地在非合约制文官机构中任用他们；在他们的能力和品行得到验证的情况下，将他们从非合约制机构提拔到合约制文官机构中，似乎困难最少而且切实可行，也是竞争性考试的最好替代品。因此，他建议印度政府对"在印度不同地区之间普遍存在的品质上的广泛多样性"加以考虑，并要注意"每一个省和种族应按照它本身的特点来加以对待"。②

停止奖学金计划的目的并不是要排斥印度人参加竞争性考试。在法案二读过程中，阿盖尔公爵明确表示，只要伦敦的竞争考试是进入印度文官机构的唯一入口，印度人就不会获得公平分享政府行政权力的机会，而按照他们的教育和能力，本应有权分享这一机会。他请求提供另外的便利渠道，允许印度人进入合约制文官机构，而不必通过在伦敦举行的公开竞争考试。

① Home（Public）A Progs., May 1879, Nos. 287-328, p. 63.
② Home（Public）A Progs., May 1879, Nos. 287-328, pp. 63-64.

1870 年 3 月 25 日，关于允许并扩大印度人进入文官机构的法案在议会通过成为法律。它授权在文官机构的任何职责、职位和工作中任用印度人，并且不受 1861 年法令中将特定职位保留给合约制文官这一规定的影响。[①] 1870 年法令的第 3 章 （133 Vict. Cap. 3） 宣布：

> 鉴于将已证明其业绩和能力的印度人更多任用到女王陛下的文官机构中的措施在政治上是适宜的，本法案一经颁布，以往有关文官机构的法令不得限制此项法令。虽然印度人并非以经过上述法令规定的方式进入文官机构，但不得限制印度政府在上述职位和工作中任用印度人……印度本地人包括在印度出生和定居的，其父母居住在印度不是出于短期目的……总督有对上述印度本地人进行界定和限制的权力，他作出与此有关的任何决定，须经事务大臣批准。[②]

法令还规定："印度本地人对任何职位都是有资格的，包括迄今为止为合约制文官保留的职位。"[③] 印度当局有权将印度本地人任用到文官机构的任何职位上，但须经事务大臣批准，也须服从参事会总督制定的规则。

1870 年法令为印度政府任用印度人到高级文官职位上提供了便利和更大的自由裁量权。[④] 与此同时，印度人仍享有选择参加伦敦竞争性考试的法定权利。阿盖尔公爵声称，1870 年法令的规定比奖学金计划更为完整，能更有效落实关于任用更多印度人的政策。显然，1870 年法令一方面可以满足在高级职位上任用更多印度人的要求，另一方面又无须对印度人提出的改革考试的要求做出让步。

根据 1858 年 《印度政府法》 第 32 条的规定，以公开竞争考试之外的方式做出的任命须经印度当局同意。1870 年法令正式授权印度政府，

---

① O' Malley, L. S. S., *The Indian Civil Service*, London：J. Murray, 1931, p. 212.

② *Report of the Public Service Commission*, 1886, p. 19.

③ *Report of Royal Commission on the Public Services in India*, 1917, Vol. Ⅰ, p 23.

④ Roy, N. C., *Indian Civil Service*, p. 72. 查尔斯·温菲尔德在讨论法令草案时，提出任用印度人的更宽广的领域，在于包括了 60 个县的非规范省份，那里可以有更多自由任用的机会。

任命特定的印度人到机构的个别职位上，无须参加竞争性考试。当然，在使印度本地人加入合约制文官机构方面，1870 年法令并未提供一种定期和正常的招录。它只是使印度的有才干的年轻人，在狭窄的伦敦公开竞争考试道路之外，还有另外一条加入文官机构的渠道。公开竞争考试的不足由此得到修正，而无须施行同时在伦敦和印度举行考试的改革。在非合约制文官机构中已经任职多年的人自然也欢迎这一改变，可以说，他们的多年要求成为现实。总体说来，公开考试和举荐，两者都是独立的招录渠道，各有规则。印度事务大臣继续为公开竞争考试制定规则，印度总督则为举荐制规定资格和条件，提拔那些有功的非合约文官到为合约制文官保留的职位上。当然，在后一种情况下，印度事务大臣依然行使正常的咨询和控制职能。

颁行 1870 年法令的目的也是要补充和修正 1861 年的《印度文官法》。根据文官法，任何人，无论是印度人或欧洲人，都可以被任命到法令附表所列出的职位上，但需在印度居住至少 7 年。获得委任者需通过所任职县的本地语考试，并须通过职业能力的部门考试（Departmental Tests），以及地方当局实行的其他有关资格限制。此外，根据 1861 年法令，如此做出的每项任命都只是临时的，除非得到印度事务大臣的批准；即便做出这样的任命，也只是被任命到某个具体的保留职位上，并不能成为合约制文官。这项原则实际上也被 1870 年法令采纳。设立法定文官机构，既有提高行政部门效率的考虑，也是出于政治的考量和需要，履行女王所做出的承诺。

第三节　殖民地文官印度人化政策的实施

根据 1870 年议会法令要求而设立的法定文官机构，是对接受英式教育的印度人提出在印度同时举行竞争考试，确保印度人在合约制文官机构内任职的要求而提供的一种替代考试招录的办法。在设立这一机构的决策过程中，英印当局有何考量，在招录什么样的人进入文官机构这一政治权利分配的博弈过程中，政府又有何权衡？这些是本节重点考虑的内容。

一　法定文官机构的设立

1870 年议会法令留下了一堆有待细化落实的问题，但在最初的两年内，印度事务部和印度政府都没有采取任何行动。对此问题的讨论，始于 1872 年 4 月 18 日的一封政府急件，印度事务大臣阿盖尔公爵在信中要求印度政府提出具体实施规则。随后的 10 月 22 日，事务大臣又发出通知，强调了此问题的重要性，并要求印度政府立即考虑：①在高级文官职位中，是否应在欧洲人和印度人两者之间确立一定比例；②是否应开放所有关于民事职位的任命；③工资级别是按照在印度的英国人标准加以规范，还是按照英国人在母国的标准来调整。

虽然直接与 1870 年法令相关，但上述问题显示了印度政府的种种顾虑，无法轻易归结为某一条明确的原则。由于议会法令并没有明确目标，不仅使人们延迟了对法令的执行，还往往使人忽视它最初为印度人在合约制文官机构中任职提供特殊便利这一动机。但是，产生混乱的重要原因之一，就是在非合约制文官机构中占据主导的印度新兴中产阶级，要求在明确的业绩和能力基础上获得晋升。这就与印度事务部试图"鼓励"和保护的贵族利益产生了矛盾。① 尽管法令是按印度中产阶级的要求制定的，但官方舆论还是偏向以提名维护贵族利益，来制约印度新兴中产阶级的政治要求。

关于欧洲人和印度人在高级职位中的比例这个问题，阿盖尔公爵曾谨慎地指出，新的立法只能适用于有限范围。10 月 22 日发给印度政府的通知再次提出了这一告诫，并建议印度政府将"维护英国统治的稳定"作为政策的基础。这一政策要求必须将很高比例的英国职员安排在重要职位上。根据该法，印度人虽未被排除在合约制文官职位之外，但他们还是无法正常出任这些由于政治安全而不能委托给他们的职位。无论在英国还是在印度，官方舆论在这一点上都是一致的。

真正有争议的问题是可以将印度人任命到哪些职位上。阿盖尔公爵在通知中表达了自己的观点：由于印度人对于司法专业的特殊才能，一般应将他们任命到合约制文官机构的司法分支中，只是在特殊情况下，才被任

---

① Home（Public）A Progs., May 1879, No. 287-328, p. 2.

命为税务官和治安官。最重要的行政权力应保留在欧洲官员的手中，这点印度政府赞同，非官方的欧洲人团体也认可，因为他们不想直接处于印度人官员的权力管治之下。约翰·斯特雷奇（John Strachey）在一封短信中流露的态度，可作为反面印证："目前，本地人的服从，正如英国人的指挥一样，都是很自然的。本地人的真正朋友如果忽视这一事实，就会犯致命的错误。"①

文官机构的司法分支主要向印度人开放，也给高级法院带来了困难和风险。因为法官们负责解释和处理法律事项。而在习惯上，行政部门也会来求助，要求对一些拟议中的政策做出审查和修正。如果印度人大量进入高级法院，将对行政权力造成巨大制约。综合考虑之下，印度政府最后认为，不适宜在选拔印度人时提出某种预先的规定，也不便明确限制或扩大他们进入某类特定职位。② 至于薪金和津贴，印度事务大臣建议在节俭基础上，对印度人加以适当区别，高薪只是为吸引英国人接受远方恶劣环境中的职位。但英印政府反对区别政策，主张欧洲人和印度人如担任同样责任、同等级别的职位，工资级别就应一致。

在与各省政府协商后，英印政府于 1874 年 1 月 23 日，将法令实施具体规则提交印度事务大臣。1870 年法令曾宣布：①把人员的选择权留给印度当局，由他们来决定任命的资格条件；②提出正规和系统的程序，满足预先规定的专门考试或服务年限的条件，证明候选人业绩和能力。印度政府在制定细则时，尽量给予明确安排。提交给事务大臣的细则规定，月薪不得少于 250 卢比，服务期不得少于 5 年，是将人选任命到合约制文官职位上的必要条件。这条规则同样适用于任命到司法部门中去的成员。任命为大律师或律师的初步条件，最低限度为在法院中拥有 10 年工作经验，职位不低于法院的治安法官，或县民事法官。所有的任命都要安排 2 年见习期，并预先得到总督批准。获委任者必须通过部门考试（Department Tests，任职部门确定文官级别和职位的最终考试），以及英语水平测试。如无法通过，将面临除名，除非受到总督的特别豁免。③

---

① Home（Public）A Progs., May 1879, No. 287-328, p. 66（21 Oct. 1872）

② *Report of the Public Service Commission*, 1886, p. 38.

③ *Report of the Public Service Commission*, 1886-1867, p. 19.

在 1874 年 8 月 20 日的信中，印度事务大臣萨尔斯伯里拒绝了印度政府拟订的规则草案。理由是细则规定过于僵化，印度政府在行使权力时，会发现自己受到太多规则限制。印度政府在细则中，明确了任命法定文官的业绩、能力和经验各方面的资格，希望将提名限定在明确的招录模式中。但事务大臣更多考虑的是实践中的自由裁量权。如果拘泥于明确的限制性条件，就可能无法为出于政治考虑选拔人员留下足够的余地，因为出于政治原因的提名人选可能并不具备规则所规定的专业资格。因此，他指示印度总督诺思布鲁克（Northbrook）："应当拟订更为宽松的规则。"①

印度政府考虑了事务大臣的修订意见，于 1875 年 1 月 20 日将修订细则重新提交印度事务部。在新规则中，一些限制被删除，比如服务期限、司法实践经验、已获薪金的数额等。"试用"改为了"临时"。无论是地方政府还是印度政府，他们提出的每项任命，都必须立即报告给事务大臣，他保留不接受这些任命的权力。② 对此临时性措施，印度事务大臣于 1875 年 5 月 27 日加以批准，并于 8 月 19 日分发给各省政府，同时承诺将进一步指示如何落实。

1876 年 4 月 20 日之后，事务大臣所承诺的指示以机要函形式分发。其后，印度总督发给孟买、马德拉斯和孟加拉各一份备忘录。函件要求当地政府就三个问题提出意见：其一，司法领域是否最适合任用印度人；其二，在欧洲人和印度人的工资上作任何的区分是否"得当"；其三，那些对帝国利益没有威胁的印度人是否可以被任命来掌管一些小县。这些问题与阿盖尔公爵于 1872 年所提出的大致相同。不同之处在于，1876 年的备忘录并没有征求印度人在合约制文官机构高级职位中所占比例问题——阿盖尔公爵担任事务大臣时，各地方政府意见一致，认为必须继续将合约制文官机构作为欧洲人的保留地。

经过 3 年多的时间，印度政府和事务大臣商讨出了一套管理法定文官机构的规则。规则中最大的问题在于如何协调两种互相排斥的承诺：一种是要平等公正对待并适时接纳本地印度人，这隐含在各种议会法案和政策

---

① *Report of the Public Service Commission*, 1886-1887, pp. 49-50（App. H）.

② 省政府不能做出超过 3 个月的临时任命，总督不得做出超过 6 个月的任命。参见 Home（Pub.）A Progs., March 1875, Nos. 255-276, p. 45。

声明中，印度受教育精英对此也寄予极大期待；另一种是要保持帝国稳定，将关键职位保留给欧洲人，同时还要承认他们的各种权利，满足他们的期望。正是这些期望才诱使他们通过考试进入文官机构。问题的解决，在于如何既充分满足印度人在合约制机构中占据更大份额的要求，又不损害英国对印度统治的安全。1870 年法令打算将印度人任命到 1861 年文官法附表中详细列出的职位上。其中，最令人垂涎的职位包括助理和联合治安官、税务—治安官、县治安法官和民事法官、地区专员和省税务委员会成员。扩大印度人的任职，就意味着允许他们进入这些职位，而不仅仅是那些非合约制文官机构的职位，如副税务官、副治安官、分区法官和执法官等。①

经过各地方政府和总督参事会的长期反复讨论，参事会成员阿什利·艾登（Ashley Eden）在 1875 年 7 月 14 日短信中提出了重要建议，并最终成为总督利顿（Lytton）的思想。阿什利·艾登不赞成公开明确规定印度人符合条件的是哪些职位，因为他担心，有一天印度人可能会再次提出对这些职位的要求。他建议采取一种舒缓的模糊政策。一般来说，他不反对提名印度人出任某些司法和行政职位，或一些高级的警察和海关机构的职位。艾登还拒绝将提名局限于已在政府机构内工作的人员。他说："那些受过教育而不在公共机构内任职的人，长期以来一直出现在公众面前，他们获得高级职位的资格也是无可争议的。我完全可以接受此种情况。"②他还提出，限制印度人每年通过竞争考试获得合约制文官职位的人数。关于排除印度人参加伦敦考试的建议，艾登认为，年轻能干的印度人能从欧洲获得经验，视野也因此扩大，但他们的收获反过来却成为英国人的代价，特别是从帝国的利益来看，这必然会增加印度人在合约制文官机构中的人数，而英国统治的长远利益，需要英国人完全控制这个机构。

与此同时，另一位总督参事会成员 A.P. 霍威尔（A.P. Howell）详细编写了一份短笺，提出了一种设立并行的欧洲人和本地人机构的意见，并引用阿盖尔公爵的讲话，强调允许贵族地主子弟参加国家管理的重要性：

---

① Misra, B.B., *The Bureaucracy in India: An Historical Analysis of Development up to* 1947, London: Oxford University Press, 1977, p. 314.

② Misra, B.B., *The Bureaucracy in India: An Historical Analysis of Development up to* 1947, p. 315.

　　　　每个县都应让两到三位本地大地主或贵族派他们的子弟驻到县总部。根据1870年法令，我将任命这些年轻人担任助理治安官，没有薪酬，但拥有在合约制职位上得到承认的全部行政职务。在这个职位上我将让他们证明自己的"才干和能力"，如果他们通过了部门考试，我将让他们返回自己的地产，并根据该法案，再次提拔他们担任全权的地方治安官。①

这是一种很聪明的安排，绕过了法令要求的业绩和能力证明，并取代原来的计划，将拥有政治影响和社会地位的青年男子纳入法定文官机构。当时印度政府的想法是，把重要的既得利益与长远利益结合，英国在印度的统治将获得重大收益。② 这一上层阶级的封闭的本地文官机构（法定文官机构），将专门为印度的上层阶级提供合适的保留职位。这些职位中，部分是从合约制文官机构的保留职位中抽取的，部分来自非合约制文官机构的最上层。除了某些类别的副治安官、副税务官和附属法官，这一封闭机构还包括通常为合约制文官所持有的一定比例的助理和联合治安官职位。任命是依据提名举荐来做出的，其薪酬级别应低于相应的合约制文官，但两者具有平等的身份和社会地位。

　　总督利顿明确指出，建立封闭的法定文官机构，必然将合约制文官机构限制为一个"精英团队"。因此，应按比例减少每年签订合约的文官，扩大非合约制文官机构的职位范围，任用印度人到合约制文官机构某些空出的职位上。由于政策又规定必须维护帝国利益，这些关键职位应完全由欧洲人占据，那么就只能在关键职位上排除印度人了。

　　从劳伦斯到利顿担任总督的时期，印度政府一直面临着如何平衡传统贵族和新兴中产阶级的利益问题，并为殖民政权寻求更大的政治支持和社会基础。印度民族大起义的经验表明，印度政府需要采取权宜之计，在帝国和封建领主之间缓和关系。1876年5月，在迪斯累利主持下，英国女王获得印度女皇头衔，这需要王公贵族的认可；英国对阿富汗的战争，防范俄国人的入侵，也需要王公们的支持。既然利顿等人对"人民的天然

① Home（Public）A Progs., May 1879, Nos. 287-328, p. 74.
② Home（Public）A Progs., May 1879, Nos. 287-328, p. 75.

领导人"抱有偏好,① 对孟加拉"巴布"② 充满厌恶,那么,印度当局在选择奖学金候选人、不经业绩审查而提名选择"法定文官"等事务上偏向贵族一方,就毫不令人奇怪了。直接的提名举荐在招录印度人进入文官队伍的过程中,也占据越来越大的分量。

萨尔斯伯里在印度事务部,利顿在加尔各答,都执行了一种不利于印度中产阶级知识精英的政策。印度政府为维护贵族利益的1870年法令展开辩护。它提出:"现有的法律规定,仅仅允许任命'证明了业绩和能力的本地人'到保留给合约制文官的职位上,不足以满足人们的期待。"原有法令排除了"所有未经测试的人",从政治角度来看,那些拥有政治影响力阶层的人,才是应当吸引到机构中来的主要目标。文官机构能为他们提供必不可少的职位,使他们从一开始就能接受训练。利顿提议建立一套封闭的本地机构,代替将印度人拒之门外的公开竞争考试,还就此事特别向印度事务大臣提出建议。他在政治上赋予这一拟议中的印度社会上层阶级以极大重要性。他相信,这个阶级的成员由于其社会地位和对同胞行使的支配性影响天然具有行政管理的资格——"部分来自遗传,部分来自早期培养的指挥习惯,部分是由于大量同胞愿意承认他们有发布命令的权力。"③ 利顿认为,如果能成功地吸引他们进入文官机构,英国在印度的统治就能得到巩固。

印度事务大臣克兰布鲁克(Cranbrook, Gathorne Hardy)不仅拒绝了利顿的计划,也不同意不再允许印度人进入合约制文官机构的建议。④ 把一些合约制文官机构的保留职位移交给拟议中的"本地人机构",固然与1861年文官法相冲突,但完全拒绝印度人进入合约制文官机构,则与

---

① Carnading, D., *Ornamentalism: How the British Saw Their Empire*, Oxford: Oxford University Press, 2001, p. 6. 利顿曾花费许多时间,克服不少困难,为印度王公们设计了各式带有纹饰的徽章。帝国拥有贵族血统的殖民统治者需要在印度本土寻找与自己类似的传统统治阶级,作为帝国的重要支柱。所以迪斯累利认为文官机构应抱有高高在上的种族优越感,同时,又无可回避地使用英式贵族的等级观念,在印度社会内部寻找支持者和追随者。帝国绝不仅仅只是种族主义的渊薮,还有对等级和阶级观念的培育,在一定程度上试图在殖民地复制母国的社会结构。

② 巴布(Babu),印地语本意为敬称,先生之意,后成为殖民统治者对接受过部分英语教育成为低级行政官员的孟加拉知识分子的蔑称。

③ Sharma, M., *Indianization*, p. 195.

④ Sec. of State to Govt. of India, 7 Nov. 1878, Home (Public) A Progs., May 1879, Nos. 287-328, p. 272, Para 6.

1833 年和 1858 年法令的规定背道而驰。如果接受这两项建议，就须向议会提交申请。在克兰布鲁克看来，这完全没有获得议会批准的可能。他明确表示，"肯定不会保证"是否以立法手段废止上述法令的规定。

印度政府的对策是更自由地解释 1870 年法令，对贵族利益加以照顾。"证明业绩和能力"这一条件并未被严格限制为在附属文官机构中证明其能力。正如印度事务大臣指出的，"证明业绩和能力"这一点并不符合宗主国政府的意图，宗主国政府同意高级职位应该向有着体面家世的男子开放。伦敦的法律官员也支持说，该法令对于印度当局没有任何限制。印度政府因此建议，每年任命印度本地人进入印度文官机构的数量有待决定，自英国派出的合约制文官数量将相应减少。在印度任命的法定文官要经历见习期，目的是有充裕时间测试他们的长处和能力。任职的主要范围是司法机关，但也可在特殊情况下，考虑任命到行政职务上。至于薪金，印度事务大臣原则上同意印度政府，将工资固定为在印英国人工资的三分之二，因为印度政府任用的欧洲官员在英格兰本土任职时，也只获得他们在印度薪水的三分之二。

萨利斯伯里和利顿维护贵族利益，打压印度中产阶级的行动，引起了印度人的关注和抗议。"克服了消极遁世心理，并以实质为文化民族主义的新宗教意识相号召的印度人，获得新的行动能力。"[①] 1877 年，在苏伦达拉纳特·班纳吉（Surendranath Banerjee）的领导下，印度人协会[②]组织

---

① 19 世纪 20 年代兴起的印度教改革运动，一直持续到 80 年代。印度教改革运动始于孟加拉。1828 年罗易在加尔各答建立梵社，标志着印度教改革运动的开始。从 60 年代起，梵社运动从孟加拉扩展到马德拉斯和孟买，分别成立了吠陀社和祈祷社。70 年代，在旁遮普和北印度又出现了一个新的宗教改革团体，即圣社。它是由达耶难陀·萨拉斯瓦蒂（1824-1883）于 1875 年在孟买创立的。圣社同梵社在印度教改革的基本方面是一致的。他们都主张用理性原则来检验宗教权威；以一神论代替多神论；以内心崇拜代替烦琐的仪式；主张积极行动，反对弃世遁世；提出新的伦理道德原则，改革旧的社会陋习。80 年代，在孟加拉出现了以邦基姆·钱德拉·查特吉（1838-1894）为思想家的新毗湿奴运动。他重新解释了毗湿奴派教义，其主要特点是把民族主义思想引进宗教，把宗教看作是一个伦理体系和生活准则。继邦基姆之后，还有罗摩克里希纳（1834-1886）的宗教改革学说。他在承认印度教传统形式的基础上，糅合各家学说，形成一个折中的体系，成为以后宗教改革运动的指导路线。见林承节：《殖民统治时期的印度史》印度教改革运动一章。宗教改革既是废除社会陋习等社会改革的心理基础，也是印度本地知识分子接受英语教育和文化的自我调整。西化，但保有文化上的自主性，使更多印度知识分子积极主动地参与到现世的政治生活中，争取世俗政治权利。
② 印度人协会是一个寻求印度统一的组织，创立于 1876 年 7 月 26 日。

了第一次全印性的政治鼓动。班纳吉乘坐火车到各地进行鼓动。在印度人协会的影响下，阿格拉、拉合尔、阿姆利则、米鲁特、阿拉哈巴德、德里、康普尔、勒克瑙、阿利加尔、贝拿勒斯等地，都召开了类似集会。借着这股风潮，加上印度各地民族主义组织的有力活动，① 1885 年，全国性统一政治组织——国大党建立起来。此后，国大党在历届年会（从 1885 年至 1915 年）的决议中，都将文官印度人化作为自己重要的政治诉求。这也成为 1886 年印度政府任命艾奇逊调查团的原因之一。班纳吉说："在英国人统治之下，印度以其复杂的种族和宗教，提出了同一个纲领，作共同的努力，这还是破天荒的第一次……不管我们在种族、语言或在社会和宗教上如何分歧，印度人民能够联合与统一起来，达到他们共同的政治目的。"②

但英印政府并不因为这样的动员而有所改变。根据印度事务大臣 1878 年 11 月 7 日急件的建议，印度政府任命了一个委员会③，草拟任命印度人到合约制文官机构保留职位上的规则。这些规则经过修改，最终发布在从西姆拉发出的 1879 年 8 月 2 日内政部告示第 1534 号上。印度政府明确规定：

> 一、各省政府均可提名印度人到合约制文官机构的职位上。该项提名不得晚于每年 10 月，被提名者年龄不得超过 25 岁，除非其优点和能力在政府机构中，或者在从事某一专业时得到验证。

---

① 一些资产阶级知识分子提出了政治改革的主张，进行以局部改良为目标的政治运动。19 世纪 20~50 年代，运动取得了一定的进展。其主要标志是成立了 4 个地区性民族主义组织，即孟加拉的英属印度协会（1851）、孟买管区的德干协会（1851）和孟买协会（1852），以及马德拉斯的本地人协会（1852）。他们要求在印度逐步实行代议制；要求降低土地税和盐税，减少政府的行政、军事开支，发展民族工商业，兴办公共工程和交通事业，大力发展技术教育。19 世纪六七十年代，资产阶级争取政治、经济改革的要求已逐步理论化，形成了一套反映资产阶级要求的理论，如 D. 瑙罗吉和 M. G. 拉纳德提出了关于印度贫困原因和复兴道路的学说；在三大管区建立了一批新的、基础较过去广泛的区域性民族主义组织，如 1870 年成立的浦那人民协会，1876 年成立的印度人协会，1885 年成立的孟买管区协会等。在运动广泛发展的基础上，出现了建立全印统一的民族主义政治组织的要求。见《国大党与印度民族主义的兴起》（Johnson Gordon, *Provincial Politics and India Nationalism*：*Bombay and the Indian National Congress*, 1880 - 1915, Cambridge：Cambridge University Press, 2005）。
② R. C. 马宗达、H. C. 赖乔杜里等《高级印度史》（下），商务印书馆，1986，第 957 页。
③ 委员会成员包括 B. W. Colvin（President）；C. Bernard；J. Westland and D. Barbour（Members），*Report of the Public Service Commission*, 1886-1887, pp. 283-288.

二、省政府提名人选须经总督批准，总提名人数不得超过印度事务大臣每年在印度文官机构任命人数的五分之一。总督批准之后，接纳被提名人在文官机构中见习。根据地方政府报告，见习者自进入文官机构之日起，在不少于两年的期限内，履行自己的责任，其职位确认由总督核准。除经总督特别豁免，他还须通过当地政府规定的各种考试，并得到印度政府批准。25 岁以上被任命者没有试用期。

三、未经总督个别批准，提名人不得被任命为税务委员会成员、印度各地方政府和行政部门的秘书、县治安官或税务官、地区专员或税务专员。①

四、任何依照本规则得到总督批准的人员，都可由当地政府宣布，失去在文官机构内进一步任职的资格。印度政府限制那些以提名举荐方式进入的法定文官在合约制机构内进一步晋升的空间，这样就在合约制机构内为帝国安装了一道安全阀。

实际上，印度政府每年接纳的法定文官人数是严格与高级"保留"职位成固定比例的。这些高级职位根据新的规则任命，而不像在合约制文官机构中那样，通常是留给那些最成功和最有效率的成员。在印度招录的印度人实际上都是年轻的法定文官，任命到文官机构的保留职位上。只有少数非合约制机构中的高级文官，由于业绩突出而晋升到这个封闭的本地人机构中。而在人们的印象中，经过提名举荐获得任命的印度人，与通过伦敦竞争考试而获任命的文官还是不一样，这些印度人只是为文官机构所"雇用"。

按照 1879 年制定的条例，以"业绩和能力"为根据进行任命倒成为特例，而非通则。规定直接招录贵族家庭的青年男子担任法定文官，就更将法定文官机构之下的非合约制机构降到一种受轻视的地位，尽管它仍然是印度中产阶级子弟就业的主要领域。唯一的变化是，从 1872 年起，按照母国政府的指示，这一机构逐渐成为一个专属印度人的机构。规则还强

---

① *Report of the Public Service Commission*, *1886–1887*, Appendices I, p. 53. "因为在孟加拉，法定文官是根据高贵出身、社会地位和一般影响而被任命的，也有同样多的法定文官是因为在政府机构内证明了功绩和能力而被任命的；但是，没有一个是根据职业实践中证明了优点和能力而被任命。"

调，没有总督的预先批准，除了印度本地人，没有人能被任命到月薪 200
卢比以上的职位，除非拟议中的任命属于某些特定类别。①

虽然 1879 年法令条例明确规定为印度本地人提供"女王陛下的合约
制文官机构中的职位"，但在英国人的等级意识以及印度人的种姓意识的
共同影响下，"法定文官"与那些通过公开竞争考试进入文官机构的"合
约制要人"还是区别开来，沦为二等文官。利顿陶醉于自己的贵族观念，
坚持将贵族任命到法定文官机构中。不幸的是，这些人很少能说英语，也
缺少真正的任职资格，少数获任者对职务中所面对的日常琐事厌烦不已，
对英国同僚公然拒绝平等对待自己更是深怀不满。于是，他们大多很快就
离职了。这样，一些法定文官职位就留了那些为政府服务有功的人员。例
如，穆罕默德·海亚特·汗（Muhammad Hyat Khan），他曾经是约翰·尼
古森（John Nicholson）② 将军的传令兵，被任命为旁遮普副专员（印度独
立后他的孙子成为旁遮普邦的首席部长）。某些法定文官甚至是在竞争的
基础上任命的。但这项安排显然不受欢迎，虽然政府公开宣布，要让法定
文官占据竞争性考试名额的六分之一，但直到 1892 年法定文官机构废除
为止，最终也只任命了 69 位法定文官。

穆斯林领袖总的来说支持这种法定文官方案。因为经验表明，在为进入
政府机构任职而与印度教徒展开公开竞争时，穆斯林往往所获甚少。威廉·
亨特（William Hunter）曾报告说，1870 年左右，穆斯林已经完全丧失了他们
在政府司法机构中的优势地位。③ 在孟加拉和比哈尔地区，这一现象最为明
显。1838 年，孟加拉管区高等法院的 9 位大法官（sad-ramins）中，有 8 位是
穆斯林，44 位执法官中，有 21 位是穆斯林。但到 1871 年，78 位印度人执法
官中，只有 37 位穆斯林了。19 世纪 80 年代，对整个印度行政管理人员的调
查显示，在行政和司法机构中，穆斯林只占 20% 的职位，大致与他们在总人
口中的比例相当。在孟加拉和孟买管区，穆斯林则处于极为不利的状态，在

---

① *Report of the Public Service Commission*, 1886-1887, Appendice J, pp. 56-57.
② John Nicholson（1822-1857），维多利亚时期英军中的北爱尔兰籍准将，参加过征服旁遮
　普的英锡战争和阿富汗战争。1857 年在印度民族大起义中因受伤逝世于德里。
③ "Wrongs of the Muhammadans under British Rule," In W. W. Hunter, *The Indian Musalmans*,
　Lahore: the Premier Book House, 1871, pp. 143-213.

旁遮普也大致如此。但在西北省、中央省和比拉尔省，他们在政府机构中所占的比例，超出了他们族群在总人口中的比例。[1] 在上述这几个地区，职位的任命主要是通过举荐进行的。萨义德·艾哈迈德·汗（Sir Sayyid Ahmad Khan）和其他穆斯林领导人强烈敦促维持举荐任命的方式，直到穆斯林与印度教徒在接受西式先进教育方面达到同样水准。这种要求特殊待遇和权利的论据一直成为政府讨论穆斯林任职问题的基础，直至 1947 年独立。

由于晋升机会稀少和前景黯淡，尽管法定文官机构还是印度本地中产阶级子弟任职的重要途径，但法定文官机构之下非合约制文官机构内的职位已越来越缺乏吸引力。英印政府也没有采取任何行动，在合理原则上对其进行重组，致使较低和较高层的职位混淆不清。特别是司法部门，完全没有合理的工资结构和招录条件。如果能严格根据法令，以"业绩和能力"方式将印度人任命到 1861 年《印度文官法》列出的职位上，非合约制文官机构的任职条件就会有质的改变。但是，利顿力图引诱印度土地贵族支持英国与俄国争夺中亚霸权的斗争，选择吸引印度土地贵族和体面家庭的青年男子进入法定文官机构，减少了非合约制文官的晋升机会，从而严重影响了它在官僚体制中的地位。可以说，是帝国内部的贵族政治影响到了中产阶级的上升空间。

二　艾奇逊委员会的建议与省级文官机构的设立

继任总督瑞滂（Ripon）[2] 强烈反对利顿"支持贵族是帝国的一贯职责"的看法，他更关注印度受教育阶层的就业问题。他坚定地认为，受过教育的中产阶级精英是新兴力量，其利益是无论如何也不能忽视的。实际上，他担心将他们排除在公共机构之外，可能将使帝国处于严重危险之中。

---

[1] 在孟加拉管区，穆斯林占 31% 的人口，但只获得 8% 的公报职位。孟买管区和信德 18% 穆斯林人口，只拥有 5% 的公报职位。旁遮普穆斯林人数占 51%，只拥有 39% 的公报职位。与此相反，在西北省和奥德，穆斯林 13% 的人口，却占据了 45% 的公报职位，中央省，穆斯林占 2% 人口，占了 18% 的公报职位。*Report of the Public Service Commission*，1886–1887，Chap. Ⅳ，p. 31.

[2] George Frederick Samuel Robinson，1st Marquess of Ripon，其父罗宾逊（Frederick John Robinson）曾出任保守党首相。瑞滂（1827–1909）虽出生于保守党世家，却具有自由主义思想，任内支持印度人参与政权，并试图让印度人法官审理在印英国人的案件，遭致强烈反对，后因白色叛乱而离职。

在 1883 年 7 月 26 日的备忘录中，他明确了以下一点："未能特别注意富裕和高贵家庭的要求，也许会对我们未来的统治造成威胁，但我相信，忽视那些正在大量从中学、学院和大学中出现的人，不能为他们提供某种公共职位，才更加危险。"① 由于现代教育、土地立法和资本主义的缓慢发展，印度土地贵族正趋于衰落。在民族大起义之后，如果没有政府支持，他们无法与上升的中产阶级竞争。瑞滂撤回了利顿给他们提供的官方支持，转而支持将任职资格从家庭财富地位转向个人的业绩和能力，从身份原则转向契约。在 1884 年 4 月 2 日发出的备忘录中，他向各地方政府建议，有必要改变法定文官机构的运作规则，以符合他所理解的 1870 年法令的精神。

瑞滂备忘录的重点不仅在于落实 1870 年法令的精神，在回复印度事务大臣的 1883 年 3 月 8 日急件中，他还提出提高公开竞争考试的年龄限制，认为这是与允许印度人进入合约制文官机构更为直接相关的问题。② 印度事务大臣急件允许英印政府对此提出修正意见。因为孟加拉的几个协会组织已向印度事务大臣提交陈情书，不仅施压要求将考试年龄限制提高到 22 岁，还要求将固定比例的合约制文官机构职位分配给在印度同时举行的竞争考试。他们重申了英印人协会在 1878 年 11 月提出而被印度事务大臣拒绝的要求。

官方的态度总体来说是冷淡的。即便如此，瑞滂还是做出了自己的努力，他在 1883 年 7 月 26 日的备忘录中全力支持陈情书请愿者的要求。他陈述了对于现存安排的几种替代办法，请各地方政府就此发表意见，以利于达成一致的结论。瑞滂提出的几种替代方法包括：①同时在印度举行开放竞争性考试；②在印度举行一种区别于英国的特别的公开竞争考试，通过考试任命的文官数量与利顿计划提供的等同，也就是在英国举行的竞争考试招录人数的六分之一；③在各省举行单独的竞争考试，与法定文官机构分配给各省职位的数量等同；④在各地方政府提名的人员中举行总的竞争考试，职位的数量与利顿的计划等同；⑤在各省分别举行竞争考试，由提名举荐者竞争分配给各省的职位；⑥建立培训学校，教育被提名的年轻人，使他们能在两年的学习后竞争每年所分配的文官职位。

---

① Home（Pub.）A Progs., Sept. 1884, No. 162-210, p. 28.
② 这份急件是对印度政府 1882 年 11 月 7 日信件的回复，讨论了与行政管理和文官招录问题相关的事项。

总督参事会一直在考虑修改 1870 年法令的实施规则以及年龄限制问题。但在参事会中，总督和他的法律参事 C. P. 伊尔伯特（C. P. Ilbert）却深陷多数派的反对之中。对于同时举行竞争性考试、在选择法定文官时以竞争考试取代提名举荐原则等问题，参事会的多数派都坚持他们自己的立场。在伊尔伯特法案引起的激烈争论之后，① 英印政府认为地方政府卷入全面讨论这一问题的时机并不合适。它所做的就是将所有的陈情书都交由印度事务大臣去考虑。

参事会内部的多数人反对任何在印度同时举行竞争性考试的主张。最严厉的反对意见甚至认为："这肯定会导致孟加拉巴布们完全占据进入文官机构的机会，而这些人在印度其他各省是绝对不受欢迎的。"总督也不得不承认，孟加拉人主导公共机构的实际后果对"印度其他地方的居民很不公平。"② 这样的理由使得总督本人不支持第二或第三种替代方法。他也怀疑第四种方案将使孟加拉人占据不合适的优势地位。

地方政府的看法支持两种主要的招录方式：其一，对于 25 岁之前进入法定文官机构底层的人员，通过省级竞争测试，候选人再参加进一步的英国培训课程；其二，从非合约制文官机构选拔人员，来填充大部分但非全部的法定文官职位。强调省级竞争和去英国参加培训，实际上是基于执行 1879 年决议所得出的经验。1879 年的这份决议允许只依据财富和家世提名年轻人，而不考虑他们是否拥有能真正胜任职位的资质。而且，提名举荐者的任职范围并不局限于某个职位或位置，而是扩展到了文官机构，事实上可无限制地提拔到更高的职位上。而对于这些职位，他们往往在教育方面，甚至专业方面都是完全不够格的。这是政治干预行政的典型事件。由此也引发了大量的假公济私和腐败现象，招录质量和行政标准都出现了显著下降。③

---

① *Ilbert Contest*, Seminar of Center of SAS, Edinburgh University, March, 2008. 伊尔伯特法案，承认英属印度英国人官员和非官员犯法可由印度人法官审判，旨在缓和英印民族矛盾和种族歧视。但遭到在印英国人的反对和抵制。后修正法案，规定欧洲人犯罪受审时可设立陪审团，一半法官应为欧洲人。

② Misra, B. B., *Bureaucracy in India*, London: Oxford University Press, 1977, p. 151.

③ *Report of the Public Service Commission*, 1886, p. 21. 孟加拉任命的几位法定文官，有些在办公室出现过几次后就很少出现，有人根本就不就任。据说已经出国了，但还是被任命了。孟买和旁遮普的情况也类似。

有鉴于 1879 年决议留下的教训，一些地方政府不满足于回答印度政府的具体问题、修订现存法定规则，而是就行政重组提出了自己的意见。这导致印度政府感到有必要重新考虑如何以更好的方法实施 1870 年法令。其中，也包括依据 1858 年《印度政府法》，在影响印度考生的利益范围内，重新考虑对竞争考试的安排。

根据 1884 年 9 月 12 日第 15 号的急件，英印政府向事务大臣提交了与法定文官机构运作相关的文件，以及来自印度各个协会和舆论领袖的陈情书。① 英国有关当局接受了这一建议，英印政府也重新仔细考虑了整个问题。根据 1858 年《印度政府法》第 32 条，允许印度人进入合约制文官机构，或根据 1870 年法令第 6 条，接纳他们进入以前为合约制文官保留的职位。他们建议，在印度任命一个调查团，其权力不仅包括调查接纳印度人到相关职位的问题，还涉及他们在这个国家与民事行政管理相关的所有公共机构内的就业问题。委员会应包括一定比例的印度成员。委员会还被责成公平调查和处理印度本地人在公共机构内获得更高和更广泛就业机会的问题。

印度总督按照印度事务大臣的决定，并根据内政部 1886 年 11 月 4 日的决议，任命了一个委员会来加以落实。② 但同时，他也表达了自己的意见：委员会建议的任何计划，只有在获得议会立法的支持下，才可能是富有成效的。这实际上表明，其调查结果"将只是议会调查印度事务的初期准备，女王陛下政府早就准备着手实施"。委员会由旁遮普副省督查尔斯·艾奇逊担任主席，由 1 名秘书和 15 名成员组成，其中包括 6 名印度人。③

委员会仅限于调查印度人的就业问题，而没有讨论任何有关欧洲考生进入文官机构的任职条件。委员会的直接任务限于调查对于合约制文官机

---

① 赛义德·阿赫穆德（13 June, 1884）和罗梅什·杜德（6 May, 1884）是印度公共舆论方面的两位重要领导人，提交了备忘录，要求扩大印度人在文官机构内的任职。见 Home (Public) Progs. Sept. 1884, Nos. 162-210, pp. 201-205, 285-286。雅利安社也是欧洲人和印度人组织的协会之一，进行政治鼓动，要求提高考生的年龄限制。

② Appendices to *Report of the Public Service Commission*, *1886-1887*, p. 1. (App. A)

③ 公共事务委员会由下列人员组成，Sir Charles Aitchison 担任主席；Sir Charles Turner, Rai Bahadur K. L. Mulkar, Lord Crosthwaite, Mr. Stokes, Mr. D. S. White, Mr. Ryland, Mr. Stewart, Mr. Ramesh Chandra Mitter, Mr. J. N. Quinton, Mr. F. V. Peacock, Raja Udai Pratp Singh of Bhinga, Syed Ahmad Khan Bahadur, Mr. W. B. Hudson, Qazi Shafiuddin and Mr. Rama Swami Mudalier, 此外还有一位秘书，参见 *Report of the Public Service Commission*, *1886-1887*, p. 9. 关于委员会目的的说明。

构职位的任命，尤其是非合约制文官机构的行政和司法部门晋升。1887年12月23日，委员会提交了报告。对于如何处理报告的建议，英印当局花了好几年的时间，拟订的改革计划最终出现在1892年4月21日英印政府（内政部）第9号决议（公共）/1342-52。根据委员会的建议，现有的两级机构继续存在：合约制文官机构［根据印度事务大臣克劳斯（Cross）的建议，改称为印度文官机构］，和以往一样在英格兰通过公开竞争考试招录，并对所有自然出生的英国臣民开放；而非合约制文官机构，现在则被称为省级文官机构，称呼时冠以职位所属省份。

然而，从往昔非合约制机构中建立起来的省级文官机构，并没在合理的基础上进行重组。如前所述，由于利顿试图扭曲1870年法令，大量任命有家世的未经考验的年轻人进入文官机构，非合约制机构已经被简化和降级。由于法定文官机构的存在，"非合约制文官"甚至已经跌落到了带贬义的地步。其成员完全被隔绝于1861年《印度文官法》列出的保留职位，没有任何上升空间。招录职员的标准也变得很低劣，因为机构内最高等级的副税务官职位，是与其他不同名称的低级职位如塔希尔达尔、马姆腊特达尔和分区税务官混为一谈的，也与司法方面的附属法官、本地人执法官（Munsifs）和行使某些司法职能的塔希尔达尔等级列在一起。利顿的做法不仅导致了腐败，而且还造成非合约制文官中那些能干和有经验成员的严重不满，因为他们不得不在那些没有经验的年轻法定文官手下任职。旁遮普副总督查尔斯·艾奇逊（Charles Aitchison）一直强烈批评利顿的做法。此次，他成为专门调查文官机构的调查团主席，自然要借此机会恢复以省级文官机构形式存在的非合约制文官机构的重要性。

根据艾奇逊委员会提出的建议，印度政府将非合约制文官机构低级职位组成单独的附属文官机构，使省级文官机构只包括原非合约制机构内的高级职位。省级文官的招录质量由此得以改进。艾奇逊委员会建议：省级文官，一部分从附属机构内提拔，从而改善附属机构的任职条件（职员有晋升和努力的空间）；一部分则通过直接招录，最好是通过行政部门的竞争性考试，而司法部门则通过在特定条件下的提名举荐来招录。

根据委员会的建议，法定文官机构被废除。由非合约制文官机构内较高职位构成省级文官机构，再加上法定文官机构所获得的保留给印度人文官的高级职位（六分之一的合约制文官保留职位）。当时委员会的想法是，虽然应继续将一定比例的印度文官职位留给印度人，但这些职位不应由那些近乎由政府指定的年轻法定文官来填补，而应由经验丰富、功绩卓著的省级文官机构官员来填充。但穆斯林赞成这种近乎指定的任命方式，并坚持认为，在穆斯林获得与印度教徒同样的西式教育水准之前，应继续实行提名举荐方式。①

委员会试图在自己的职权范围内，尽力满足印度人在文官机构内获得更高职位和更多就业机会的要求。委员会建议，在英国招录的印度文官人数应大幅度减少。印度文官机构不应超出"精英团队"的性质，只需为高级行政职位提供人员即可。由于委员会建议减少在英国招录的文官名额，就涉及修订1861年《印度文官法》的列出职位。委员会建议，这些转让出的高级职位，应以议会立法的形式，转交省级文官机构，由各省分别招录。委员会对于1861年文官法令列出的附属职位的想法是，如果将列出职位转移的建议在议会法案中生效，这些职位就能整合进省级文官机构，提高省级文官机构整体的社会地位，使其近乎等同于印度文官机构。拥有类似职位时，省级文官机构成员将与印度文官机构的成员一起定级，列入正式获得任命的优先名单中。正是出于这种社会地位平等的考虑，委员会建议，将省级文官机构中的副治安官和副税务官职位，与合约制文官机构中的联合助理治安官职位合并。②

印度政府支持委员会的建议，但强调，那些将要晋升到省级文官机构中的县税务官、县法官和治安官等高级职位的人，都必须通过专门的选拔程序。根据1861年文官法，这些职位在任何情况下，都不能仅凭资历，从非合约制文官中直接加以任用。

在1889年9月12日的急件中，印度事务大臣充分认可委员会提出的有关印度人在政府行政管理中占据更高和更多职位的主要原则。但他不同意重新制定1861年文官法的职位附表，从中拿出一定比例的保留职位，通过立法将其转交给省级文官机构，使其融合并提高省级文官机构的地位。

① *Report of the Public Service Commission*, *1886–1887*, p. 129.
② *Report of the Public Service Commission*, *1886–1887*, p. 39.

他的理由是，委员会建议的许多措施，在很长一段时间里，必定是带有试验性质，而且只能"逐步"加以运作，因为它们的最终后果在一段时期内是无法充分预见的。印度事务大臣指出委员会"设想的目标"实际上可以达到。他提出了自己的替代方法：各省级政府"在一份单列的分类列表中，列出各省不同级别和部门的特定职位，并公布这些职位适于任命省级文官，但须经过对官员合适性的慎重考察"①。根据 1870 年法令和 1879 年订立的规则，由地方当局赋予相关权力，将省级文官任命到表列职位上。

此外，印度事务大臣希望，省级文官机构的招录工作会在由各省政府提出，并经印度政府批准的规则框架下进行。不过，他明确指出，虽然对教育的要求必不可少，但必须注意"确保公共机构中社会不同阶级的适当代表性"。这一原则意欲将有限竞争与提名举荐结合起来，以确保行政效率和社会公平。背后的考虑是，若单纯以竞争考试方式招录省级文官，那些长期接受英语教育的孟加拉人将占据决定性优势地位，尤其是婆罗门阶层，他们的文化天赋将使他们在"公共机构中占据优势地位，从而对其他阶级不利"。其他阶级可能智力没有得到充分开发，但他们拥有"婆罗门"所缺乏的其他品格。②省级文官晋升到更高职位的时间长短，必须先考虑合约制文官的权利。根据 1870 年法令，省级文官任职的范围只限于为合约制文官保留职位的六分之一。

印度政府在与各省政府协商后，通过 1890 年 2 月 14 日的信件，采纳了印度事务大臣建议的从省级文官机构晋升到表列职位的相关条件，并最终批准了各省可接纳省级文官的高级职位名单，由此确定了省级文官晋升到合约制文官职位上的规范性安排。获批准的职位是根据行政命令增加到非合约制文官机构中的，它们构成了新组建的省级文官机构的行政和司法分支。从保留给合约制文官的职位中获得 108 个列出职位，包括三分之一的县法官，六分之一的联合治安官，十分之一的税务官，与非合约制机构中的高级职位合并③（见表 7）。这些职位最后都成为印度政府对追随者和合作阶层实行庇护的重要领域，在任用过程中竭力排除公开竞争考试这一招录方式。

---

① Home（Public）A Progs., Sept. 1884, Nos. 162-210, p. 9.
② Home（Public）A Progs., Sept. 1884, Nos. 162-210, p. 10.
③ *Report of Public Services Commission*, 1886-1887, Chapter III, p. 21.

表 7　转移给省级文官机构的表列职位（Scheduled Offices）

职位数	省名称	县治安官	县法官	联合法官	助理法官	高等法院注册处主任	分区税务官助理税务官	税务整理官	税务委员会秘书	下秘书	总数	表列职位的比例
111	马德拉斯	2	4	—	—	—	7	—	1	1	15	七分之一
120	孟买	2	2	1	2	1	9	1	—	—	18	六分之一
159	孟加拉	4	6	8位联合助理治安官	—	—	—	—	1	1	20	八分之一
164	西北省	2	4	9	—	2位小案件法院法官	1位农业和土地登记处主任	2	1	—	21	八分之一
109	旁遮普	2	2	2位地区的	—	—	3位助理专员	2	1位财政专员初级秘书	—	12	九分之一
—	中央省	—	—		—	1位司法专员法院	2位助理专员和1位助理农业专员	2	1位消费税专员	—	7	—
—	阿萨姆	没有合适的表列职位										

印度政府还发出指示，原 1892 年 4 月 21 日决议、1861 年和 1870 年法令中只适用于规范省份的原则，现经印度事务大臣指示，扩展到非规范省份。[1]

除了直接控制表列职位的任命，印度政府还在 1892 年法令中为自己保留了控制权利，从总体上来规范省级文官的行为。印度政府还试图使印度社会的不同阶级在政府的行政机构中都有合适代表，并且直接招录的候选人要满足省级政府所设的一般教育标准，尤其是他们在任职的省内，应掌握一种或一种以上的地方语言。印度政府还坚持，进入省级文官机构的文官，通常只限于本省居民或定居者。如果候选人不是本地人，则至少应在该省住满 3 年。总督还保留在特殊情况下，直接在省级文官机构较高级职位中任命文官的权力。此项权力下任命的如果是司法人员，则仅限于大律师、律师，或高等法院的律师，他们在相关专业领域的任职经历应不少于 10 年，且需掌握本地语言。此外，各省政府还得到指示，任何省级文官机构管理规则的改变，应立即向印度政府内政部报告，以便它能"行使一般的有效控制"。1892 年法令规定，制定或修改省级文官机构的招录规则，需经印度政府预先批准。这一规定持续到 1910 年，权力下放委员会（Decentralization Committee）建议印度总督授权省级政府制定规则，无须印度政府预先批准，但服从其总体控制。

从上述历程，我们可以看出，英印殖民当局政策考虑的重点在于省级文官机构。一方面要满足印度人获取高级文官职位的要求，对省级文官机构的运作逐步规范化，另一方面又竭力主导这一进程，以职位为诱饵，获取印度本地人的恭顺和忠诚，竭力维护英印帝国对印度的殖民统治。这一双重考虑，贯穿于文官招录政策变革的始终。

三　1893 年议会决议和一战前文官印度人化

1893 年 1 月，自由党激进派议员赫伯特·保罗（Herbert Paul）在议会提出一项动议，敦促在印度和英国同时举行竞争考试。[2] 这项非官方决议案得到了当时在议会中担任印度议员的达达巴伊·瑙罗吉（Dadabhai

①　Misra, B. B., *The Administrative History of India, 1834 - 1947*, Oxford: Oxford University Press, 1970, p. 217.

②　Banerjea, Surendranath, *A Nation in Making*, London: Oxford University Press, 1925, p. 113.

Naoroji）的支持。赫伯特·保罗援引伍德任命的印度参事会委员会于1860 年 1 月 20 日提交议会的报告摘录，委员会报告第二章称："我们一致认为，在维持英国最高权力的同时，印度本地人应尽可能多地任用到印度行政机构中去，这不仅非常重要，而且很有必要。我们正考虑是否有可能为此进展提供便利。"保罗认为参事会委员会出于一般竞争考试这一最为公平的原则，毫无迟疑地优先选择了在伦敦和印度同时举行考试的方案。他援引 1858 年女王的宣言："这片国土上的所有本地人，所有女王陛下的自然出生的、居住于此的臣民，没有谁会因为其宗教、出生地、血统、肤色及所有这些中的任何一项，而不能获得上述任何职位、职责和工作。"他力图证明，采用竞争性考试制度时，本来就没有考虑在合约制文官机构中排斥印度人。

但副事务大臣乔治·罗素（George Russell）反对此项决议案，认为竞争性考试制度并不适合印度。① 主张英国统治对英国和印度都有利的乔治·切斯内（George Chesney）则声称："除那些保留的合约制文官职务之外，印度所有的文官职位事实上已由本地人占据，所有的下属行政职务以及所有办事员职位都由印度人掌握着"。② 尽管遭遇副事务大臣的反对，保罗的决议案还是得到了下院认可，这颇令人惊讶。③ 1893 年 6 月 9 日，印度事务大臣金伯利伯爵（Earl Kimberley）致信兰斯唐（Henry Charles, 5th Marquess of Lansdowne）：

> 您将在报纸上看到我们在下院的失败。保罗先生（一位非常聪明的年轻议员）提出了一项在英国和印度同时举行文官考试的动议。我们花了很大力气，说服了您的支持者不要对动议投支持票。许多人投了弃权票。不然，照党内对这个问题的强烈情绪，我们本会输得更惨。当然，我们不能期望从对手那里获得支持，此刻正是党派仇恨甚嚣尘上之时。④

---

① Misra, B. B., *The Administrative History of India*, p. 219.
② Misra, B. B., *The Administrative History of India*, p. 220.
③ Hansard's Parliamentary Debates. Fourth Series, Vol. XIII, p. 178.
④ Chand, Tara, *History of the Freedom Movement in India*, Vol. II, New Delhi: Publications Division, Ministry of Information and Broadcasting, 1961, p. 375.

用苏伦达拉纳特·班纳吉（Surendranath Banerjee）的话来说，"这个决议案被下院接受，就好像在官僚圈里投下一枚炸弹"①。

面对参事会多数成员的反对，事务大臣金伯利（John Wodehouse, 1st Earl of Kimberley）还是向印度政府发出了包括下院决议在内的急件。② 他确实是为了取悦议会议员，并表明自己对议会决议的热心。从他在急件封面信件中的评论来看，他的态度很明确。这封信让他的参事会成员和印度政府都很满意。金伯利要求印度政府认真考虑这个问题，并请及时告知印度政府将在何种条件和限制下，以何种方式对此决议加以实施。

后面的两段话实际上决定了议会决议的命运。他写道："对于您的意见，我很少能再添加什么；至于印度政府对决议采取何种自由裁量方式，我无意加以限制。"金伯利还强调印度政府应记住"文官机构中的一定数量的成员总应该是欧洲人，这是必不可少的，任何有违这一实质性条件的方案都不可能得到批准"③。

印度政府于1893年11月1日向事务大臣发出急件，陈述了他们对下院通过有关在印度和英国同时举行考试的决议的态度。参事会总督认为："一开始，我们可以说完全同意决议中涉及的原则，就印度人进入文官机构的程度来说，只要与英国统治的效率和稳定一致，就应尽可能多地将他们任用到机构中。"④ 在94.3万平方英里土地上，管理2.2亿人口的宁静而有序的政府，其赖以存在的基础在于文官机构的行政能力与合适的治理。因此，最为重要的就是为文官机构的繁重职责找到最好的承担者，他们身上寄托着大英帝国的力量。任何弱化他们影响以及损害他们效率的做法，都将使这个国家陷入混乱，届时的局面，或许只有英国军队才能挽救。因此，这是一条不证自明的公理，如果相

---

① Landsdowne Microfilm（Reel No. 3, No. 31.）.
② East India（Civil Service Examinations）c 7075：Despatch from the Secretary of State to the Government of India, 22 June, 1893, Enclosure, No. 6：Minute By Sir. J. Peile.
③ East India（Civil Service Examinations）c 7075：Despatch from the Secretary of State to the Government of India, 22 June, 1893, Enclosure, No. 7：Minute by Sir A. Lyall.
④ Parliamentary Papers：Question of Holding Simultaneous Examinations, 1894-Letters No. 2607：From Chief Secretary to the Government of North Western Provinces and Oudh to the Secretary of the Government of India, Nainital, 5ᵗʰ Sept., 1893.

当数量的文官是由无能的印度本地人来充任，那么大英帝国的统治就会处于危险之中。①

印度政府反对议会的这份决议，认为竞争性考试制度完全不适合印度的情况。他们论证说，要求在印度同时举行考试的人都是些孟加拉的印度教徒，在现有的环境下，举行竞争考试只会让他们垄断公共机构的职位，而其他阶级和臣民从中并无多少获益。那些来自落后地区的人同样无法获得任何成功的机会。而且，在印度的竞争性考试，只能用来测试考生的语言技巧和学术能力，而无法考量进入印度文官机构所必须拥有的其他品质。英国类型的教育不仅包括学习人文科学，还包括塑造道德、行为规范和纪律。

印度政府最后得出的结论是，在印度和伦敦同时举行印度文官机构的竞争性考试并不合适。正如 N. C. 罗易指出的，印度政府的这份急件为同时举行考试方案敲响了丧钟。② 英国议会的决议在印度政府面前成为一纸空文。

这样，在 20 世纪初，印度文官机构的职位就由四种不同类型的人员占据。第一种就是印度文官机构成员，无论是英国人或印度人，都根据 1858 年《印度政府组织法》的规定，通过在伦敦举行的公开竞争考试加以录用；第二种是根据 1870 年法令制定的 1879 年条例，在印度直接举荐任命的法定文官；第三种由省级文官机构晋升到表列职位的文官组成，他们也是在印度通过提名举荐而任命的，同样根据 1870 年法令，但适用的是在 1892 年制定和 1910 年修订的一套不同的规则和条例；最后，则是军人出身的文官和其他一些人员，他们没有法定地位，但根据行政命令被任命到非规范省份，拥有属于合约制文官的权利。上述各种招录途径，只有法定文官机构在 1892 年被废止，而缅甸还在任命军人及其他类型人员充任文官。

我们也已看到，在印度文官保留职位的任命上，公开竞争考试仍是主

---

① Parliamentary Papers：Question of Holding Simultaneous Examinations, 1894-Letters No. 780./c-6：From E. C. Symes, Chief Secretary to the Chief Commissioner of Burma to the Secretary of the Government of India, Home Department, Rangoon, 25th August, 1893.

② Parliamentary Papers：Question of Holding Simultaneous Examinations, 1894-Letters No. 62 of 1893：From the Government of India to the Secretary of State, Dated 1st November 1893, Received 19th November, 1893.

要的途径，但如何让印度人进入高级职位而又不危及帝国政治安全，英国人却宁愿采取提名举荐，而不愿改革考试制度（同时在印度和伦敦举行竞争考试，提高年龄限制）。其主要目的是在确保通过考试，招录足够多英国人的前提下，能使英印政府主导文官印度人化进程，将英印政府最忠诚、恭顺且能干的印度仆人任命到高级职位上来，扩大与本地精英阶层中追随者和支持者的联合，巩固殖民政权的权威和基础。

但绝大多数印度文官机构中的印度成员都认为，在行政部门的生活充满挫折，甚至深感受辱。一位经由考试进入的孟加拉印度文官对一位法国行政专家说："他们对待我就像对待下级一样，好像是他们给我的任命权。唯一真正平等待我的是一位爱尔兰人。"[1] 许多印度人宁可选择去司法部门工作，因为在那里，他们相对超脱于英国上级官员的直接约束。

印度人对于文官印度人化的政治诉求，暗含着对英国法律之合理性和公正性的信仰，相信英国殖民行政机构的总的意图是好的。这些受到启蒙的印度西化精英，尽管热爱自由和公正，却从未质疑过英国统治在印度的合法性。相反，英国在印度的统治还被视为抵制非法行为、迷信和专制的最终可靠保障。[2] 印度人相信殖民地社会秩序的根本合法性，这就给印度政治带来了更大的妥协和改良空间，使得改革者放弃和殖民者直接争夺政治权力。因此，"改良"这一 19 世纪英国资本主义特色的意识形态就占了先机。正如阿肖克·森在其著作《里程碑》中提出的：

> 印度的西化知识分子为西方的种种思想所鼓动，包括自由思想，理性的人道主义和科学进步。但是印度中产阶级的这些渴望都无法实现，因为在社会生产过程中，其作用受到阻碍；前者提出的目标必然会被后者排除。因此，现代性基本不能成为客观社会发展的力量……由于印度中产阶级在社会生产中不能发挥实际作用，因而洛克、边沁和密尔的理论，更多的是使人无法认清殖民统治下国家和社会的特

---

[1] Joseph Chailley, *Administrative Problems of British India*, London: Macmillan, 1910, p. 193.

[2] 王红生：《论印度的民主》，社会科学文献出版社，2011，第 44 页。

质……中产阶级既没有立场也没有力量，无法在国家组织和社会生产之间作有效的沟通，只留下对舶来的个人权利和理性概念的拙劣模仿。①

英印政府通过提名举荐，基本上能够控制省级文官机构。这一控制是强有力的。例如，1904 年，印度政府以不符合印度传统为由，在省级文官机构竞争考试制度还未完全广泛应用时就把它取消了。② 在摩莱－明托改革中，又试图在立法会设立贵族院，恢复某种形式的贵族政治。这与法定文官机构一样，是在以阶级方法制约印度中产阶级的兴起，也与后来为穆斯林单独设立选区，以宗教制约印度民族运动，起着类似的作用。

表 8 列出了一战之前，印度人通过考试进入合约制文官机构的人数。1907 年，印度文官机构人数为 1201 人，其中 52 人为印度人，1915 年，文官总数上升为 1342 人，其中印度人为 63 人。

印度本地精英，包括非合约制机构中的印度人文官，应以何种方式获得为合约制文官保留的职位，才能既不危及英帝国的安全，又不影响行政管理的效率；英印当局该如何回应印度本地团体提出的政治诉求，维护统治权威。答案就是由印度政府以提名举荐方式使印度人获得合约制文官职位。1833 年法令和 1858 年女王宣言排除了印度人进入合约制机构的种族障碍，也就是为印度人进入合约制文官机构提供了一种可能性。由于文化、地理鸿沟及年龄的限制，公开竞争考试无法满足印度人进入印度文官机构的要求。这一时期，落实 1870 年法案授予英印政府任命印度人到高级文官职位上的权力，就是对文官进行举荐招录。是举荐不学无术的传统土地贵族子弟，还是让那些久经历练更具专业特征的非合约制印度人文官晋升到高级职位，则成为殖民统治者的政治抉择。举荐文官们所获得的只

---

① 阿肖克·森：《里程碑》，第 152 页。转引自查特吉：《民族主义思想与殖民地世界》，范慕尤等译，译林出版社，2007，第 37 页。

② Misra, B. B., *The Administrative History of India*, 1833－1947, Delhi：Oxford University Press, 1970, p. 224. 政府决议认为："对政府所任命职位的竞争原则只是最近几年才为印度社会所知，并不出于印度人的传统，如果不由英国人来控制，这种竞争就会没有保障。更有甚者，这对一个责任就是协调宗族、地域、智力程度、行政能力及适应能力不同的群体所提要求的政府来说，无法无视他们提出的要求。"

是以往为合约制文官保留的特定职位（被举荐文官如令政府不满，可随时剔除出去），却无法获得受法律保障的合约制文官机构成员的身份。

在合约制文官的任命上，公开竞争考试是招录英国人文官的主要途径。但对于适当向印度本地人开放政权，招录印度人进入高级职位的途径，英国人宁愿采取提名举荐，而不愿改革考试制度（同时在印度和伦敦举行竞争考试，提高参加考试的年龄限制）；宁愿举荐有着重要政治影响的土地贵族子弟，而不愿将基于能力和业绩的能干的非合约制文官晋升到高级职位上。英印政府的主要目的，是在确保通过竞争考试招录足够多的英国人文官的前提下，在印度人中制造分裂，主导文官印度人化进程，将英印政府最忠诚、恭顺且有政治影响的印度人任命到高级职位上来，扩大与本地精英阶层中追随者和支持者的联合，巩固殖民政权的统治权威和基础。在英国国内政治中表现出某种进步性的资产阶级，面对殖民地本地精英的正当政治诉求，就展现了自己的反动和历史惰性。

表 8　1892~1913 年欧洲人和印度人通过考试招录进入印度文官机构的情况

年份	年龄限制	提供职位	欧洲考生		印度考生	
			参加人数	录取人数	参加人数	录取人数
1892 年 8 月	4 月 1 日前 21~23 岁	32	61	29	8	3
1893		56	96	55	11	1
1894		62	117	56	14	6
1895		68	145	67	9	1
1896	1 月 1 日前 21~23 岁	63	179	60	14	3
1897		68	211	65	26	3
1898		65	163	58	22	7 (d)
1899		56	195	53	18	3 (d)
1900		52	196	50	17	2
1901		47	183	43	20	4 (e)
1902		54	175	52	25	2
1903		51	150	48	23 (a)	3
1904		53	162	50	13 (b)	2 (b)

续表

年份	年龄限制	提供职位	欧洲考生		印度考生	
			参加人数	录取人数	参加人数	录取人数
1905		50	137	46	11	4
1906	8月1日前22~24岁	61	150	58	16	3
1907		58	173	54	19	4
1908		52	146	49	15（a）	3
1909		52	163	51	18	1
1910		60	164	59	20	1
1911		53	177	50	25	3
1912		47	157	40	31（c）	—
1913		44	138	42	25	2

（a）各有1位僧伽罗考生参加考试但失利。

（b）1位僧伽罗考生成功通过考试。

（c）1位僧伽罗考生成功通过，但选择加入东部军校。

（d）这两年各有1名印度考生（为同一人）都成功，但都由于健康原因而被拒。

（e）1位在竞争中胜出的考生不幸去世。

第五章

文官印度人化加速与职位保留制

从第一次世界大战结束到独立这段印度现代史，线索和脉络众多，包括宪政改革的开启，省级自治的开展，民族独立运动的高涨，族群矛盾的激化等。自罗拉特法案、阿姆利则惨案及其调查之后，帝国统治的道德基础受到严重削弱，甘地和印度民族主义知识阶层的忠诚已不再归附英帝国，而是向往建立独立自主的印度民族国家。英帝国将以何种方式退出印度，面对印度人的不合作和抵抗能撑持多久，此类问题已经提上了日程。一战前后的伊斯林顿调查团、殖民地宪政改革及其引入的选举政治，民族独立运动的展开等政治过程，都对印度文官招录产生了巨大影响和冲击。英印当局力图适应新的环境，在尽力保持文官机构英国特征的同时，也采取措施加速印度人化，制造新的分裂，主导文官印度人化进程。吸纳印度本地精英的忠诚，制约印度民族主义，最终从南亚次大陆全身而退。

本章考察在殖民统治的最后阶段，英印当局如何调整文官招录制度，在困境中求生存，巩固统治权力，维护殖民统治的残余权威。

第一节　一战前后印度文官招录环境的变化

第一次世界大战之前，英印当局竭力怀柔，以获取印度人对英国战争努力的支持。战争中，印度在欧洲战场和中东战场付出了巨大的人力和财物的牺牲，自然渴望战争结束后能获得帝国在政治上的利益回报和让步。但战后初期英国在印度人的自治地位、宪政改革和文官印度人化等一系列问题上表现出的保守和反动，显示了这一政权的殖民主义本质。尤其在招录印度人文官的规模和比例上，英国人的态度与印度人的预想相差甚远。英国人的镇压措施，导致了甘地领导的民族独立运动的开展。本节探讨促使一战前后英国人调整文官招录制度的若干政治背景。

一　两头不落好：伊斯林顿调查团及其报告建议

1910~1916 年，哈定勋爵（Charles Hardinge）担任印度总督。哈定在英国外交部受过训练，对于国际事务有较透彻的理解。他试图在英国卷入一场世界大战之前，进一步安抚印度民族主义者。他首次接见了国大党代表团，表示了个人对国大党的友好认可。[1] 印度国大党历届年会一直要求在高级文官职位上获得更多的任命，而哈定也认为帝国文官机构和省级文官机构之间有区别，以及工资、养老金和休假等制度都有必要加以调整。[2] 只要与英国的最大利益一致，他能够接受在公共机构中增加印度人的份额。

1912 年 9 月，英国政府任命了一个王室调查团调查与公共机构有关的事项，并责成该调查团对限制任用印度人的情况提交报告。[3] 调查团的主席是伊斯林顿（Lord Islington，John Poynder Dickson），也是后来的新西兰总督。成员包括后来的英国首相拉姆塞·麦克唐纳（Ramsay MacDonald），罗纳德谢伊（Lord Ronaldshay），赫伯特·费希尔（Herbert Fisher），戈帕尔·克利什那·郭克雷（Gopal Krishna Gokhale）和阿卜杜尔·拉希姆（Sir Abdur Rahim）。[4]

伊斯林顿调查团很快就发现，印度文官机构中欧洲人文官普遍对印度人文官存在着敌意。N. R. 罗易评论说："欧洲人官员对印度同僚的能力和诚实度所做的公开攻击，是对同事关系的一种可悲的评论。"[5] 印度文官机构中的欧洲成员也对国大党和公众要求在印度同时举行考试颇为不安。调

① Sharma, M., *Indianization of the Civil Services in British India, 1858-1935*, New Delhi: Manak Publications, 2001, p. 187.
② O'Malley, L. S. S., *Indian Civil Service, 1601-1930*, London: J. Murray, 1931, p. 221.
③ *Report of the Royal Commission on the Public Services in India* (Islington Com. Report, 1917), p. 2.
④ O'Malley, L. S. S., *Indian Civil Service*, p. 221.
⑤ Roy, N. C., *The Civil Service in India*, Calcutta: Firma K. L. Mukhopadhyay, 1958, p. 140.

查团得到授权调查这一问题，更使他们神经紧张，认为这种动议侵犯到专为他们所设的职位保留制。在他们看来，对现有竞争性考试制度的任何改变，都可能导致大量印度人涌入行政机构，这一前景必须加以阻止。他们提出了两条反对意见：首先，竞争性考试制度完全不适合印度种姓充斥的社会环境，只会产生一个特殊的垄断阶级（印度教徒中的婆罗门），其他的阶级和公民根本无法获得在文官机构中任职的份额。婆罗门不仅会在北印度占据主导地位，在南方就更是如此，因为他们在智力上比自己的国人无疑略高一筹。[1] 其次，在能力、主动性、活力和公正性方面，印度人文官绝对不及他们的欧洲同僚，并不符合一个精英团队成员的要求。[2]

马德拉斯首席代理秘书卡德鲁（Caderou）声明，无论付出何种代价，都必须在文官机构里保留特定比例的欧洲人以维持机构的英国特征。[3] 他建议，投考者的年龄限制应该降至最大 20 岁，最小 18 岁。这样安排，就能确保文官（在正式就职前）得到非常必要的三年见习期。卡德鲁坦率承认，这样的安排会完全排除印度投考者获胜的可能，但政府可以通过扩充表列职位，向印度人提供获得高级职位的机会。

N. R. 罗易对此评论说："帝国文官机构中的印度人对他们所属的机构来说，是平等的，并具有特别的权利，获得这种职位和地位上的平等并不容易。然而，英国人希望那些出任表列职位的印度人，最好没有什么野心，惯于接受欧洲人指令，并对欧洲人上司赏给他们的些许好处感恩戴德。因此卡德鲁说辞的实质就是，不仅绝不考虑同时举行考试这一建议，而且对 1892 年的改善印度考生处境的规定都应重新考虑，应恢复萨尔斯伯里在 1876 年的安排"。[4]

伊斯林顿调查团对任用印度人的统计数据进行了分析。根据统计数据，截至 1913 年的 4 月 1 日，共有 11064 名职员月薪在 200 卢比以上。在这 11064 名职员中，42% 是由纯亚洲血统的印度人和缅甸人构成。在 4984 名月薪在 500 卢比以上的职员中，942 名或 19% 是由印度人和缅甸人

---

[1] Roy, N. C., *The Civil Service in India*, p. 141.
[2] Roy, N. C., *The Civil Service in India*, p. 142.
[3] 真纳曾经在立法会中就蒙特福德报告中的所谓文官机构的英国特性提出过质疑。
[4] Roy, N. C., *The Civil Service in India*, pp. 142-143.

构成，而其余的 4042 个职位（占总数 81%）掌握在英国人或英印人（在此为英印混血后裔，与早期在印任职的英国人不同）手中。同样，2501个月薪 800 卢比以上的职位中，只有 242 个职位是由印度人和缅甸人充任，而 2259 个（占 90%）掌握在欧洲人或英印人的手中。①

调查团在报告中为文官印度人化问题提供了多种解决方案，包括举荐任命和从省级机构晋升。对于印度人提出的同时举行考试的要求，调查团建议，实行一种在伦敦举行的没有种族限制的考试；另一种是在印度单独为印度本地人举行的考试。② 调查团还建议在文官机构中将明确比例的职位（25%）保留给印度人，每年通过考试招录 9 名印度人。③调查团认为，比起世界上的其他殖民统治机构来说，印度文官机构其实已经实现了种族平等；文官机构在将来的许多年中，理所当然仍需维持英国职员在数量上的多数。④ 调查团建议在行政便利的条件下，将投考者的年龄限制在 17 岁半到 19 岁半，以便经历三年见习期之后，这位文官还能在 22 到 23 岁之间在印度开始工作。⑤ 调查团承认，较高的年龄限制对印度人较为有利。1878～1891 年，当考生年龄限制在 17～19 岁时，印度人只在文官机构内占据 2.5% 的职位。1892 年到 1912 年，当考生年龄限制提高到 21～23 岁，或 22～24 岁时，印度人就占据了 5.6%的职位。调查团最为重要的考虑就是，现有的制度规定只有一年见习期，这段时间对于英国人接受印度法律、语言和历史及习俗的专门训练来说太短，因此建议将文官的见习期延长至三年。考试年龄限制由此应该确定为 17 岁到 19 岁半。这样一来，就能有更长时间的初步训练，而不必过度推迟文官开始工作的时间。⑥ 因为印度的中学和大学等教育机

---

① *Report of the Royal Commission on the Public Services in India*, pp. 24-25.

② *Report of the Royal Commission on the Public Services in India*, Vol. 1, p. 27.

③ *Report of the Royal Commission on the Public Services in India*, p. 26. 在 755 个保留职位中，四分之一就是 189 个职位。其中 45% 也就是 81 个职位通过从省级机构晋升，108 名从印度直接招录，每年通过考试招录 9 名。

④ *Report of the Royal Commission on the Public Services in India*, pp. 27-28.

⑤ *Report of the Royal Commission on the Public Services in India*, p. 167. 奥马雷提出伊斯林顿调查团建议的年龄限制是 17～19 岁（根据英国人的出生来计算，而非印度人的受孕时间计算）。（O'Malley, *Indian Civil Service*, p. 249）

⑥ O'Malley, L. S. S., *Indian Civil Service*, pp. 249-250.

构所授课程与考试科目有很大不同，同时在印度和伦敦举行考试的建议便遭到了调查团的拒绝。①

伊斯林顿调查团的报告于 1915 年 8 月正式提交英国政府，但政府认为，在战争期间公布一份容易引发争议的报告并不明智，因此，英国政府直至两年后才公布报告内容。不出意料，报告所提出的印度人化措施，不仅未受印度本土受教育阶层的欢迎，反而受到他们的尖锐批评。② 印度知识阶层认为报告提出的对考生年龄的限制，在性质上是一种明显的倒退：印度人争取了 16 年时间，才让英印政府修改过来，现在又想让它恢复原样，只会导致印度考生在实际考试中完全没有获胜机会。大多数地方政府官员都反对这一建议，印度政府也如此。他们都赞成将考生年龄限制在 21 岁至 23 岁，见习期为两年。这一建议不仅获得文官事务专员的支持，也得到英国一些大学的支持。印度公众舆论也坚决反对采用中学离校年龄的限制。面对着上述种种反对的声浪，政府最后采纳 21~23 岁为参加在伦敦举行的竞争性考试的年龄限制。③

N. R. 罗易评论说："调查团的建议在于没有倾听印度人的声音。这些建议即便在战前，也都是不适当的。战后时光又流逝了 3 年，这些建议完全时过境迁了。对调查团报告的抗议蜂拥而来。"调查团更多地在考虑如何给建议提出合理的缘由，而对建议该如何施行考虑太少，它似乎在回避真正的问题。

二 蒙特福德宪政改革

印度积极参与了第一次世界大战，在欧洲大陆和两河流域参与英国对同盟国的作战。牺牲要求回报，人们预期能从英国人手中换取具体的政治利益。老实说，这些期望并没有完全落空。1917 年 8 月 20 日，自由派的印度事务大臣埃德温·蒙塔古（Edwin Montagu）宣布，英国王室现在要遵循"一条原则，让越来越多的印度人进入行政管理的每一个部门，逐步发展其自治机构，以期在印度逐步实现责任政府，并成为大英帝国不可

---

① Roy, N. C., *The Civil Service in India*, p. 146.

② *Report of the Royal Commission on the Public Services in India*, pp. 434-436.

③ Blunt, E., *The I. C. S.*, London：Faber and Faber, 1938, p. 52.

分割的组成部分"。① 8 个月后，《印度宪政改革报告》（以下简称"蒙特福德报告"）公布。它成为 1919 年《印度政府法》的基础，该法于 1921 年生效。

蒙特福德报告的核心问题，是将各种控制权力从英国议会和印度事务大臣手中，经由印度政府和省级政府，逐步下放给各级地方机构。报告声称："政府职能应按照日益增强的紧迫性来安排，将权力从那些关切个人舒适和福利的人员，转移到那些能确保政权延续的人手中；目标是制度化，尽可能实现大众对地方机构的完整控制，最大可能地使他们独立于外部控制。"② 尤因女士在她的博士论文中认为，这种放权是英国人准备放弃统治责任的表现，将人员和权力都退缩到中央，只承担中央一级的管理，而任由省级和地方政治成为听任印度人横冲直撞和随意践踏的牧场。③

在省一级，蒙特福德报告考察了由两个部分组成的行政机构。首先是由副王任命的省督，他得到一位印度人和一位欧洲人组成的行政参事会的协助，并最终通过印度事务大臣向议会负责。参事会省督对"保留"项目拥有完全的决策和行政权力，比如法律和秩序、土地税管理、饥荒救济等；而教育、卫生和农业其他项目的管理，则"转移"给从省立法机构当选成员中选出的印度人部长。④ 省督可以否决省级立法会通过的法律，并"确保"被立法会拒绝的法律也能强行通过，即便是涉及"转让项目"；1921 年至 1937 年之间，总共使用了 10 次"确保"权力。⑤ 当保留和转移项目的制度边界不甚清楚时，总督也有最后的决定权。这种行政职

① Misra, B. B., *The Bureaucracy in India: An Historical Analysis of Development up to* 1947, London: Oxford University Press, 1977, p. 328. 更强烈的措辞"逐步发展自治机构，以期在帝国之内最终实现自治"，由于寇松这位顽固保守派的坚持而被删改，见 Moore, Robin J., "Curzon and Indian Reform", *Modern Asian Studies*, Vol. 27, No. 4（Oct., 1993）, pp. 719-740.

② *Montagu-Chelmsford Report*, p. 123.

③ Ewing, H. A., *The Indian Civil Service, 1919-1942: Some Aspects of British Control in India*, 1980, Unpublished Ph. D., Cambridge, Introduction.

④ 权力项目的划分最终在《权力下放法案》的规则中阐明。见"Devolution Rules"of the Act.

⑤ Coupland, Sir Reginald, *The Constitutional Problem in India*, H. Milford: Oxford University Press, 1945, p. 77.

能的分工被称为"双重统治"。

在立法机构方面，该法规定了立法会成员的构成。其中的官方（即印度文官机构）成员最多只能占百分之二十，其余分为任命的非官方成员（代表不同阶级，如英印人和部落民），代表地主和商会利益的成员，以及不同地域选区的当选成员。任命的成员往往出于他们对英国统治的忠心而被指定。① 不同族群的成员——包括穆斯林、非婆罗门、锡克教徒、欧洲人和印度人基督徒，都可选派自己的代表。

在中央一级，根据 1919 年《印度政府法》，组建两院制的立法机构。立法机构由国务理事会（Council of State）和立法会议组成，取代总督参事会的立法职能。国务理事会相当于立法会上院，由文官和王公代表及印度资产阶级代表等组成。立法会议则取代帝国立法局。国务理事会由 60 名成员组成，其中官方成员不超过 20 人。立法会议由 145 名成员组成，其中包括 26 名文官。但立法会议无权过问外交和国防事宜。总督有巨大权力，在国务理事会的合作下强行通过法令。国务理事会主席由总督任命。立法会主席由选举产生，但须经总督批准。②

新的宪法安排从三个方面影响了印度文官机构的地位。首先，它通过在省级和中央立法机构设置文官人数上限，限制了文官在立法机构中的影响；其次，在各省，它导致文官直接向省政府中新当选的印度人部长就"转移项目"方面的问题负责；再次，它建议逐步增加文官机构中的印度人成分（占每年招录的三分之一）。可以想见，所有这些变化并不受印度文官机构中英国成员的欢迎，也给此后在英国招录欧洲人文官带来了巨大困难。

蒙特福德报告的起草者清楚地认识到文官会反对拟议中的改革。他们

---

① Coupland, Sir Reginald, *The Constitutional Problem in India*, H. Milford：Oxford University Press, 1945, p. 78.

② 在中央一级，根据 1919 年《印度政府法》，组建两院制的立法机构。立法机构由国务理事会和立法会议组成，取代总督参事会的立法职能。国务理事会相当于立法会上院，由文官和王公代表及印度资产阶级代表等组成。立法会议则取代帝国立法局。国务理事会由 60 名成员组成，其中官方成员不超过 20 人。立法会议由 145 名成员组成，其中包括 26 名文官。但立法会议无权过问外交和国防事宜。总督有巨大权力，在国务理事会的合作下强行通过法令。国务理事会主席由总督任命。立法会主席由选举产生，但须经总督批准。

注意到，增加印度人比例的建议所引起的焦虑，可能会"造成越来越大的清除英国人文官的压力，以及部分英国人越来越不愿意在新的条件下为印度服务"。① 蒙塔古设法减轻英国人文官的焦虑，承诺保护他们的利益，并谆谆告诫英国文官们，他们在印度行政管理中（监护）的继续存在，对于确保印度更适合自治是多么重要——"对于文官机构来说，用那些经过他们多年努力培训出来的人来减轻他们的负担，难道还有比这更高的召唤吗？"这种理想主义是对 90 年前马考莱讲话的回响。② 但他们无法掩盖一个基本事实，即在宪政改革之后，印度文官机构官员的角色和责任将发生重大变化。它准备承担起"政治教育"的新任务，"在接受印度本土政治家的咨询中，而不是在强制执行命令中取得成效"，③ 并承担起文官机构从"统治种姓向执行机构的大转变"。④

尽管一部分英国文官强烈反对改革，但文官机构作为一个整体，还是表示在这场政治权力转移中采取合作的态度。1923 年，在马德拉斯、比哈尔和奥里萨等省《关于地方政府运作宪政改革的报告》中，政治家和官僚之间的关系被描述为"良好""亲切"和"诚恳"，尽管在旁遮普省，一些文官对在"转移部门"中采取的地方化措施表示不满，但是各级官员似乎也日益对国务理事会的决定及其成员表示出尊重。⑤

印度政府 1920 年 12 月 1 号通过决议，规定 5 种招录印度文官的方法，包括任命由合约制文官占据的职位。这些方法是：①根据 1919 年《印度政府法》第 97 条，在伦敦举行的公开竞争性考试；②单独在印度举行的竞争性考试；③在印度的提名举荐；④从省级文官中晋升；⑤从律师团成员中任命。⑥

（1）伦敦考试。根据委员会的建议，在伦敦举行的公开竞争考试仍

---

① *Montagu-Chelmsford Report*，p. 204.
② *Montagu-Chelmsford Report*，p. 205. 在各方看来，文官的印度人化与自治的问题联系有多紧密，英国人和印度政治家以及英国和印度文官有着截然不同的看法。
③ *Montagu-Chelmsford Report*，p. 206.
④ Hunt and Harrison，*District Officer in India*，1930 - 1947，London：Scolar Press，1980，Introduction，XXVI.
⑤ Potter，D.，*India's Political Administrators*，Oxford：Oxford University Press，1986，p. 64.
⑥ Misra，B. B.，*Bureaucracy in India*，London：Oxford University Press，1977，p. 322-323.

然是进入文官机构的主要渠道。实际上所有地方政府均同意这一点。考试仍对所有英国臣民开放，无论欧洲人及印度人；但在考试中获得成功的印度人，不得分配到缅甸；而考取的缅甸考生也不会分配到印度任职。

（2）单独在印度举行的考试。在印度"同时举行考试"的提议被多次否决之后，伊斯林顿委员会建议在印度单独举行竞争性考试作为招录更多印度人的主要来源。这项建议没有人反对，印度政府根据 1919 年《印度政府法》第 97 条的规定接受这一建议。它没有指定考试地点，考试将由印度事务大臣制定规则，并得到文官事务专员的咨询协助。然而，真正的问题在于决定考试是否应是全印范围。在教育方面落后的地区和族群担心，在全印竞争的情况下，婆罗门高级种姓将延续他们在马德拉斯和孟加拉的主导地位。缅甸提议，将缅甸考生放在一份单独的名单之中进行考核；中央省的首席专员也提出，全印性质的竞争将严重损害本地区的利益，除非这种竞争仅限于各省范围。经济较发达的孟加拉也担心，他们那里的穆斯林多数群体将被排除在外，除非事务大臣能给他们做出一些有利的保留。孟加拉因此强调，如果要举行全印范围的考试，地方政府须为穆斯林保留 25% 的职位空缺。考试将公布两份名单，一份单独显示穆斯林考生的成绩和名次，另一份则显示其他族群考生的情况。从地方政府对印度举行的竞争性考试的态度我们可以看出，在一定程度上，各地方政府主政的英国人试图利用对穆斯林的庇护来平衡印度教徒的多数派优势。

（3）提名举荐。《印度政府法》（1919 年）第 97 条（6）款规定了提名举荐的规则，以确保在一定程度上能使各省份和族群都有自己的代表；但这种招录方法只是在各省和族群的要求无法通过竞争性考试得到满足时才采用。但提名还是规定了要进行资格测试，以便缩小在同一机构中由于应用两种不同的招录标准而产生的文化知识上的鸿沟。即便如此，提名举荐产生的文官与考试中获胜文官的素质和能力差距依然存在。采用提名方法无疑是一种妥协。其根源，一方面在于印度独特的身份取向的社会和历史条件；另一方面也是帝国统治者处心积虑维护权威的安排，以便自己在吵闹不休争夺任职权的各个族群和地区之间，居于高高在上维系平衡的地位。客观来说，这种提名举荐也使那些来自落后族群和地区的年轻人，尽管无法在竞争考试中脱颖而出，还是可以获得在公共机构就业的机会，从而鼓励他们去接受更多教育，追求更好的生活水准。但是，提名举荐只能治标，虽能获致政治上的支持和效忠，却无法作为一种推动社会和经济均衡发展的工具。只有社会经济和教育的快速发展，才是在各地区和族群间消除文官招录质量差距的根本措施。无论是殖民统治晚期，还是独立之后，陷入选举政治泥潭中的政治家们通常都更愿意使用政治上的妥协和让步，来回避一些根本性的经济和社会问题的解决。①

（4）从省级文官机构晋升到保留给合约制文官的表列职位。在韦伯看来，虽说从社会和行政上来说晋升无法避免，但它是官僚机构非理性的另一种重要来源。伊斯林顿委员会建议，为了保证文官质量，应减少向省级文官开放的表列职位数量。委员会认为，晋升到这些职位上的官员身份都很低微，而且是在年龄很大时才提拔到这些职位上，实际上就排除了他们上升到更高司法或行政职位的机会。为落实 1870 年议会法案的 1892 年条例，曾设想最多在印度文官机构六分之一的保留职位上任用印度人。但只是在旁遮普，这一比例才接近实现，那里任命了足够多的省级文官到表列职位上。②

（5）从律师团成员中任命。艾奇逊委员会（1886～1887）曾设想在印度本土招录由 1870 年《印度政府法》预留给印度文官机构职位总数的四分之一，由那些未能参加省级文官机构的印度人填补。但实际上很难做出这种任命。就是根据这一设想，伊斯林顿委员会提议从律师团中招录，来填补县法官和治安法官中的 40 个职位。印度政府提出，在增加其他招录方式之前，有可能减少对表列职位的任命，以便从律师团中直接招录法官。然而，地方政府普遍反对为了容纳律师团成员而减少表列职位的份额。高级法院的法官和司法专员尤其反对，他们认为，律师团中的印度人显然并不适合县法官和治安法官的职位。③

---

① Gould, W., "The Dual State: The Unruly 'Subordinate', Caste, Community and Civil Service Recruitment in North India, 1930 - 1955", *Journal of Historical Sociology*, Vol. 20 (No. 1/2): p. 38.

② 旁遮普稳定的灌溉农业生产和人力资源（军人）在英印帝国中的分量，使得英印政府更愿在旁遮普惠及那里的合作阶层。见 Tan, T. Y., *The Garrison State: The Military, Government and Society in Colonial Punjab* 1849 - 1947, Thousand Oaks, Calif.: Sage Publications, 2005, p. 47.

③ Misra, B. B., *Bureaucracy in India*, London: Oxford University Press, 1977, p. 325.

地方政府的反对意见影响了印度政府和印度事务大臣对此问题的看法。1920 年 12 月 1 日的内政部决议明确指出，地方政府可委任那些没有参加省级文官机构的人员，但在任何情况下他们的任命不得超过表列职位总数的四分之一。[1]

研究殖民地文官机构的学者密施拉提出，印度政府在改革文官招录方式时的愿望，是试图消除不同来源的文官之间的社会不平等，与指导早先制定表列职位时的封闭隔离原则根本不同。[2] 重组省级文官机构，设立"省级文官事务委员会"，直接从律师团招录县法官，都受到提高印度人文官地位政策的影响。但是，考虑一下 20 世纪 20 年代最初几年的印度政治情况，我们恐怕很难认可说，英国人是出于维护文官之间社会平等的美好愿望来进行改革的。面对印度民族独立运动咄咄逼人的气势，如何重整追随者和合作阶层的声威，分化不合作运动的参加者，才是英印当局的当务之急。

三 民族独立运动的展开

两次世界大战之中的民族独立运动是我们考察文官招录变革的重要背景。这场运动的深度和广度都堪称空前，殖民统治机构受到了全方位的冲击，文官印度人化也不再是印度政治的核心问题。一般认为，民族主义运动有三次大的高潮：1919 ~ 1922 年的"不合作运动"、1929 ~ 1932 年的"公民不服从运动"（非暴力抵抗运动）和 1942 ~ 1943 年的"退出印度"运动。国内学者对这一阶段的历史有较为充分的研究。[3]

劳（D. A. Low）认为三次民族主义运动——非暴力不合作、公民不服从和退出印度——都遵循着一种共同的模式。[4] 每次运动都以印度民族主义者对英国统治者一项具体施政的不满开始。1919 年运动针对的是废除罗拉特法案，该法案将对言论自由和"煽动性活动"加以限制的临时

---

[1] Govt. of India（Home Dept.）Notification No. 598, of 21 June 1918. 这一权力首先是在 1918 年 6 月 21 日印度政府（内政部）第 598 号通知下授予地方政府的，该通知授权地方政府，在事先得到印度政府和事务大臣的批准下，列出为印度人保留的表列职位。

[2] Misra, B. B., *Bureaucracy in India*, London: Oxford University Press, 1977, p. 327.

[3] 林承节：《印度民族独立运动史》，北京大学出版社，2004，第 323 页。

[4] Low, D. A.（ed.），"Introduction: The Climactic Years 1917-47", *Congress and the Raj*, London: Heineman, 1977, pp. 225-258.

性战时法律变为永久性法律；1929 年运动则是由于任命一个全部由白人组成的西蒙调查团（Simon Commission）来讨论印度未来的宪法而引起轩然大波；1939 年，则是对林利思戈（Linlithgow）总督单方面宣布印度处于战争状态的不满。所有的不满之后，是由甘地领导的国大党组织的动员运动：1919 年针对罗拉特法案的坚持真理运动（宣传非暴力）；1930 年的第一次公民不服从运动（也称"食盐非暴力"）；和 1940～1941 年"个人坚持真理运动"（非暴力抵抗及不合作主义）。

　　每次大规模动员之后，都会进入一个相对平静的调整期。在此阶段，运动的领导者与英国达成某种解决方案。1919 年甘地提出，国大党应接受蒙特福德改革，进入改革中成立起来的立法会，而不是像其他国大党领导人敦促的那样加以抵制。1931 年，他和英印当局缔结了《甘地—欧文协定》，停止了第一次公民不服从运动，以换取英国在一些关键问题上的保证。1942 年，贾瓦哈拉尔·尼赫鲁（Jawaharlal Nehru）、毛拉纳·阿扎德（Maulana Azad）接近与英国内阁大臣斯塔福德·克里普斯（Stafford Cripps）达成一项重要协议。但这些协定都是短命的。国大党的期望不能如约实现，不满的情绪就重新酝酿，政治动员于是重新恢复。1921～1922 年不合作运动，1931～1932 年第二次公民不服从运动，以及 1942 年的退出印度运动，大体都是这一模式。一旦这些运动的精力耗尽（或在第二次和第三次运动中遭遇军队的强力镇压），运动基本就告结束。对此，甘地诉诸一系列象征意义大于实质的道德抗争举动，防止运动土崩瓦解：1922 年他接受审判时的演讲、1932～1934 年《浦那协定》和哈里真运动，以及 1943 年英雄史诗般的"绝食"运动都是如此。在开展这些运动的同时，国大党也以非常谨慎但又异常坚定的步伐，参与英国人正在建立的立法机关（后来又参与行政管理）。这便是印度大地主和大资产阶级主导的政治革命的具体形式。

　　甘地领导的独立运动与达达巴伊·瑙罗吉和苏伦达拉纳特·班纳吉等西化知识精英为主的文官印度人化动员不同。用帕塔·查特吉（Partha Chatterjee）的话来说，这一阶段是民族主义运动的策略期，民族资产阶级通过确立甘地的领导地位，利用其对广大农民的巨大个人魅力，发动群众为资产阶级的政治目标而奋斗。这一时期的各派民族主义，除了反英这一共性之外，在观念上很难说有何共同点——不仅有帕特尔等人的印度教威权保守主义，也有以尼赫鲁为标杆的国大社会党的激进社会主义，更有甘地对西方模式的市民社会的批评，向往和追求印度教传统中的罗摩盛世。[①] 最终，印度人在甘地的旗帜下，以民众的普遍不满和民族主义为号召，以政治精英为主导，在印度历史上第一次把下层民众和知识精英结合动员起来，以暴力和非暴力的方式，冲击着英印殖民政权。

正是因为这场运动的深度和广度，殖民统治机构受到了全方位的冲击，文官印度人化也不再是印度政治的核心问题。文官机构受英印政府之命，积极组织起来，反对民族主义独立运动。当民族主义者诉诸暴力，或要求进行和平谈判，或与政治家合作为宪政改革工作时，文官们均在处理复杂事态中发挥了重要作用，但其自身也受到运动的巨大影响和冲击。

四　一战后招录英国人文官的困境及补救

第一次世界大战后，英国人文官的招录出现了巨大危机：一是在职文官的不满；二是招不到足够多的新文官。关于第一个问题，安·尤因在她的论文中有详细的阐述。[②] 宪政改革和民族独立运动在英国文官中都引起了深切的不安和不满。印度事务大臣和英印政府受各自环境和条件的限制，对文官不满的反应也各不相同。事务大臣更多考虑文官机构的利益，也就是英国的利益，而英印政府的关注重点，则是帝国立法会中印度成员的不满。关于第二个问题，大卫·波特详细探讨了一战之后英国人力资源的欠缺，近乎整个年龄段的青年精英都消失在欧陆战场堑壕的泥浆里。[③]

宪政改革开始后，文官普遍对自己的前景感到忧虑。非暴力不合作运动的冲击，又加大了这种压力。最感忧虑的不是那些新来的年轻人，而是那些根据宪法，需要调整思想和工作方法的中年文官。而一战之后的通货膨胀，也使得文官收入的实际购买力明显降低。英印政府出于财政收入平衡的考虑，无法增加英国人文官的工资，因为印度人文官也会要求同样的

---

① 帕塔·查特吉:《民族主义思想与殖民地世界》，范慕尤等译，译林出版社，2007，第179页。

② Ewing, Ann, "The Indian Civil Service 1919-1924: Service Discontent and the Response in London and in Delhi", *Modern Asian Studies*, Vol. 18, No. 1, 1984, pp. 33-53.

③ Potter, D.C., "Manpower Shortage and the End of Colonialism: The Case of the Indian Civil Service", *Modern Asian Studies*, 1973, (7:1): pp. 47-73.

待遇。为缓和英国人文官的抱怨，英国政府派出了以法勒姆的李勋爵①（Arthur Hamilton Lee，1st Viscount Lee of Fareham）为首的皇家调查团（Royal Commission on the Superior Civil Service in India）调查文官收入的情况，并提出改革建议。建议提出了几种增加欧洲文官收入的方法：一是增加海外津贴；二是包括家庭和孩子免费往返英国，在印度免费医疗；三是增加为欧洲文官所独有的家庭养老金。1915 年《印度文官法令》（临时规定）提出要从军队选拔军官进入印度文官机构，前后共选了 9 批。英印政府对经选举产生的中央立法会成员所施加的压力比较敏感。立法会虽无权决定文官工资，但可在其他一些有关收入的事务上施加影响。因此，印度总督听到的不只是文官的声音，他不希望激怒能影响选情的印度温和派舆论。而印度事务大臣则更多地关注英国文官的要求，对帝国体制的维持也更为担忧。②

欧洲文官将印度人化步伐的加快视为对他们优势地位的严重威胁。他们从中看出文官机构正处于危险之中。即使是自由派和开明的文官，如詹姆斯·梅斯顿（James Meston）、威廉·马理士（William Maris）和哈科特·巴特勒（Harcourt Butler）也不例外。当得知蒙塔古的计划还只是在印度进行一场初步试验，就准备提名任命 50 名印度人时，他们也不认可。事实上，他们坚决反对这一计划，甚至劝说奥斯汀·张伯伦利用他的影响力去加以阻止。但蒙塔古没有听从劝告，于 1919 年任了第一批 36 名印度人，1921 年又任命了余下的 14 个名额。

英国人文官的忧虑实际上从蒙塔古 1917 年 8 月发布政策声明时就已开始了。这种忧虑并非没有依据：不仅招录印度人的比例确定为 33%，还逐年增加 1.5%，而且一些地方行政部门马上就将直接隶属于新上任的印度人代理部长。不安的来源还有：他们担心自己履行职务时的有效性和独立性受到限制，担心政治运动会危及他们计划好的职务晋升。他们还担

---

① 亚瑟·汉密尔顿·李（Arthur Hamilton Lee，1st Viscount Lee of Fareham，1868–1947），英国军人、外交官、政治家、慈善家和艺术赞助人。1900 年，他在军队服役时被派往英国驻美大使馆，后退役进入政界，于 1900 年首次当选议员。第一次世界大战之后担任农业和渔业部长和海军大臣。1923~1924 年担任印度公务事务委员会主席。

② Ewing, Ann, "The Indian Civil Service 1919–1924", p. 43.

心，在不久的将来，印度可能会被授予"完全的自治领地位"，"将着手解雇一定比例的欧洲官员"。① 在不合作运动中，他们还不得不在充满种族仇恨和敌意的氛围中工作。

然而，引起英国人文官恐慌的主要原因还是文官印度人化的速度。虽然文官机构中的英国人认为政府批准的增长比例过于迅速和草率，但那些得到中央和省立法会呼应的印度政治家们则认为速度还不够快。利用眼下的财政危机，他们要求更充分的印度人化。他们认为，英国人从事的工作，印度人也可以做，而且更廉价。在英印政府这边，它的立场则是：它不能背弃自己的承诺以免损害信誉，尤其是它确信，即使是在明显提高达到33%招录比例的情况下，也很难满足印度人的政治需求。内政参事 W. H. 文森特（W. H. Vincent）承认，1921年印度人33%的招录比例是不够的。内政部在计算后发现，即便是将印度人的招录比率从33%提高到50%，也需要15年时间才能使印度人在印度文官机构内占据33%的职位；即使招录比例提高到75%，也需要20年时间使印度人占据57%的文官职位。② 换言之，政府内的掌权者面对新的形势，已开始考虑重新审查招录政策。但文官印度人化加速这一趋势，加大了英国人文官的不满。

在20世纪20年代的印度民族主义勃兴的政治压力下，殖民地的官僚行政机构不再被视为一个独立于社会或政治形势之外的专业团体。文官不是被视为中立的行政管理者，而是按照种族来源分为英国人或印度人。在这种情况下，准备前往印度的英国大学毕业生们就有理由害怕，如果他们进入印度文官的队伍，是否会受到印度人上级的公平对待。他们也无法确定，捍卫自己权利或行使自己权力的行为能否受到印度人部长，或者英印政府的支持。因为麦克唐纳委员会（Committee of MacDonald）搜集到的证据表明，由于印度人充满敌意的煽动，以及实施宪政改革移交权力，英印政府往往出于政治上的考虑，在某些情况下对于文官们果断维持法律和秩序的行为持暧昧态度。③

县级行政尤其如此。与政府提出的文官职权和地位不变的宣传不同，

---

① Ewing, Ann, "The Indian Civil Service 1919-1924", p. 40.
② Home (Ests.) File No. 420 Of 1922, p. 8.
③ Ewing, Ann, "The Indian Civil Service 1919-1924", p. 45.

掌管县级行政的文官认定自己的地位不可避免会遭到削弱，因此采取消极行动；面对民众选出的部长和国大党党工，[1] 文官们也不确定能有多少余地可供自己去行使权力。一些文官决定领取比例退休金提前退休。正如内政参事文森特在 1920 年 12 月 18 日的信中指出的，许多最优秀的文官，甚至包括那些欢迎改革的人，如果认为自己会成为政治斗争的牺牲品，那么他们宁愿选择离开。在那封信中，他实际上已经接近于表述了一种原则，作为新形势下文官行动的指南：

> 如果我们的官员能得到部长们的同情和公正对待，当他们在立法会议中遭受不公正的攻击时能得到部长的保护，在正确履行职责时得到支持，那么极少数人会想到离开；但如果出于种族情绪，或不喜欢文官机构中的欧洲成员，或为了应付立法会议中的政治紧急情况，文官们并没有得到合适对待，在履行其职责时也没有得到保护……那么很多人宁肯面对贫困和不适，也不愿牺牲自己的名誉与自尊。[2]

表 9　1920 年 12 月～1922 年 5 月的退休人数

机构	允许退休	待办
印度文官机构	28	2
印度警察机构	34	1

这些是辞职者之外的提前退休的文官。如果将辞职与退休人员加在一起考虑，这一数字就从 1922 年底的 200 名，上升为 1927 年时的 433 名。[3]

欧洲文官的不满还来自省级机构成员的晋升直接影响到了他们的职位升迁。省级文官晋升到印度文官机构职位上产生的效果之一，就是原来一直充

---

① 20 世纪 20 年代，双层统治下，国大党温和派参加选举，当选英属印度各省政府部长，新部长带领国大党工作人员进入政府，在转移项目上开展工作，与文官之间既有合作，又互相挤占政治空间。国大党各省委员会领导成员也对政策决定有一定发言权。

② Misra, B. B., *The Bureaucracy in India*, London: Oxford University Press, 1977, p.245.

③ Misra, B. B., *The Bureaucracy in India*, London: Oxford University Press, 1977, p.246. 奥马雷的估计与此略有不同，认为有三分之一的文官提前退休或辞职。

任高级职位的欧洲文官，突然发现自己正被省级印度人文官取代。出于这种原因，在 1924 年 8 月 5 日的信中，印度政府建议，终止表列职位制度。这一建议最后为印度事务大臣拒绝。由于李调查团建议再增加印度人文官可直接晋升进入的表列职位，英国人文官的困难就更大了。一位在旁遮普服务的名叫科文的英国人文官，尽管已在印度服务了 19 年，在成为常任副专员的公报于 1923 年 11 月 5 日最终生效前，发现已有 3 位省级印度人文官跑到自己前面去了。他的位列合约制文官的 7 位下级官员由此而受到影响。① 更令人惊讶的案例发生在孟买。一位英国人文官主管的部门聘请了一名本地办事员，教他学会工作，迅速提拔他，并最终为他在省级文官机构内获得一个职位。这位英国人文官后来进入中央政府，几个月后，他看到在孟买文官的名单上，那位由他一手培养起来的前下属被任命到表列职位上取代了自己。② 上述种种情况，无疑加剧了英国人文官的不安和不满。

与此同时，印度文官机构从英国招录的人员大幅减少。这似乎主要是因为印度文官机构已无法给优秀的英国大学毕业生提供经济上有吸引力的收入和待遇。从 1915 年至 1923 年，根据 1919 年《印度政府法》的规定，本应招录的文官数额，一共缺少 125 名欧洲人。短缺的主要原因是英国考生对印度文官职位丧失了兴趣。1922 年，80 位出现在伦敦文官考试考场中的考生中间，只有 19 位是英国人（其中 6 人获得成功）。③

在不合作运动中止之后，劳合·乔治（Lloyd George）这位联合内阁首相就迫使蒙塔古于 1922 年 3 月辞职，由一位保守党人皮尔（Peel）取代。1922 年 8 月 2 日，英国议会下院对于印度文官机构中欧洲人文官提交的备忘录进行了辩论。④ 1922 年 8 月 10 日，劳合·乔治作了著名的演讲：

> 在任何时候我都没有见到，［印度］可以免于英国人文官机构这个小的核心，即在印度的英国官员的指导和协助……他们是整套结构的钢铁框架。我不在乎你们在此基础上建立了什么——如果你抽走这

---

① Home（Ests.）File No. 23/26 Of 1926, p. 8.
② Home（Ests.）File No. 23/26 Of 1926, p. 8.
③ Potter, "Manpower Shortage", p. 52.
④ Potter, D., *Indian Political Administrators*, Oxford：Oxford University Press, 1986, p. 88.

套钢铁框架，结构就会崩溃……我们不能一直盯着在印度发生的事情……这取决于你们拥有什么样的政府。至关重要的是，它应该得到加强，不管以何种方式加强。有一个机构，我们不会干涉，有一个机构，我们不会削弱，有一个机构，我们不会剥夺其职能或特权，就是英印文官机构——它确立了英国在印度的统治。[1]

1922 年底，英国政府任命了李勋爵为主席的皇家调查团（Royal Commission on the Superior Civil Service in India），对印度的高级文官进行调查，进一步探讨促进文官印度人化的问题。该调查团提出一系列措施以提高文官士气，认为最需要做的首先是改善英国人文官的工作条件，如工资、休假规则和退休金。[2] 李调查团的建议给印度政府强加了被称为"李打劫"的额外财政负担，招致印度人的愤怒。但李调查团还是重申了印度人化对于国家有效治理的重要性。

到 1922 年，由于甘地的崛起以及他的不合作呼吁，印度政治日益激进化，越来越脱离政府机构的掌控。因此，印度人化问题在 20 世纪 20 年代和 30 年代初的政治版图上，已经变得不那么重要了。然而，英印政府仍然关注文官印度人化的实际效果，以及李调查团建议的落实。主要的问题是，如何确保有足够数量的欧洲人通过伦敦的竞争考试进入文官机构，同时又确保有合适的职位留给进入印度文官机构的印度人。在英国考取的欧洲人人数略多于印度人时，这不成问题；如果伦敦考试留给印度人的限额没有用足，那余下的空缺还可通过印度考试来填补。但当招录的印度人人数相当于或多于欧洲人时，就出现麻烦了。这一幕发生在 1930 年，当时 25 位欧洲人和 24 位印度人在伦敦通过了考试。如果坚持招录同样数量的印度人和欧洲人，那么留给参加印度本土考试全部考生的，便只有 1 个文官职位。这在政治上是完全不能接受的。[3]

为了招到更多优秀的英国人文官，英国政府 1923 年任命的麦克唐纳委员会提出了若干建议。对于印度人化的问题，委员会明确指出，如果缩

---

[1]　Roy, N. C., *The Civil Service in India*, Calcutta, 1958, p. 153.

[2]　Potter, D., *Indian Political Administrators*, Oxford：Oxford University Press, pp. 88-89.

[3]　Legislative Assembly Debates, 6（1936）140-63（31 Aug.）, Quoted In Ibid, p. 98.

小政府已批准的印度人化程度，政府会被指控背信弃义；但在已确定比例基础上再增加印度人化，将严重妨碍欧洲人的招录。因此，进一步的印度人化也就变得不可能。为了平衡正在进行的印度人化，委员会建议的权宜之计就是利用1915年《印度文官法》中的暂行规定，在英国军人中任命40名文官。除了强调确保薪酬、养老金和交通费，委员会还建议由英印政府发出强硬声明，支持县级行政官员行使维护法律和秩序的权力。

麦克唐纳委员会报告的补充说明明确规定了行政重组的主要原则。这些原则不仅考虑了英国人在公共机构内的安全，还考虑了出于财政节约的理由，进一步扩大印度人化的政治要求。对此政策提出执行办法的任务，就交给了1923年任命的李调查团。

为了消除欧洲人文官的不满和吸引足够多的欧洲人文官进入印度文官机构，李调查团明确了休假、退休金和其他的特权。调查团还建议大量增加欧洲文官的海外工资，但文官的基本工资并没有多少改变。[1] 在特定的支出项目上，北方邦文官协会提出了许多的数据，诸如"为文官子女的教育所支付的国内管理费（home charge）"，为1对文官夫妇规定配备7位仆人。[2] 一位英国文官以每月600卢比的工资开始，根据任职时间逐步上升，在20年内，月薪将提高到2600卢比。李调查团提出的有关提高英国人文官补助的建议很快就得到实施。[3] 调查团的建议还包括为文官增加12%的工资。这一加薪尽管被印度人称为"李打劫"，给英印政府增加了财政负担，但依然在1924年4月开始生效。

从1930年到1935年这五年间，印度文官机构任命的欧洲人和亚洲人分别为91名和136名。印度人化试图实现的50比50的比例，并没有达到预想效果，因为找不到足够多愿意成为印度文官的英国考生。1935年，在伦敦举行印度文官的竞争考试，前40名录取考生中有25名英国考生，但其中20名拒绝进入印度文官机构。其他殖民地的行政机构和大型商业企业的职位吸引力更大，不仅提供的职位数量多，而且每年还能在更早的时候任职。与此相反，在有可能参加考试的英国青年和他们父母的头脑

① *Report of Lee Commission*，p. 14.

② *Report of Lee Commission*，p. 27.

③ *Report of Lee Commission*，p. 30.

中，印度文官机构的未来充满了不确定性。此外，大多数英国考生在完成了艰苦的学位考试和大学最终考试之后，往往不愿意再参加另一场像印度文官竞争考试这样科目繁多、费力的考试。他们担心，如果要参加直至 9 月底才知道结果的印度文官考试，他们就会失去其他许多的就业机会。①这样，招录英国人文官的实际效果可想而知。

　　英国自由派政治家在印度推动的宪政改革和权力下放，使印度文官机构的实际地位下降；而印度民族独立运动使印度文官的工作环境急剧恶化；与宪政改革高度相关，并在一定程度上用来巩固帝国追随者和合作者忠诚的文官印度人化，也给印度文官机构内的英国成员增加了巨大压力。尽管英印政府想方设法来改善文官待遇，并加强英国人文官的招录，但我们可从一战后的文官招录情况看到帝国正在退却。在诸多合力作用下，非殖民化进程获得了初步进展。②

---

① Misra, *The Bureaucracy in India*, p. 312.

② 近 20 余年来，在殖民主义史研究中，无论是国际学术界还是国内学术界，非殖民化（Decolonization）研究一直是热点问题。陆恩庭、李安山、张顺洪、高岱、潘兴明等中国学者对于非殖民化的研究，首先是将其视为一个中性词。从广义上说泛指由殖民地、保护国、委任统治地过渡到独立国家的历史事件；从狭义上讲则指二战后在民族独立运动的压力下，殖民国家从自身的利益出发，被迫改变政策，从而使殖民地和其他附属地获得独立，导致殖民帝国终结的历史进程。如果将英国结束在印度的殖民统治与印度获得独立置于广义的"非殖民化"进程中，人们对于这一过程的解释主要有民族主义论、新殖民主义论和有计划撤离论。李安山先生对其一一进行了辨析，与其他学者得出的结论一样，认为非殖民化主要还是民族主义斗争的结果，有计划撤离论站不住脚。2004年，潘兴明先生另外介绍了两种理论：世界经济学派说和国际政治学派说。世界经济学派提出，独占霸权的国家具有采取自由贸易政策的动力和力量，相对来说更愿意推行非殖民化。该学派还认为在世界经济增长停滞时期，核心国家强化殖民扩张和殖民控制，推动殖民化；在世界经济增长加速时期，核心国家则放松对边缘地区的控制，引发非殖民化。这派观点在方法论上主要强调殖民国家对非殖民化的完全掌控。而国际政治学派理论则认为，西方殖民国家在殖民地实施西式精英教育和大众教育，传播主权在民和民族自决的思想观念，结果唤醒了殖民地民众的民族意识，造就了殖民地精英阶层和文官队伍。殖民地的精英阶层是非殖民化的积极参与者、发动者，在一些殖民地甚至成为领导者。此派理论总体上可归为民族主义论，但又具有一些新的突破和综合，认为非殖民化的主体不仅只是殖民者，也包括殖民地本地精英。上述各种理论观点对于阐释英国在印度的"非殖民化"问题皆各有所得。分见张顺洪：《论英国的非殖民化》，《世界历史》，1996（06）；李安山：《论"非殖民化"：一个概念的缘起与演变》，《世界历史》，1998（04）；高岱：《西方学术界殖民主义研究评析》，《世界历史》，1998（02）；张顺洪：《关于殖民主义史研究的几个问题》，《河南大学学报》（社会科学版），2005（01）；李安山：《日不落帝国的崩溃——论英国非殖民化的"计划"问题》，《历史研究》，1995（01）；潘兴明：《试析非殖民化理论》，《史学理论研究》，2004（03）。

第二节　文官印度人化加速和保留制实施

两次世界大战之间，文官招录中最重要的两个事项，第一个是文官印度人化的加速进行；第二个就是英印政府对穆斯林、落后种姓实施保留制。我们将看到英印政府与民族主义者就印度文官印度人化问题展开的博弈，双方的争议点在于应以何种方式、何种程度来展开文官印度人化；英国统治者又以何种手段主导文官印度人化政策及其实施。

一　对伊斯林顿调查团报告的批评

1917 年，伊斯林顿调查团报告发布，印度立法会对报告的建议进行了讨论。后来成为总督行政会议成员的夏尔玛（B. N. Sharma）提出决议案，批评伊斯林顿调查团建议的前提，即出于维护大英帝国在印度利益的需要，在印度文官机构中英国官员占优势比例必不可少。[1] 马拉维亚（Madan Mohan Malaviya）[2] 将伊斯林顿调查团报告的前提称为 "一种与 1833 年法令的高尚条款背道而驰的新奇建议"。[3] 钱德拉（K. K. Chandra）指出这种建议在政治上是危险的，完全不公平，而且在经济上也是不合理的。[4]

1917 年 9 月 21 日，马拉维亚在帝国立法会提出了下列决议案："立法会向参事会总督建议，印度政府应该向印度事务大臣提出，从今以后，应该在印度和英国同时举行进入印度文官机构的竞争性考试，通过者将根据考试成绩分级列出。" 他认为这是能将更多印度人带入印度高级文官职位的唯一出路。他说："尽管我们有 1833 年法令的支持，尽管我们有 1858 年宣

---

① *Proceedings of the Legislative Council of India*, Vol. 56, 1917−18, p. 204.

② 马丹·莫罕·马拉维亚（Madan Mohan Malaviya, 1861~1946），印度社会改革家、教育家和律师。生于阿拉哈巴德，1884 年毕业于加尔各答大学。1893 年在阿拉哈巴德高等法院执律师。嗣后从事新闻和政治活动。1885~1909 年，先后创办和编辑《印度斯坦》《印度联盟》《领袖》等刊物。1906 年参与印度教大斋会成立活动，并三次当选为主席。1909 年和 1918 年两任国大党主席。1910~1920 年任印度中央立法议会议员。主张改革，发展经济，普及教育和废除贱民制度。见黄心川主编：《南亚大辞典》：四川人民出版社，1998 年 2 月：第 247 页。

③ *Proceedings of the Legislative Council of India*, Vol. 56, 1917−1918, p. 304.

④ *Proceedings of the Legislative Council of India*, p. 309.

言的支持，尽管事务大臣任命的 1861 年委员会报告支持同时举行考试，尽管下院 1893 年决议在两地同时举行考试，但这些建议从未为政府所接受。"马拉维亚补充说，在英国举行竞争性考试的结果是，到 1910 年为止，与 2600 名欧洲人相比，只有 80 名印度人顺利通过考试进入印度文官机构。到 1917 年 4 月 1 日为止，1478 名文官拥有印度文官机构的保留职位，其中，只有 146 名，也就是不到 10%，看来是"法定的印度本地人"。[1]

威廉·文森特（William Henry Vincent）重复了政府的观点，认为马拉维亚的决议将会使某些省份和某些阶级的势力在文官机构内部过分突出，损害某些阶级的利益，特别是对锡克人、拉杰普特人和穆斯林。已逐渐成为印度穆斯林代言人的真纳（M. A. Jinnah）"迅捷、敏锐而又可信地"对威廉·文森特进行了答复。真纳指出，穆斯林并不像许多年前那样落后，他们在与其他族群考生的竞争中完全能挺得住。他又说，假定印度教徒比穆斯林更多地进入文官机构，对穆斯林来说，这种情况并不比让更多欧洲人进入文官机构更值得反对。[2] 真纳认为，当达达巴伊·瑙罗吉、菲罗哲莎·梅塔（Pherozeshah Mehta）、郭克雷（Gopal Krishna Gokhale）以及尊敬的阿贾·汗殿下等人都强烈敦促同时举行考试的时候，关于印度教徒将独自从同时考试中获益这样的论调是再也无法维持了。他强烈建议，应该让印度人在印度文官机构中占据比伊斯林顿调查团建议派给的更大份额。[3]

表 10　20 世纪前 20 年印度人在文官招录中所占比例[4]

单位：%

机构	年份		
	1900 年	1909 年	1919 年
印度文官机构（不包括表列职位）	4.24	7.60	7.64
印度文官机构（包括法定文官、表列职位）	8.14	11.73	12.43
公报官员（行政部门），包括副税务官	47.06	50.18	66.20
公报官员（司法部门），包括高等法院法官、附属执行法官和县执行法官	84.34	87.77	90.18

---

[1]　*Proceedings of the Legislative Council of India*, Vol. 56, 1917-1918, p. 315-320.

[2]　*Proceedings of the Legislative Council of India*, Speech of Pandit Madan Mohan Malaviya, 21 Sept. 1917.

[3]　*Proceedings of the Legislative Council of India*, Vol. 56, 1917-1918, p. 341.

[4]　Home·(Ests.) A Progs., March 1920, Nos. 336-408, Pro. 408, App. C, D, E, And F.

由表 10 看出，当时在印度文官机构内的印度人以及他们所占据的保留职位，无论是作为法定文官还是"表列职位"官员，人数一直都少得可怜。直到 1919 年，欧洲人的主导地位并未受到影响。[①] 伊斯林顿委员会建议至少 25% 的文官机构高级职位应由印度人占据。这包括所有的任用，从省级文官机构晋升的人员，以及从律师团中直接任命的高级司法职位。但这一数据排除了在伦敦举行的竞争性考试中获胜的印度人。战争延迟了委员会建议的执行，有人据此认为合理的比例是，从 1918 年而不是从更早的日期开始，将印度人的招录比例从 25% 提高到 33%。印度政府在宪政改革报告中接受了 33% 这一比例，然后每年上升 1.5 个百分点，为期 10 年，招录比例就会达到 48%。这是一个完整的数据，包括从省级机构晋级和从律师中招录等各种来源的所有印度人。因此，每年在印度通过考试和提名方式录用的印度人的数目，只有考虑了在伦敦考试中招录的印度人数量之后，才能最终确定。

印度文官机构在 1915 年至 1920 年积累下来的职位空缺，最终被印度人填补，他们以提名方式获得了任命。最初，印度政府建议 1915 年至 1920 年，累积的空缺职位提名数应为 54 个。但印度事务大臣将举荐人数从 54 个减少到 36 个。在这些空缺提名中，30 个应留在印度举荐招录，还有 6 个暂时保留给那些在英国考试中表现良好，却未能确保实际任命的印度人。而且由于在印度的竞争性考试被推迟，直到 1921 年秋季才能举行，另一批数量较少的印度人根据略加修改的规则，在 1921 年得到提名，但同样受控于 1915 年的《印度文官法》（临时规定）。

二 1919 年《印度政府法》和文官印度人化

为回应对伊斯林顿调查团报告的批评意见，以及"蒙特福德改革"中对印度自治的安排，1919 年《印度政府法》重新提出了对文官印度人化的建议。蒙塔古（Montague）和切姆斯福德（Chelmsford）考察了公共机构的地位，并于 1918 年 7 月发布了由印度事务大臣和总督联合签署《印度宪政改革报告》。改革方案的设计者认为很有必要将印度文官印度

---

① Home (Ests.) A Progs., March 1920, Nos. 336-408, Pro. 408, App. C, D, E, And F.

人化进程推到超出伊斯林顿调查团的建议之外的地步。他们确信,更大份额的高级文官职位必须交由印度人自行处理,应该马上着手迅速增加招录印度人文官的比例。为使此项政策生效,他们明确建议:①与文官招录有关的所有种族界限都应废除;②对于同时在英国招录英国人和印度人的公共机构,应在印度安排一套专门的职位制度;③考虑到条件的变化,在高级文官职位中,每年用25%的职位来招录印度人显然不够;④33%的高级职位须在印度招录,且每年比例上升1.5%,直至定期任命新的调查团来重新考虑整个问题;⑤提高工资等级,增加任职时间比例,增加休假和养老金规则的弹性;⑥无论在哪一级政府中招录的文官,在依法履行职责时均应受充分支持和保护。①

　　蒙塔古和切姆斯福德都相信,印度文官机构现存的招录体制与印度将实现的责任政府进程绝不相容。② 他们评论说:"显然,我们不能依靠在英国的现行招录方法来提供充足的印度文官候选人。这种体制必须想方设法加以改变;我们建议的补充方法,就是明确在印度实行新的招录比例。"③他们在调查中发现,他们的报告并未能让印度舆论心满意足,相反,舆论一片哗然。舆论普遍认为,相对于印度为英帝国在世界大战中付出的努力,这些建议太过保守。提拉克(Bal Gangadhar Tilak)认为这样的建议完全不可接受,安妮·贝桑特(Annie Besant)也在《新印度》报上说:"这个方案对于英国来说过于吝啬。对于印度来说,不值得接受。"④

　　1919年的《印度政府法》单独考虑了印度文官机构的问题。根据96条(4)款,"国王的文官机构在印度宣布拥有的职位,政府在其职权范围内将以任何方式加以任用。但任命他的政府的任何下级政府不能开除他,即便开除,也可由参事会事务大臣加以恢复。如果某人由事务大臣任命到规范省的某一职位,他就具有向总督提出申诉的法定权利,由总督来负责调查这一申诉,并要求采取在他看来是公正公平的行动"。在同一条

---

① *Report on Indian Constitutional Reforms*, p. 201.

② O'Malley, L. S. S., *Indian Civil Service*, 1601–1930, London: J. Murray, 1931, p. 222.

③ *Report on Indian Constitutional Reforms*, p. 201.

④ Sharma, M., *Indianization of the Civil Services in British India*, 1858–1935, New Delhi: Manak Publications, 2001, p. 196.

款内，参事会事务大臣被授予权力制定规则来规范印度文官机构内的分级、招录方法、工作条件、工资和补助以及纪律和操行。[1]

1919 年通过的《印度政府法》在 1921 年开始实施。根据蒙特福德报告的建议，印度文官机构的考试从 1921 年开始在印度举行，以填补一定数量的文官空缺。这就鼓舞了印度人，并为文官印度人化的进程增加了新的动力。[2] 但蒙特福德报告所建议的考试安排尚无法立即执行，一直延迟到 1922 年 1 月。

1922 年 7 月 1 日，在印度文官机构中实际任职的欧洲人和印度人数量与 1919 年的数据比较发现，在过去三年中有了变化。（见表 11）

表 11　1922 年 7 月 1 日印度文官机构中的欧洲人和印度人数量构成

	印度文官机构职员（包括混血官员）			占据表列职位的官员（省级机构晋升的）		总额
	欧洲人	印度人	欧洲人	印度人	欧洲人	印度人
马德拉斯	151	17	—	13	151	30
孟买	143	19	—	5	143	24
孟加拉	157	25	—	12	157	37
联合省	192	25	—	12	192	37
旁遮普	155	9	—	13	155	22
缅甸	151	3	2	6	153	9
比哈尔和奥利萨	101	14	—	7	101	21
中央省	81	16	—	7	81	23
阿萨姆	46	3	—	2	46	5
	1177	131	2	77	1179	208

资料来源：Home（Ests）Part B，File No. 1006/22 of 1922.

在 1922 年 7 月 1 日任用的总数为 1387 名文官中，印度人 208 名，或占印度文官机构职位的 15%，其中包括表列职位，而在 1919 年只占 12.4%。单看纯粹的印度文官机构的职位（不包括表列职位），比例变化

[1] Banerjee, Sir S., *A Nation in Making*, London：Oxford University Press, 1925, p. 305.
[2] Ilbert, *Historical Introduction*, Oxford：Oxford University Press, 1915, p. 139.

就更大了：1922 年的 11.2% 对 1919 年的 7.6%，人数在 3 年内增加了 3.6%，而在 1900 年至 1919 年的 20 年中也只增加了 3.4%。①

三　在印度单独举行竞争性考试

在印度举办单独的竞争性考试的初衷，是要加快文官印度人化的步伐。它的举行，是为了满足从 1858 年以来印度人一直反复提出的同时考试的要求。②

在其实施过程中，在印度举行的单独考试无疑有助于加快文官的印度人化。但这反过来产生的一系列影响，却是考试制度的规划者马考莱所无法想象的。首先，对招录来源的筛选扩大到印度社会结构的更广大层次，无法只局限于马考莱提出的富裕、明智和具有文化造诣的值得尊敬的阶层的构想。不过矛盾的是，规则规定入选文官仅在英国见习培训两年，这显然无法弥补并非出身显贵家庭和教育背景者的不足。其次，在印度举行的竞争性考试，往往导致印度文官机构中欧洲人和印度人之间文化上的差异。这一种差异在政治上的反映，就是以肤色为组织基础的文官协会的建立，破坏了文官机构作为"精英团队"的整体意识。

在印度举行考试的管理规则，是由印度事务大臣根据 1919 年《印度政府法令》第 97 条（1）款制定的。除了分配给每个科目的分数，③ 这些规则还规定了录取条件，如国籍（英国臣民）、年龄（21~23 岁）、健康情况、道德品质，以及根据英属印度法律获得规定的大学学位。但这一考试制度最显著的特点，还是规定了配额制度，固定了每个省参加考试的考生的最大数量。其目的不仅是为了保证质量，使考生总数限制在 200 名以内，更重要的是确保印度各省都有充分的代表。配额委员会附属于每一省份，由非官方人士构成其主体。每个配额委员会从申请参加考试的考生中，按照各省配额，择优批准其参加考试的权利，并且他们对考试申请人的选择或拒绝都是最终决定，不得申诉。与伦敦的竞争性考试不同的是，在印度举行的考试并不是纯粹基于考试成绩。所谓的社会公平的因素，通

① 1900 年，印度文官机构中的印度人成员占 4.2%，到 1919 年则是 7.6%。
② Misra, *Bureacracy in India*, London：Oxford University Press, 1977, p. 249.
③ 在本文第三章对于印度考试的科目和分值都有详细介绍。

过地域性利益掺杂进来。① 只是在省级配额的有限范围内，才有考试成绩的竞争。这就限制了教育较为发达省份，比如孟加拉的优势。

第一次竞争性考试在印度阿拉哈巴德法学院举行。阿拉哈巴德是交通中心，在考场、旅馆等设施方面，比德里更容易安排。考试于 1922 年 2 月 27 日开始，持续到 3 月 13 日。经印度事务大臣批准，要求联合省政府对考场座位、监督、监考、收集和运送答卷等做出必要的安排。考试的实施受到联合省的部门考试处处长班尼斯特（Bannister）的监督检查。获得授权实施考试的人员主要是欧洲人，考场氛围高度英国化。

该规则还规定了面试。面试委员会由 1 名欧洲官员、1 名印度官员和 2 名非官方印度人组成，还加上主管。② 与伦敦的考试为面试规定了 300 分不同，阿拉哈巴德的考试维持在 200 分，因为印度人认为，作为一场旨在确定个人品质的测试，300 分过高了。

在阿拉哈巴德的最后一次考试在 1927 年 1 月举行，以后的年份就转移到德里考场。表 12 给出了 1922 年至 1926 年的申请人数和到场人数：

表 12　在印度举行的竞争考试报考和到场人数

	1922 年	1923 年	1924 年	1925 年	1926 年
申请人数	—	192	214	172	198
到场考试人数	74	93	98	95	130

资料来源：Home（Ests.）File No. 134 Of 1926 &K. W., p. 3.

在阿拉哈巴德的考试是由文官事务专员实施的；通过考试的人员前往英国见习 2 年，见习期间由事务专员负责考核其品行；之后再经过规定的考试，并通过体检，最终由文官事务专员颁发证明，将其任命至印度文官机构。

---

① 各省配额数量：阿萨姆 5 名考生，孟加拉 33 名，比哈尔和奥利萨 22 名，孟买 25 名，缅甸 15 名，中央省 12 名，马德拉斯和库格尔 33 名，旁遮普、西北边省和德里 25 名，联合省、阿杰梅尔-摩尔瓦拉 30 名。Home（Ests.）File No. 531 Of 1921, p. 8. 见 Misra, *Bureacracy in India*, London：Oxford University Press, 1977, p. 252.

② 印度文官，法特浦尔县的税务官，D. W. D. Macleod 主持了 1923 年 1 月的考试。面试委员会由 Prof. Sahani（Chairman），Nawabzada Muhammad Yusuf, M. L. C.（Allahabad），Prof. T. K. Bakshi, I. E. S.（Jubbalpur），G. E. Fawcs, D. P. I.（Bihar and Orrisa）In Addition to Macleod 构成。

1927 年，印度文官机构招录印度人的职责移交给了公共事务委员会。1928 年 1 月 4 日，该委员会在德里举行了第一次考试。此后德里成为考试中心。经印度事务大臣批准，根据新规则，由公共事务委员会主管并实施考试。然而，关于原有的见习安排仍保留在文官事务专员的手中。除了 2 年的见习期，在印度招录的考生，无法从提供给伦敦竞争者的高标准的教学和考试中获益。公共事务委员会在试卷的制定、学生考卷的评分、面试等问题上，只能依靠本地人员。在德里举行考试时，配额制当然取消了。即便是取消了配额，由于教育质量的区别，竞争的程度还是大大缩减了。

公共事务委员会的报告给人的印象是，那些参加德里举行的印度文官机构竞争考试的考生都是"突击应考的"，而不是"接受了充分教育的"。1934 年 7 月 11 日，一份官方通告表达了地方政府对考试问题的关注。①由于参加文官机构竞争考试的人数稳步上升，考生质量良莠不齐。印度政府和公共事务委员会也非常关注由于大量考生出现在德里举行的文官招录考试中，许多参加者没有多少成功的可能，只是加重了考官和公共事务委员会的工作负担。然而，主要的问题不在于缺少能力很强的学生，也不是印度的大学缺乏教学能力，而是因为殖民统治对印度民族工商业的限制，再加上 1929~1933 年的世界经济危机造成的大萧条，越来越多的印度中产阶级难以在工商部门就业，所以大量大学生涌入考场参加文官考试。20 年后，在这几年激烈竞争中脱颖而出的文官中，许多人成为尼赫鲁时代经济计划的优秀管理者。②

为了减少非优秀竞争者的涌入，委员会建议由某些大学组成咨询委员会，一开始就坦率地告诉竞争者他们能否成功。在征求意见时，几所大学（阿格拉和阿拉哈巴德）建议，委员会应进一步明确考生在参加考试之前必须拥有的学位的类别或标准。经过考虑，关于设立学位类别标准的建议被委员会摒弃，因为印度各大学的标准各不相同，候选人所取得的级别，

---

① Misra, B. B., *The Bureaucracy in India*, p. 254.

② Chakrabarty, Bidyut, "Jawaharlal Nehru and Administrative Reconstruction in India: A Mere Limitation of the Past or a Creative Initiative?" *Journal of South Asian Studies*, 29: 1, 2006, pp. 83-99.

并不一定就表示具有相应的能力。此外，许多拥有一流大学学位的考生，在竞争考试中表现得特别差，而一些拿着二流甚至三流大学学位的考生，有时却取得了令人赞叹的好成绩。因此，委员会坚持原来的建议，继续组织咨询委员会。①

即便如此，申请参加 1938 年 1 月印度本地考试的考生人数还是上升至 560 人。这些人中，有 392 人到场，其余的都被联邦公共事务委员会拒绝或自行取消资格。就整体而言，主考官们的报告是挑剔的，特别是在"评论"和"英语论文"这两门必考科目上。例如，"评论"科目的主考官发现，大多数考生都是"厚颜无耻地出现考场中"，40% 考生的答卷"无法判给任何分数"。

> 很遗憾，有些作文没有达到最一般的录取标准，许多考生无法写两句正确而连贯的英文句子，平均得分率为 22%。当然也有一些考生非常熟练地运用英语，对语言的掌握非常出色。但也有人甚至不知道"摘要"是什么意思。英文考试的平均得分率没有超过 45%，而一般知识的得分率只有 21%。在 1938 年的考试中，主考官认为考生所表现出的"知识和智慧"水准低得"令人难以置信"。这是对印度大学教育质量的严厉控诉。考生在面试中的表现，总体上也是"质量低劣"。②

这种对德里考试的看法，也得到了由印度事务大臣 1935 年任命，对印度文官机构现有招录方法和见习制度进行评估的委员会的证实。③ 委员

---

① 1925 年 8 月 3 日阿拉哈巴德行政理事会设立的咨询委员会由下列成员组成：Dr M. N. Saha, D. Sc., F. R. S. (Physics Dept.); Sir J. C. Weir, K. C. (Law Dept.); Dr. Tara Chand, D. Phil., Principal, Kayastha Pathshaly; Pandit Hriday Nath Kunzru, Servants of India Society, Allhahada; Prof. Amarnath Jha, M. A., English Dept. and P. N. Sapru, M. A., Ll. B., Bar-at-Law, Allahabad. See Home (Ests.) File No. 237/34, Pp. 43-4.

② Home (Ests.) File No. 28/38, pp. 5-15.

③ The Committee Consisted of (1) H. Wheeler, (2) Atul C. Chatterjee, (3) Geoffrey De Montmorency, (4) Alexander Gray, (5) R. W. Livingstone, (6) B. S. Meiklejohn, (7) B. N. Mitra, (8) W. Spens, and (9) Charles K. Webster.

会的成员们认识到，在当时，将不合适的人员招录进来，对文官机构的声誉造成了"比战前任何时候"都更为严重的威胁。"印度文官机构现在面临省级机构的激烈竞争"，省级文官机构招录的最好人员，"在当前情况下，很难说与那些从德里考试中任命到印度文官机构中的人员有多少区别"。印度政府1934年1月4日急件的附件中说："印度文官机构通过在伦敦的考试所招录的文官的平均质量，在过去几年一直优于在印度考试所招录的人员。"①

四　李调查团报告和文官印度人化加速

1923年任命的李勋爵调查团提出的重大建议，就是确保从省级文官中晋升更多的印度人进入印度文官机构的保留职位上。报告第36段这样说：我们一致认为，增加从省级文官机构晋升到印度文官机构职位的比例是可取的，而且我们认为，20%的招录名额应来自这一机构，而不是"最多占招录总数的16%"，尽管"这一比例迄今尚未实现"。②

从印度文官机构中提供20%的招录职位给省级文官机构，印度政府采用的方法实际来自两种备选方案。第一，高级职位的数量可以从现有的年度招录数额的16%提高到20%，省级文官按照这一比例招录，由省级文官的上级来选择，直接晋升到高级职位。第二，省级文官还可以由特别的路径，招录到印度文官机构的底层职位。这就产生了一种结果，如果一位省级文官得到晋升，他立即就能获得税务官、县法官和治安法官级别的职位。这又造成印度文官机构成员的不满，因为他们要得到实质性的税务官或县法官和治安官级别的职位，平均要等到服务期的第十六七年。在获得实质性任命之前，他们还需持续代理税务官或法官好几年。因此，就可能出现这样一种情形：一位印度文官机构成员代理税务官好几年之后，发现他的印度人副手被直接任命到表列职位中的税务官职位上，并超过了他。这种情况是人们未曾预料到的。本来以为省级文官只是晋升到具体的职位，对于他们后来是否再晋升到更高级别的职位，政府并没有明确的法

---

① Misra, *Bureaucracy in India*, London: Oxford University Press, 1977, p. 187.

② *Report of Royal Commission on Superior Civil Service in India*（Lee Commission Report）, Simla: Government of India Press, 1924, p. 21.

律规定。

在英印权力移交时成为孟买总督的昆瓦尔·马哈拉贾·辛格（Kunwar Maharaja Singh），典型性地说明了一位省级文官是如何抢在一些印度文官前面担任治安官和税务官，并晋升到更高的专员位置上的。马哈拉贾·辛格参加了1901年伦敦的印度文官竞争考试，但失利了。1904年他回到印度。同年的12月1日，他被任命为联合省省级文官机构中的副税务官。他在这一职位上任职，直到他被印度政府借调为教育部的助理秘书。在那里，他从1911年4月3日干到1917年7月1日，又回到联合省。1917年5月，经印度事务大臣批准，他被任命到表列职位中为他特设的县税务—治安官。然后，1919年9月4日，他被任命到一个表列职位空缺上，而正式成为税务—治安官。根据当时生效的规则，他被置于一个分层列表中，直接作为从1901年开始在印度文官机构中任职的西姆（Sim）的下级，西姆到1919年也被确认成为税务—治安官。辛格由此取得了西姆和德雷克·布罗克曼（Drake Brockman）之间的地位，后者也于1901年加入印度文官机构。由于资历是从获得实质任命之日起，而不管在负责职位上的年数，因此马哈拉贾·辛格就比1901年那一批的另两位印度文官级别高，并比1902年、1903年和1904年批次的所有人员级别都高。即便是1904年那批文官，也是在12月1日之前抵达印度，那时马哈拉贾·辛格的服务才真正开始。然而，没有谁提出异议，因为他当时根本就没有获得进一步提拔的资格，而他在名录中的地位，也没有影响全印文官中其他县级官员的经济前景，他们按服务时间长短付酬的方式在1919年4月实施，比马哈拉贾·辛格被确认为税务—治安官早几个月。

但麻烦是必然会出现的。与印度政府1922年3月30日的通知一致，联合省政府于1925年发出了通知，表列职位人员有资格担任地区专员。1927年夏天，出现了实缺，鉴于他的资历，联合省政府任命马哈拉贾·辛格担任地区专员。这立即引起了印度文官的关注。他们认为，在马哈拉贾·辛格担任专员的这些年里将有一位全印文官会被剥夺专员职务。即便如此，他们并没有催促他回到原来的职位。他们想到的是，对由于他而延误晋升文官的损失进行货币补偿。5位愤愤不平的全印文官并没有能将他们为此延误晋升的情况上呈给印度事务大臣，因为现有的等级评定和晋升规则无法帮助他们，也没有任何一个按规则办事的政府能采取的别的行动。马哈拉贾·辛格自有他的晋升方式，规则对他有利。①

印度事务大臣认可这样的看法，即，从省级文官的晋升招录应当继续受现行表列职位制度的规范，但应以一种更为明确的形式。他申明，这就是皇家［李］调查团建议每年招录的 20% 的印度文官职位，应由省级文官机构的行政和司法官员填充的原因。这也包括直接将法律专业人士任命到那些为省级机构成员保留的高级职位上。正是在此基础上，该委员会预计在 15 年内，在印度文官机构的职位中，英印成员比例能达到 50∶50。②

德里考试与李调查团建议进行的招录是相互关联的。1935 年《印度政府法》实施之前，作为招录政策的一部分，印度文官机构招录的每 100 名人员中，将有 40 名欧洲人和 40 名印度人是通过考试直接招录，余下的 20 名（实际上全部都是印度人）将从省级文官机构晋升。根据 1924 年的安排，每年通过考试直接招录同样数量的欧洲人和印度人。可能在 15 年后，到 1939 年，产生 50∶50 的结果。③ 印度人文官中的大多数本应在印度招录，但是，这种招录将在伦敦考试招录之后进行。从理论上说，把在伦敦招录的印度人人数，从在伦敦招录的欧洲人人数中扣除之后，就是那些德里和仰光竞争考试通过者和举荐的少数族群成员能够填补的职位数额。其中明显的含义就是，除非在伦敦招录的欧洲人人数大大超过在伦敦招录的印度人数额，否则不可能在不偏离 50∶50 的前提下，还能给印度留下足够的招录名额。但登记招录的欧洲人人数不是增加，而是明显减少。欧洲人的招录不足，以及德里考试被降到一种纯粹附属的地位，就鼓励越来越多的印度人直接前往伦敦参加考试竞争。在 1930 年至 1935 年这五年间，印度文官机构任命的欧洲人和亚洲人分别为 91 名和 136 名。在亚洲人中，81 人在伦敦招录，28 人在德里，17 人在仰光，还有 10 人以

---

① Misra, B. B., *Bureaucracy in India*, p. 189.
② *Report of Royal Commission on Superior Civil Service in India*, 1924, p. 23.
③ *Report of Royal Commission on Superior Civil Service in India*, p. 18. 根据 1935 年政府法，印度警察机构要到 1949 年才能实现英印警官 50∶50 的比例，所以文官机构的印度人化速度已相当迅速。

举荐进入。①

　　由于缺少欧洲考生，在伦敦的考试录取者名单中，就出现了更多的印度人。印度人涌入伦敦参加考试，也是由于从德里招录的人员，在计算资历和进入日期上没有竞争力，并且见习期还要长一年。因此，伦敦的竞争考试就成为印度考生的第一选择。原来让德里考试成为招录印度人主渠道的计划大部落空。此外，由于在印度的招录取决于伦敦考试的结果，而伦敦招录的印度人数量不断增加，还需要保留职位给举荐的少数族群代表，给德里竞争考试留下的职位空缺就很少。德里考试的吸引力也就可想而知。

　　这也产生了一个重要后果，每年招录的欧洲人从平均 55 名减少到 20名。② 英国考生的减少转而又影响了文官招录的质量。即便是一位成绩"低劣"的欧洲人，也发现自己能进入印度文官机构。1935 年 12 月 12日，印度事务大臣发给参事会总督的机密信件中，表示他关注他任命的委员会提出的调查结果，尤其是对欧洲考生每年减少情况的报告。他建议采取补救措施，一旦新的政府法生效，就要对每年在伦敦招录的印度人总数加以预先限制，从 1937 年起，作为权宜之策来执行。③ 他进一步明确指出，万一竞争性考试无法提供足够数量的达标欧洲候选人，他将毫不犹豫地采取措施，弥补欧洲人缺乏造成的后果，在 1937 年以及随后几年，从大学中选拔高标准的毕业生，直接填充一些空缺出来的高级职位。他们可以不参加竞争性考试。④ 无论采取何种补救措施来改善这种情况，正如在30 年代中期所记录的那样，德里和伦敦两地文官招录的质量都出现了明显下降，尤其是在伦敦招录的英国人中。这就说明，大多数英国人还是很敏锐地感觉到了帝国从印度撤退的趋势，参加竞争考试的英国人，除了在大萧条就业困难期间有所增加外，人数一直都在减少。

---

① *Report of the Government of India Secretariat Committee* （Maxwell Committee Report, Delhi: Bengal Press, 1937), p. 64.

② Sec. of State to Gov. -Gen. in Council （Service), 12 Dec. 1935, I. O. Mss. Eur. F. 97/3, p. 6.

③ 在伦敦对印度人开放的职位在 1937 年超过了 12 位，1938 年超过 10 位，1940 年超过 6位。见 Home （Ests.) File No. 35/56/39, p. 11。

④ India Office, Mss. Eur. F. 97/3, p. 1 （12 Dec. 1935).

五　印度文官职位保留制：宗教和种姓

受英国殖民统治的影响，印度在 19 世纪成为英国的原料产地和商品倾销市场，印度自身的工商业发展缓慢，人口大量集中在农业。由于经济的不发达和社会分工的不充分，印度社会最重要的联系纽带是宗教和种姓。利用族群和种姓矛盾来维持英帝国对印度殖民地的控制和权威，是自 19 世纪 70 年代穆斯林主动寻求西化以来英印政权一贯采取的政策。正如尚会鹏教授在《种姓和印度教社会》一书中论述近代种姓和教派的冲突根源时所说："处在种姓金字塔底层的不可接触者和其他低种姓集团，在现代因素的影响下日益觉醒，对自己世世代代受奴役、受迫害的地位日益不满，他们中出现了一股明显的反歧视、反迫害，要求改善对自己的不平等待遇的潮流。""无论是高种姓还是低种姓，都重新发现了种姓这个古老组织在新条件下的有用性，从而以种姓的名义团结起来。西方式的'民主'、'选举'制度又为各种姓集团提供了公开、合法的角斗场。""如果说，传统社会中所谓种姓团结、种姓觉悟还处于朦胧状态、种姓间的对抗还不是自觉的和有组织的行为的话，那么，现在人们的思想更清醒了，行动更自觉了。"①

而对于教派矛盾，"从一开始，两个宗教之间的矛盾就同印度教徒与外来统治者之间的矛盾，以及广大下层穆斯林同社会压迫者之间的矛盾错综复杂地纠合在一起。""早在英国人统治印度之前，教派区别和教派矛盾已是印度社会生活的一个重要方面。这构成了后来英国统治者推行'分而治之'政策以及当代印度教派主义、教派冲突的基础。""在一个宗教既是一种信仰，也是一种生活方式和民族标记的社会里，民族意识的觉醒必然同强调宗教团结相一致。印度教徒的民族意识的觉醒是借助复兴印度教文化传统等手段达到的，而这却疏远了其他教派，加大了同其他教派的距离和对立。结果，对穆斯林和不可接触者来说，摆脱殖民统治同摆脱印度教徒的统治几乎具有同等重要的意义。"②

---

① 尚会鹏：《种姓和印度教社会》，北京大学出版社，2001，第 171 页。
② 尚会鹏：《种姓和印度教社会》，第 173 页。

印度民族资产阶级实力的上升和民族意识的兴起对英国控制印度造成了不小的威胁。英国殖民者将种族、阶层、族群和种姓矛盾引入印度政治有着长久的历史。从康华利在高级职位上完全排斥印度人，到利顿为传统贵族和大地主子弟设立法定文官机构，直至寇松分割孟加拉，到穆斯林联盟的成立，及摩莱-明托改革为穆斯林单独设立选区，都是一战之前英国利用种族、阶层和族群矛盾，进行分而治之的明证。一战之后，随着英国政治中种族主义政治的消退，印度民族主义崛起，族群矛盾就成为英国殖民统治者制约印度民族主义的重点。印度政府利用文官印度人化政策的实施，以政府职位笼络穆斯林，实行文官职位保留制，试图将穆斯林从以印度教知识分子为主体的民族独立运动中分离出来。这一政策首先体现为"穆迪曼承诺"，其次就是1934年政府决议。

按照族群路线分配职位，是1921年实施的将选举政治引入印度的双重统治的直接结果。社会的较低阶层开始组织单独的团体，试图使自己的群体得到政府认可，从而具有从行政和政治方面获利的资格。因为政府正尝试一项政策，对经认可的落后阶层和族群保证授予某些利益，使他们获得平等的权利。确实，无论英印当局包含了何种分化的祸心，在印度以种姓文化为基础的多族群社会环境下，这种保留制多少促进了各族群的平衡发展。同时，这一趋势导致许多杰出的英国人文官，以人类学方法，从行为习惯、风俗、信仰和职业等方面对这些阶层和族群加以研究、分类。进行分类的直接目的，就是为了在政府法令所认可的族群之间分配公共职位。那些进入分类项目的种姓和部落就成为所谓表列种姓和表列部落。

独立的团体意识并不仅仅局限于主要的族群，它一直延伸到社会的下层。[①] 英国人引入的民主，实际上给传统社会中各种类型的身份认同提供了机会，这使他们以更大规模组织起来在社会中寻求更高地位和更大利益。当然，这种身份不再是传统等级制的一部分，而是处于现行社会秩序的框架之内。在帝国立法会内部，立法会成员也以各种努力确保能为自己

---

① Gould, W., "The Dual State: The Unruly 'Subordinate', Caste, Community and Civil Service Recruitment in North India, 1930-1955", *Journal of Historical Sociology*, 2007, Vol. 20 (No. 1/2): p.17. 独立之后，如何辨别和确定各个族群以确定其保留权利，成为印度政府各级官员施加庇护和自由裁量的乐园。

所属的族群和种姓成员争取获得更多进入公共机构工作的机会。地域和省区的考虑，当然在立法会成员的考虑之列，但他们的重点更多是放在种姓和宗教归属这两条印度社会认同的重要原则上。

政府及其官僚机构正式认可了这种发展，通过"承诺"的方式，给少数及表列族群保留担任公职的机会及其他权利。穆斯林是寻求机会的首要的少数族群。在 1921 年的印度中央政府秘书处中，共有 81 位欧洲人，7 位印度教徒，1 位英印人以及 1 位印度基督徒。与此相比，人口占 20%以上的穆斯林，却只有区区 2 位文官的月薪超过 1000 卢比。[①] 1922 年，印度政府所有的部门中，穆斯林与非穆斯林的比例大约为 13%（1∶8）。（见表 13）

表 13　1922 年在中央秘书处中任职人员的族群比例

单位：%

	英印人	印度教徒	穆斯林	锡克	印度基督徒
负责人以上级别的官员	6	10	3	0	3
负责人级别的官员	20	24	4	1	1
助理秘书	83	158	23	5	7
办事员	48	353	97	25	11
速记员	5	49	1	1	0

资料来源：Home（Ests.）B File No. 880 Of 1922. 穆斯林在中央部门中的职员数量到 1934 年为止有相当大的改善，见 Home（Ests.）File No. 14/11/34-S Of 1934。

考虑到英印人（英印混血后裔）在总人口中所占的并不突出的比例，他们是从印度政府中受惠最多的族群。在铁路、邮政和电报业，他们和欧洲人实际上垄断了高级职位。1921～1922 年，在铁路管理委员会中没有一位印度教徒或穆斯林。因此，印度立法会经常向政府施压，要求提交有关各个族群的就业统计数据的报告。有关公共机构中族群代表比例的年度说明从 1925 年开始提交。1925 年 3 月，印度政府的内政参事亚历山大·穆迪曼（Alexanda Mudiman）在国务理事会的会议中保证：如果有足够多合乎资格的候选人，印度文官机构、印度警察机构、印度工程师机构和印度

① Home（Ests.）Progs., Feb. 1921, Nos. 5. 163–177.

森林机构招录员额总数的三分之一，应从少数族群中直接招录。印度政府接受了这一主张，印度事务大臣不仅同意，而且还建议将"穆迪曼承诺"的实施扩展到中央各政府机构。虽然没有硬性规定总数三分之一如何在不同族群之间分配，但自 1930 年以来，穆斯林被允许至少占有上述这些任命名额的四分之一。内政参事将公共机构内所有直接任命职位数的三分之一保留给少数族群，以减少族群之间的不平等。① 但我们也应了解，英国人如此操作的原因，不仅在于要对穆斯林的利益进行庇护，同时也是要让穆斯林和印度教徒之间在利益上直接发生矛盾。

在 1934 年 7 月 4 日的内政部决议中，"穆迪曼承诺"得到了详细说明。② 虽然英印当局小心避免将穆斯林从现存地位上迅速替换英印人（混血后裔），但决议承认穆斯林要求的合理性，要求在印度文官机构、中央机构（一级和二级秘书）以及印度政府的下属部门等公共部门内更多保留职位。至于省级机构，族群代表制早已根据 1909 年分权委员会的建议加以制定，③ 委员会的建议已合并进入 1910 年的印度政府决议。分权委员会建议的目标就是要限制某个特定族群或阶层在任何省级机构内占据优势地位。④

1934 年的内政部决议规定，如果穆斯林和其他族群未能通过竞争性考试获得保留给他们的职位，他们的配额将通过举荐方式来确保。如果其他小族群的成员获得的职位少于通过竞争考试给他们保留的数额，并且没有足够多的合适资格的人员进行提名举荐，那么剩余的 8.33% 就能提供给穆斯林，因为给其他族群保留的比例，是不会在他们中以确定比例进行分配的。以往曾强调过将竞争作为进入公共机构的最好方式，在新的情况下无人再提及了。最低的资格标准当然还是实行了，保留制就是在这样的条件下造成的。总之，对于个人成就和行政效率的关注，看起来很难与有关社会群体之间权利公正分配的考虑协调起来。

---

① Malik, Nadem Shafia, "Indianization of the ICS and Muslim Representation in Public Service", *Journal of the Research Society of Pakistan*, 1994, Vol 31 Pt 3 p. 38.

② See Home (Ests.) File No. 14/17-B/33 of 1933, Serial Nos. 1–14. The resolution is recorded under Serial No. 12.

③ *Report of Decentralization Committee*, Simla: Government Central Branch Press, 1909, p. 29.

④ Home (Ests.) File No. 20 Of 1927.

从实际的角度来看，落后种姓在行政机构内的代表性仍然很差。1932
年的安倍德卡尔（Ambedkar）和穆迪曼（Mudiman）之间的《浦那协
议》，承认了为落后种姓在公共机构内确保公平代表的重要性，但由于落
后种姓受教育水平有限，这一协议并没有实际作用，也不能为落后种姓保
留任何具体比例的职位空缺。因此，在这种情况下，提名举荐就被印度政
府作为一种手段以吸纳那些符合资格，但无法在竞争考试中胜出的候选
人。保留制就这样与提名举荐相结合，共同维护殖民统治的追随者和合作
阶层的利益。

1934 年的内政部决议，承认另一条进一步扩展职位保留制范围的原
则。应印度事务大臣之请，英印人现有的地位多少是保留不变的，他们仍
然保留有 8.33% 的直接任命的比例，剩下的 25% 就未受触动地保留给穆
斯林。批准给全部少数族群的 33.33% 的比例，现在只是覆盖了穆斯林和
英印人。因此，为了确保除穆斯林和英印人之外的少数族群的利益，印度
政府决定额外为他们保留 6% 的直接任命的职位比例。这大概就是在穆斯
林和英印人之外的少数族群所获得的职位比例，包括落后种姓和其他落后
阶层。

保留制的原则没有应用于完全是根据业绩来决定的职位晋升。它只
应用到直接任用上，并产生了预想的某些效果。然而对于少数族群来
说，穆斯林才是最大的获益者。正如表 14 显示的，穆斯林入选到印度
文官机构中的数量，尤其是与印度教徒的所占比例比较，显然在逐年
递增。

表 14　1925~1943 年各族群招录进入印度文官机构的情况①

年度	印度教徒	穆斯林	印度基督教徒	锡克	帕西族	英印人
1925~1930 年（包括）	122	29	9	1	3	1
1931 年	12	8	2	1	-	-
1932 年	15	6	2	-	-	2

① Misra, *Bureacracy in India*, London：Oxford University Press, 1977, p. 387.

续表

年度	印度教徒	穆斯林	印度基督教徒	锡克	帕西族	英印人
1933 年	15	3	4	-	-	-
1934~1943 年（包括）	111	48	6	4	6	4
19 年内的总数	275	94	23	6	9	7
每年平均	14.47	4.49	1.21	0.31	0.47	0.36

资料来源：Home File No. 30/28/47-Ests.

表列种姓的地位则没有多少改善。1934~1943 年，只有 2 位候选人进入了印度文官机构，一位在孟加拉，另一位在阿萨姆。宪法规定给少数族群的保护性条款，在消除他们的落后性方面还是迈出了坚实一步，虽然直到 1946 年，印度政府规定将直接任命职位的 12.5% 保留给他们，事情才算获得了真正的进展。表 15 提供了 1947 年 1 月 1 日印度文官的族群构成。

表 15 1947 年 1 月印度文官的族群构成（90 名表列职位持有者排除在外）

		欧洲人	印度教徒 落后种姓之外的印度教徒	为族群代表制所认可的少数族群代表							总数
				落后种姓	穆斯林	定居印度的欧洲人和英印人	锡克人	印度基督教徒	帕西人	其他族群	
印度文官机构	人数（人）	468	352	2	101	5	10	25	13	4 人	980
	比例（%）	47.75	35.9	0.2	10.31	0.51	1.02	2.55	1.33	0.41	100
印度人官员	人数（人）		352	2	101	5	10	25	13	4	512
	比例（%）		68.75	0.39	19.73	0.97	1.95	4.88	2.53	0.78	100

资料来源：Home File No. 30/28/47-Ests.

　　对于社会和经济方面的弱势群体，公共机构人员招录中的保留制是一种就业上的政治性补偿政策。其好处在于能在较低种姓中鼓励高等教育，这种教育转而又给传统的就业模式、生活方式和社会关系带来转变。但它也在客观上鼓励了分离主义和种姓竞争。这些种姓在过去以僵化地互相履行职能来维持社会秩序，阻碍了社会凝聚。公共机构职位的保留制为表列种姓和表列部落提供了一些自由，让他们去争取他们的保留权利，但也使他们由于害怕失去所得而各自在社会层面成为封闭族群。它有助于政治领导人在宗教、种姓和部落的集团内动员选票，也增加了官僚机构分配庇护机会的权力，便于授予各个群体特权。保留制还妨碍了民主进步，因为它妨碍了以地域为基础，在个体意识和个人利益上的自由进取。

　　在册的印度文官机构内的印度人人数从 1919 年起迅速增加。例如，在孟买管区，1916 年之前，他们所占的比例仅为 16.5%；但从 1921 年到 1925 年，印度文官机构之中的印度人占了 25%；1926～1927 年，占到 40%；而 1928 年至 1934 年更是占到 57%。虽然对文官机构内欧洲人的减少表示关切，但孟买总督强调，"1916 年前招录的最年轻的人员都服务 19 年了，而且所有这些人在 6 至 10 年内都将完成他们的服务，其中的大多数将退休。那时候高级人员将有 75% 是印度人。"因此，他强调必须将欧洲人的招录提高到适当的水平。诉诸举荐取代竞争，其目的是快速弥补欧洲人的短缺。在 1939 年 1 月，在印度文官机构内的印度人不超过 589 名，与 599 名欧洲人相对。即便如此，据此数字，印度人在文官中的比例已达 49.5%，而 1922 年时仅为 17.6%。1929 年后不同阶段，在文官机构内登记的印度人数目稳步上升，如表 16：

表 16　1929 年后各省英国人和印度人在印度文官机构内官员数量及服务年限

省份	1~5 年 (1938~1934 年)		6~10 年 (1933~1929 年)		11~15 年 (1928~1924 年)		16~20 年 (1923~1919 年)		21~25 年 (1918~1914 年)		26 年以上 (1913 年以前)	
	英国人	印度人	英国人	印度人	英国人	印度人	英国人	印度人	英国人	印度人	英国人	印度人
马德拉斯	9	20	12	25	10	19	22	14	11	1	22	3
孟买	16	17	13	21	10	9	6	11	8	1	15	4

续表

省份	1~5 年 (1938~1934 年)		6~10 年 (1933~1929 年)		11~15 年 (1928~1924 年)		16~20 年 (1923~1919 年)		21~25 年 (1918~1914 年)		26 年以上 (1913 年以前)	
	英国人	印度人	英国人	印度人	英国人	印度人	英国人	印度人	英国人	印度人	英国人	印度人
孟加拉	13	22	19	25	9	18	26	10	11	4	24	7
联合省	19	21	22	27	15	15	16	12	4	4	39	5
旁遮普	18	16	26	16	14	12	8	10	7	–	29	2
比哈尔和奥里萨	14	17	8	9	11	9	7	9	9	3	20	2
中央省	4	6	8	8	6	8	12	11	4	3	10	1
阿萨姆	4	3	3	5	2	1	5	3	4	2	10	–
总数	97	122	111	136	77	91	102	80	58	18	169	24
	219		247		168		182		76		193	

资料来源：Home（Ests.）File No. 35/24/39 Ests.

在印度文官机构内印度人与非印度人 50∶50 的人员比例实际上已经在 1939 年基本实现了。但是，李调查团的实质性建议是，在 100 位招录人员中，招录的比例应维持在 40 名欧洲人和 40 名印度人是直接录用，其余空缺应由省级文官晋升填补。因此，当这一比例达标之后出现的问题就是，50∶50 的比例是否应维持，直到在适当的时候，实现在高级职位上英国人占 40%，印度人占 60%。1924 年没有就这一问题做出决定。但 1935 年《印度政府法》第 244 条（3）款规定，印度文官机构的人数须由印度事务大臣不时调整，而对于在印度做出的职位任命和留下的空缺，印度事务大臣应每年向议会两院提交一份声明。

1936 年，在招录英国人时再次出现了缺口，这促使英国政府采取非常措施，确保印度文官机构不被印度人充斥。第一是限制印度文官机构中经由伦敦考试提供给印度人的职位数量；第二是建议不经过公开考试直接任命一些欧洲人进入文官机构。

表17　1914~1936年印度文官招录统计数据

年份	理论上招录人员数	实际招录人数		招录方式			
				竞争考试		提名举荐	
		欧洲人	印度人	欧洲人	印度人	欧洲人	印度人
1914	47	46	7	46	7		
1915	52	11	3	11	1		2
1916	51	4	5	4	2		3
1917	46	2	4	2	3		1
1918	44		9	1	9		
1919	42	62	39	3	5		34
1920	42	44	6	6	6	(a) 62	
1921	61	30	25	7	13	(a) 44	12（b）
1922	43	9	24		19	(a) 27	5（d）
1923	45	21	15	3	13	(a) 3	2（1缅甸人）
1924	45 *	3	15		13	(a) 14	2
1925	} 56				23		
1926		21	29	21	20		6（2缅甸人）
1926~1927	64	29	27	29			
1927~1928	70	37	36	37	27		7（4缅甸人）
1928~1929	68	36	36	36	30（5缅甸人）		9（4缅甸人）
1929~1930	72	35	31	35	25		6
1930-1931	68	26	43	25	41（6缅甸人）		6
1931-1932	66	24	22	24	18（3缅甸人）		2
1932~1933	62	14	23	14	23（3缅甸人）		4
1933~1934	65	17	27	17	25（3缅甸人）		
1934-1935	42	13	22（c）	13	20（2缅甸人）		2
1935-1936	46	5	26	5	26（2缅甸人）		2
总人数	1197	489　　474		339	369（24缅甸人）	150	105（11缅甸人）
		962（减掉一位不合规的非定居英印考生C）					

（a）职位候选人。

（b）包括一位机构的考生。

（c）包括一位非定居的英印考生。

* 未计算总数。

资料来源：*Report of the Government of India Secretariat Committee*，Delhi：Bengal Press，1936，Appendix Ⅵ，p.67.

第三节　二战中及战后的文官招录

1939年林利思戈未经与印度政治家协商，即宣布印度参加世界大战。为表示抗议，国大党控制的各省政府集体辞职，人数不多的印度文官机构全盘接管了各省和县的行政。在整个战争期间，印度文官机构承受着巨大的工作压力，饱受民众敌视，困难重重。面对德国和日本在欧亚非的全面进攻，英帝国节节败退，实力大损。英印帝国的统治，此时也到了山穷水尽的地步。随着政权移交，印度文官机构退出历史舞台。作为文官印度人化的成果，300 余名印度人文官成为印巴分治后印度行政机构和外交机构的脊梁。作为官僚国家本身的印度文官机构也最终恢复了文官机构本来的意义，成为从属于代议制政府的行政部门。

一 竞争性考试的停止与选拔制的实施

战争期间，印度文官机构减少了对欧洲候选人的招录，招录人员素质也大大降低。大战爆发之初，印度事务大臣曾在 1939 年 11 月 6 日的信中提出关于战争期间招录政策的建议，包括暂停在英国的竞争性考试，选择一些欧洲人任命到印度文官机构中，在印度和英国分别招录印度人等。印度政府同意暂停伦敦的考试，在伦敦举行的最后一场竞争性考试是在 1939 年。

任命欧洲人的问题产生于殖民部选择继续为他们的机构招录人员的决定。因此，印度事务大臣建议，一些无力参加战斗，但还是可以履行民事职责的老兵应通过选拔任命到印度文官机构中。印度政府虽然提出若干身体健康方面的理由，但原则上并不反对。但在 1940 年，这样委任的欧洲人数量不超过 10 名。印度政府希望避免一战之后所造成的错误，防止招录伤残退伍军人。但由于在印度文官机构和印度警察机构内的欧洲官员人数比第一次世界大战期间少，现有的条件就变得更加困难和无法调和。别无选择之下，印度政府只能将一批残疾军人任命到文官机构内。

在印度招录印度人进入文官机构被认为是必不可少的，因为没有其他方法可以更好地维护正常的人员供应，印度政府只好继续在德里安排竞争性考试，并提名举荐少数族群的候选人。但由于联邦公共事务委员会的建议，这些安排并没有持续到整个战争时期。它们只应用于 1940 年的警察考试和 1941 年的印度文官机构考试，[①] 目的是维护那些在战争期间响应

---

① 印度警察机构考试在 9 月举行，文官机构考试在 1 月举行。对印度事务大臣建议的回应，在 1940 年的 2 月宣布决定。

征兵要求的人的利益。用联邦公共事务委员会自己的话来说，"主要考虑的是，如果国家紧急状态呼吁所有学生阶层的人员服兵役，对比那些没有响应的人员，那些应征者的利益应得到保障"。因此他们希望，继续通过竞争考试招录印度人的决定只实施一年。委员会的建议得到印度政府和印度事务大臣双方的同意。

1939 年战争爆发后，在英国招录印度人的问题，是由于一些印度学生已前往英国，准备参加伦敦的竞争性考试以便进入印度文官机构。印度事务大臣认为，对他们的招录不应该加以制止。但文官事务专员发现，在没有欧洲人参加这样的考试时，很难专为在伦敦的印度人举行一次竞争性考试。德里的联邦公共事务委员会也表示，很难代表在伦敦的文官事务专员安排考卷和评卷。因此，最终同意在 1940 年提供 6 个职位空缺给在伦敦的印度人，但还是要通过选拔来招录。但是，万一那些至少获得二等英国大学学位的合适考生没有出现，剩余的空缺就将转给在德里举行的竞争考试。

因此，文官机构对于战时紧急情况下的文官招录，受两个主要因素的限制：强调以选拔代替常规的竞争性考试；根据政策，特别考虑那些作战部队成员的利益。两者共同导致了招录质量的降低。1939 年至 1940 年，印度政府特别小心，以避免一战时候招录伤残军人的情况。但是，印度政府再次强调以选拔（selection）来招录文官，采取特别方法，关照那些军中服役人员的利益，但不得在没有竞争对手的情况下进行选拔。正是为了维护这些军人的利益，德里考试只在 1941 年举行了一次。

然而，由此累积的好处就是文官的印度人化。以选拔方式来弥补因伦敦考试暂停而出现的印度文官机构中英国文官的不足，这种做法一直持续到 1942~1943 年。继续通过选拔和在德里举行竞争性考试招录印度人，最后一次考试是在 1943 年。1943 年之后就没有在英格兰招录印度文官机构成员，印度也在 1944 年停止了招录。印度文官机构每年出现的 41 个职位空缺，当然都任命出去了。但在 1943 年 1 月的德里考试后，在印度事务大臣同意下，所有空缺都留给了"军事机构"（War Service）的候选人，招录在二战剩余的时间里中止了。1941~1942 年，以及 1942~1943 年，50% 的可供招录的空缺被保留下来，以便在战争结束后招录军事机构的候选人。结果就是印度人人数在印度文官机构中抢在了欧洲人前面。1941 年至 1942 年间的明确数字，表明新的变化已经开始。（见表 18）

表 18　1941~1942 年印度文官机构中的欧洲人和印度人

省份	1941 年 1 月 1 日			1942 年 1 月 1 日		
	印度人	欧洲人	总数	印度人	欧洲人	总数
马德拉斯	106	81	188 *	109	81	191 *
孟买	84	66	150	87	65	152
孟加拉	111	96	208 *	113	93	207 *
联合省	109	105	214	108	104	212
旁遮普	78	103	181	76	100	176
比哈尔和奥里萨	67	63	130	68	60	128
中央省和贝拉尔	46	46	93 *	47	46	94 *
阿萨姆	16	25	41	17	24	41
总数	617	585	1205	625	573	1201

＊包括一位未定级的文官。

资料来源：Home（Ests.）File No. 35/15/42，pp. 4-5.

在 1941 年，总数 1205 名文官中，121 人持有表列职位；1942 年总数为 1201 名中，117 人持有表列职位。通过考试等途径直接招录的总人数保持在 1084 名。但是，战争开始不到 3 年，在印度文官机构内的欧洲人数就从 599 名下降到 573 名，而印度人则从 589 名上升到了 625 名。第一次世界大战以后，印度政府已经放松了对"钢铁框架"的控制。第二次世界大战加快了这种放松趋势。然而，另一个促成这一局面的重要因素就是，1937 年省级自治之后，印度文官机构的团队精神大大减弱：在种族上，机构内的欧洲人对抗印度人；在宗教上，印度教徒对抗穆斯林。印度政府对某些族群做出的晋升承诺，几乎像是对不劳而获者的鼓励。免于政治干预的专业精神已经受到侵蚀，政治考虑实际上已经损害了行政机构的效率和忠诚。

二 独立前后印度文官所处政治生态

对印度民族独立运动的领导人来说,印度文官机构的文官们既不是印度的,也不是文职的,更不是服务性质的。甘地经常将英国的统治蔑视为官僚统治,贾瓦哈拉尔·尼赫鲁在独立后的 20 年中一直都是印度文官机构的批评者。① 然而他在 1947 年实行的行政体制是对英国统治时代行政体制的继承,许多人员也得以留任。

文官印度人化很早以来就是一种民族主义诉求,印度人进入文官机构成为共同民族身份认同的重要象征。国大党政治家萨提亚穆尔提(Satyamurti)辛辣地讽刺过英国人的招录制度:

> 我们的孩子都愿意花钱去伦敦,与你们在你们自己的土地上竞争,通过你们的考试并击败你们……当我们战胜你们时,你们却回过头说:"由于你们比我们聪明,我们将任命那些在我们国内是笨蛋的男子,他们不需参加公开考试。"②

提到印度文官机构里的印度人时,"我们的孩子"的称呼得到了其他政治家的呼应,如萨达尔瓦拉巴依·帕特尔(Sadar Vallabhbhai Patel,1875~1950)在一份有关国大党部门职能会议的声明中,表示希望"我们自己的人"最终能注意到国大党各位部长们的自愿减薪。③

因此,印度的政治家阶层对印度文官机构中的印度成员抱有一种矛盾的情感。虽然他们谴责"官僚统治"和支持这一统治的合作者,而且印度文官机构中的印度人在镇压印度独立运动中常常起着直接作用,但他们并不总是将其中的印度官员视为英国统治的合作者。对于那些能在竞争性

---

① 据英迪拉·甘地回忆,尼赫鲁在独立后,一直对未能改变"殖民行政体制"的性质深感遗憾,见 Potter, David, *India's Political Administrators*, Oxford: Oxford University Press, 1986, p. 2.

② "Legislative Assembly Debates", 6 (1936) 140-63 (31 Aug.), Quoted in Potter, David, *India's Political Administrators*, p. 98.

③ Reported in the Hindustan Times, 5. 1. 1938, Quoted in Chatterjee (ed.), *Towards Freedom*, Vol. 1: 2.

考试中"虎口拔牙",通过考试成为文官的印度人,民族主义者多少是抱有一定程度的自豪和骄傲的。因为这可以向世界表明,印度人完全有能力与欧洲人一样管理国家。这说明印度文官机构中的印度人与民族独立运动并非完全对立的。尽管有人认为印度文官机构中的印度官员是英帝国的合作者,但他们也代表印度人拥有自治能力,可以驳斥那种认为印度人无法治理自己而需要英国人来统治的谬论。

很久以来,受教育的印度人都将能进入印度文官机构作为自己的最高理想,许多独立运动领导人也都与文官们出自同一个社会阶层。贾瓦哈拉尔·尼赫鲁一度试图加入印度文官机构。钱德拉·鲍斯(Chandra Bose)曾说,他通过了 1921 年的文官考试,但很快就自己辞职(也有人说他是骑马考试没有通过而被解除任职资格)①。政治家 S. 普拉卡萨姆(S. Prakhasam)和文官 S. V. 罗摩穆尔提(S. V. Rammurti)在剑桥的时候就是要好的朋友。②

领导民族主义运动的印度领导人和进入文官机构中的印度人,在社会阶层和专业上都近乎一致。几乎所有准备进入文官机构的印度人都在英国为从事律师职业而学习过,因为法律职业是接受英语教育的印度人能够找到的主要就业渠道之一。许多最重要的民族主义政治家,如圣雄甘地、莫提拉尔和贾瓦哈拉尔·尼赫鲁父子(Motilal Nehru and Jawahar Nehru)、真纳、帕特尔(Sadar Vallabhbhai Patel)、特杰·巴哈杜尔·萨普鲁(Tej Bahadur Sapru)和安贝德卡尔(Bhimrao Ramji Ambedkar),都是律师。可以说民族主义者转变对印度文官机构中的印度人的态度,原本并不困难。

贾瓦哈拉尔·尼赫鲁为我们研究民族主义者对印度文官机构的态度的转变提供了最为生动的案例。除了真纳,尼赫鲁最能代表印度人中最渴望,并且是最有资格充任印度文官机构职员的那个中产阶级上层。他在哈罗公学和剑桥大学接受教育。其父莫提拉尔和英国人文官保持着良好关系。J. 尼赫鲁的侄子 B. K. 尼赫鲁(独立后曾出任印度驻美大使)曾回

---

① Baraj, S. K., "Indianisation of Indian Civil Service", *The Panjab Past & Present*, (No. 5), 1971, p. 220.

② Bose, Subhash Chandra, *An Indian Pilgrim: An Unfinished Autobiography*, New York: Asia Pub. House, 1965, p. 19.

忆 1921 年对阿拉哈巴德县监狱的一次访问，当时莫提拉尔与尼赫鲁家族的其他成员关押在一起，他对囚徒生活的豪华感到惊讶万分，莫提拉尔将此归结于他与印度文官、联合省省督巴特勒之间的友谊。① B. K. 尼赫鲁本人在 10 年后加入了印度文官机构，贾瓦哈拉尔·尼赫鲁的另外一位侄子 R. K. 尼赫鲁也如此。正如 B. K. 尼赫鲁指出的，贾瓦哈拉尔·尼赫鲁并未阻止他参加文官考试。当然也必须指出，尼赫鲁也没有鼓励他。② 正如一度想加入印度文官机构的尼赫鲁自己指出的，他在"当时（1909 年）对于加入印度文官机构，并由此成为英印政府行政机器中的一个齿轮这样的念头，并没有强烈的反对意见"。③

最引起尼赫鲁愤怒的是印度文官机构居然享有效率和能力的名声。令他感到不满的，不仅是这些看法本身，更在于这些看法赖以存在的理由："关于什么样的能力和效率。如果这种能力和效率是从加强大英帝国在印度的统治，并帮助其剥削这个国家的角度衡量，那么印度文官机构当然能声称已经做得很好。但是，如果以印度人民大众的幸福来衡量，他们显然是失败的……"人们不应从表面来接受这些所谓的高效公正的看法。④

尼赫鲁对印度文官机构的态度必须与他对英国统治的整体看法紧密联系起来。⑤ 一方面，这种殖民统治结构，导致文官中许多特别的和更优秀的成员生活在一个严格受限制的圈子里，隔绝于大部分印度人的生活之外。英印政府的眼界是狭隘的，主要活动范围无外乎治安和税收，他们唯一能看到的所谓印度弊病，就是贫困和印度人的宗教纷争。⑥ 另一方面，文官机构内的成员因为其所受到的特殊培训和教育，增强了英国统治的种族排斥意识和非人格化的特点："尽管他们颇为有趣地把自己设想为印度大众的受托人和监护者，但他们很少了解印度人，对于新生的富于进取性

---

① Nehru, B. K., *Nice Guys Finish Second*, Delhi: Viking Press, 1997, p. 34.

② Nehru, B. K., *Nice Guys Finish Second*, p. 35.

③ Nehru, Jawaharlal, *An Autobiography*, Bombay: Allied Publishers, 1962, p. 24.

④ Nehru, Jawaharlal, *An Autobiography*, p. 441

⑤ Chakrabarty, Bidyut, "Jawaharlal Nehru and Administrative Reconstruction in India: A Mere Limitation of the Past or a Creative Initiative?" *Journal of South Asian Studies*, 29: 1, 2006, pp. 83-99.

⑥ Nehru, J., *An Autobiography*, 1962, p. 444.

的资产阶级则知道的更少。他们对印度人的看法就是，围绕他们的都是谄媚求官者，而其他人则是需要赶走的煽动者和流氓。"①

尽管有印度人文官是"帝国主义的受训奴才"② 这样的指责，在独立后一次对印度议会发表的长篇演讲中，内政部长萨达尔·帕特尔（Sadaer Pateer）却提出了自己的看法：他指出，没有这些文官，国家将无法运行；在他看来，那些认为文官机构是"这个国家的敌人"进而反对给文官提供宪法保障的人，提不出任何有效的替代办法。他驳回了那种认为国大党党工可以取代行政官僚的想法，并认为发挥文官机构的最佳效用的方法，就是以较少敌意的方式对待他们：

> ……不要和那些你要与其一起工作的工具争吵。与工具争吵的是糟糕的工人，那样只会减少他们的工作……没有人愿意每天在公开批评和嘲笑中工作，没人会替你这样工作的。因此，需要断然决定是否要保留这个机构。如果您已经做出决定，完全不需要这个机构，甚至不管我所做出的承诺，那么我将带走这些人。③

对于文官的忠诚，帕特尔也进行了直率的辩护：

> 我向你们保证，在这段困难时期，我一直与他们一起工作——我以一种巨大的责任来讲这些——我必须承认，在爱国主义精神这一点上，在忠诚度这一点上，在诚意和能力这一点上，你无法找到替代品。他们和我们自己一样。我们在议院，在公共场所轻蔑地谈论他们，以这种方式批评他们，其实就是在做对不起我们自己和这个国家的事。④

---

① Nehru, J., *An Autobiography*, 1962, p. 443.
② 当然，印度文官机构中的印度人成员对这样的叫法很不以为然。见 Y. D. Gundevia, *In the Districts of the Raj*, Delhi: Orient Longman, 1992.
③ 印度议会辩论集，http://Parliamentofindia. Nic. In/Ls/Debates/Vol10p3a. htm。
④ 印度议会辩论集。

对于帕特尔来说，文官机构是英国统治的忠诚仆人这一事实，正是他们对新国家有用之处。不论政权的政治色彩如何，他们的忠诚是他们效忠于国家的最好证明。这表明，他们可以同样忠于新政府，与他们对待旧政权一样。事实上，印度文官"遵守和服从命令"的特征，并非道德败坏的迹象，而是制度的力量。

在此点上，帕特尔绝不是孤立的。几乎所有人都承认，文官机构的制度架构有其合理之处，尤其考试制度提倡的公开自由竞争，以及通过考试制度招录的高素质人才，提高了文官治理的合法性和认可度。他们所要否定的就是文官机构的服务与效忠对象。尼赫鲁也与帕特尔持有近似的观点，他认为："只要印度文官机构的指导精神（主要是专制），让位于一种更接近于服务社会的精神，许多人将是为新秩序所需要的和值得欢迎的。"①

而更为根本的一点是，文官与独立运动领导人之间有着共同的阶级基础。因此，独立运动的领导人认为文官机构只要做出某些改变，完全能够而且应该在独立后国家政权的建设过程中发挥积极作用。这就为独立后印度文官招录制度的延续提供了政治基础。

第四节　印度文官招录制度的延续

二战结束后，新当选的英国工党政府在 1945 年 9 月宣布，拟在印度设立制宪大会，并下令根据 1935 年《印度政府法》举行全国大选，以便选出省级立法机构，从而使制宪议会可以从中选出。1946 年 3 月，内阁使团被派往印度，协助副王在印度"设立机构……从而使印度人可以制定自己的宪法"。在经历了二次世界大战和 1939 年国大党部长集体辞职，以及"滚出印度"的暴力对抗等政治僵局之后，经过一系列政治谈判，印度临时政府于 1946 年 9 月 2 日成立。印度事务大臣决定停止为印度文官机构空缺职位招录人员之后，根据内政部 1946 年 10 月 10 日信件，各

① Chakrabarty, B., "Jawaharlal Nehru and Administrative Reconstruction in India: A Mere Imitation of the Past or a Creative Initiative?" *Journal of South Asian Studies*, 2006, 29 (1), p. 84.

省政府首席部长应邀在新德里举行会议，以确定各省政府的意见，尽快使文官机构的安排进入正轨。在印度事务大臣对各机构的权力终止后，这些安排对于行政机构履行正常职能是非常必要的。

一 新德里会议：一锤定音

在印度事务大臣终止对文官机构的控制之后，到底应由谁来控制文官机构？文官招录的主体又是谁？是归中央统一管理文官招录和纪律，还是任由各省自行安排？对于这些问题的回答，在各省首席部长之间展开了激烈争论。

拥有省督的 11 个省中间，有 8 个是处在国大党部长的控制下：马德拉斯、孟买、联合省、比哈尔、中央省、阿萨姆、西北边省和奥里萨。他们都由各自的首席部长或文官助手代表出席。① 国大党没有控制的其余的 3 个省，孟加拉由 1 位附属秘书代表参加，旁遮普为税务部长参会，信德则为首席秘书的代表出席。

会议在 1946 年 10 月 21 日下午 3 时开始，由临时政府内政部长萨达尔·帕特尔主持。会议讨论如何组建全印机构以代替印度文官机构，并在第二天再次举行会议，为审议做出结论。大家普遍认可的只有一点：印度文官机构以及印度事务大臣对它的控制都必须结束。除了 3 位非国大党的地方政府代表，大家也一致同意在印度建立全印行政官机构，以取代印度文官机构。3 位非国大党省份不赞成任何将权力集中在新德里的方案。在他们看来，问题不在于是否应该建立全印机构，而在于如何实施人员招录和纪律管理。国大党控制的各省虽然在原则上服从中央的政策方向，也强调有必要做出修正。萨达尔·帕特尔直截了当地指出争议的实质："主要的问题是，应建立一个由中央政府控制的，还是省政府控制的行政机构来取代印度文官机构？"②

---

① 各省首席部长包括 T. Prakasam, (Madras), B. G. Kher (Bombay), Gobind Ballabh Pant (U. P.), Shri Krishna Sinha (Bihar), Ravi Shukla (C. P.), Gopi Nath Bardolor (Assam), Dr. Khan Sahib (N. W. F. P.), Hare Krushna Mehtab (Orissa)。The Revenue Minister of Bihar, Krishna Vallabh Sahay. The Home Dept. Civilians Who Assisted the Home Member Included A. E. Porter, Sec.; P. V. R. Rao, V. Shankar and D. C. Das, Deputy Secs.

② Home Dept. File No. 32/46-Ests (R), Para. 2 of the Minutes of the Conference.

　　萨达尔·帕特尔首先认识到实现省级自治的重要性。他承认有必要对"各省的担忧"做出"适当的补偿",尤其是在一个存在着多元文化群体的国家;但正是为了使人们免于这些担心,一个由中央政府控制的全印机构才是最重要的。他认为,要组织建立一个高效、公正和免于地方和族群偏见、免于党派忠诚或政治影响的机构,建立与印度文官机构类似的集中控制的机构就是唯一的方法。与此相反,一个处于地方政府控制之下的机构不大可能独立行事,也不足以对抗来自地方的各种政治压力和权谋。在其就任内政部长的演说中,帕特尔强调了建立一套免受政治干扰、不对党派效忠的行政官机构的重要性。他指出,在建议成立这样一个机构时,临时政府应以互惠制为指导,在中央和各省之间分配相似的利益。他说,拟议中的对行政机构的安排,就是使行政机构成为密切协助中央和各省之间联系的桥梁,并确保在应用行政规范和标准时的统一。另外,省级行政官机构将获得更广泛和全面的发展前景,印度行政官机构也能在高级职位上任用来自全国范围的最优秀人才。内政部长强调,只有通过对行政人员群体进行集中招录和控制,这一目标才有可能实现。集中招录和控制的方式,足以确保文官独立行政所必需的安全。

　　但 3 位非国大党控制的省政府代表都不接受由印度中央政府来控制新的行政官机构的原则。他们强调行政官机构要完全省级化,以利于他们自由行使权力。国大党各省政府的首席部长们当然也不是圣人,他们也希望在各自省内能主导行政官机构。他们之所以遵循帕特尔的原则,只是因为国大党的纪律才将他们维系在一起。他们对各自省份在权力结构中地位的私心显而易见。例如,联合省的巴拉哈·潘特(Ballabh Pant)就担心新机构的控制权旁落。与孟加拉一样,他不主张以中央政府来取代印度事务大臣,但他支持集中的招录和培训。潘特的观点也得到了马德拉斯的普拉卡萨姆(Prakasam)的支持,后者认为一位在省政府中任职的官员却要向省级政府以外的其他权威寻求保护,并不可取。阿萨姆邦首席部长巴多罗伊(Bardoroy)虽然承认职员有向中央上诉的权利,但同样希望省级政府保留有关职员开除或解雇的最终权力。他还希望阿萨姆人在行政官机构中拥有更多任职机会,要求省内 40% 的全印行政官职位应从省级机构中晋升招录，从而扩大其行使庇护的范围。比哈尔省的辛哈同意中央控制，但并非没有保留。只有孟买、中央邦和和奥里萨等邦的首席部长站出来，无保留地支持由中央政府负责行政官机构的人员招录和纪律。

在帕特尔的坚持下，会议最终以务实的方式迅速解决了一系列复杂问题。会议决定，由全印行政官机构取代印度文官机构，职员招录受现行印度文官机构规章制度的管理。会议考虑了潘迪特·潘特（Pandit Pant）提出的为印度外交部和拟议中的行政官机构举行联合考试的建议。省级文官机构人员晋升到拟议中的行政官机构，配额固定在高级职位的25%，各省按照各自规则自由选拔人员，但其合适性，必须由联邦公共事务委员会出具证明。会议还审议了印度文官机构和印度警察机构中表列职位的任命应否继续下去的问题。与会者一致认为，不应再做出对表列职位的永久性任用。当表列职位空缺之后，这种空缺职位就应被中止，从省级机构来的官员应被晋升到新的行政官机构所设立的相应职位上。至于较高司法职位的任命，会议结束了过去允许文官担任县和治安法官、高等法院法官的办法，决定较高的司法职位不应再由文官充任，由律师团成员占据司法机构的斗争最终获得圆满胜利。尽管多数人的意见最初实际上是赞成行政官机构省级化的主张，但最终取得优势的意见仍是某种更为中央集权化的方案。

二 黄昏与黎明

在建立印度行政官机构的过程中，新印度政府奉行的指导原则就是建立一个作为精英团队的文官机构。国民政府联合秘书阿什利·艾登（Ashley Eden）和C. F. V. 威廉姆斯（C. F. V. Williams）在一份备忘录中使用旧的团队精英的概念来描述以印度文官机构模式招录的新机构职员。印度中央政府将配备这样的人员，但是，如果中央政府从各省吸收行政人员，就有必要提供一种共同的标准，这反过来又意味着一套统一的招录、薪酬、纪律规定和其他服务条件。而这些是无法保证的，除非有联邦公共事务委员会这样的独立机构能使行政官免于在政治上屈从执政党派的意志。除非出现诸如省级政府拒绝委员会意见的极少数情况，中央政府也不得干预其独立性。新的行政官机构与其前任一样，作为一个行政官员的群体独立并区别于政府的政治机构。后者可能来来去去，但前者却必须永远继续，这些就是建立印度行政官机构的基本原则。

这一原则也写进了宪法。在宪法拟稿人之一安贝德卡尔（Bhimrao Ramji Ambedkar）博士的坚持下，印度宪法第312条载明，"应设立一个全印机构，在全印基础上以相同资格加以招录，有统一的工资标准，机构成员本人可以任命到整个联邦内的战略职位上"，从而规范了印度行政官机构（IAS），并规定此机构由印度议会建立。

1947年，由于内阁使团的成功努力，权力顺利移交给印度国民政府，印度事务大臣负责管理的文官机构也即将解散。文官机构的成员此后就进入一种不确定状态，万一他们未能与新政府签订工作合同，他们就必须重新就业。英国人和印度人中新招录的人员都很清楚，一旦印度事务大臣不再负责管理印度的行政，他们的机构就将终止。印度事务大臣希望印度和英国政府的条约中能包括一项条款，对那些愿意继续服务于印度以及印度政府希望保留的人员作出规定，目的是将机构成员的风险降至最低，避免他们日后要个别与独立后的印度政府讨价还价。1947年，英国政府不怀好意地给欧洲文官离职提供了高额的补偿①，几乎全部欧洲文官选择了离开②。而印度人成员则在确保政治忠诚的条件下全部为印度政府所录用。③

不过，印度行政官的构成已发生了很大的变化，人员素质也有所下降。这一时期的一个突出现象就是"文官缺乏"，因此需要大量招录以弥补不足。文官缺乏的原因，首先是战时停止文官招录；其次就是印度事务大臣终止了欧洲人文官的继续服务。第一个原因导致的空缺是217名，第二个因素则影响更大。除了极少数，欧洲人文官在将权力移交给印度政府后，都放弃了自己的工作，即使下级官员也没有选择留下的。印巴分治也

---

① 关于印度文官机构文官离任补偿和就任问题，参见 Potter, D. C., *India's Political Administrators*, Oxford：Oxford University Press, 1986, pp. 140–143。

② 有三位留下来的欧洲文官，他们自认为已经融入了这片土地。一位在新政府任职，但印度政府并不信任他而很快离任，其他两位都没有任职。印度事务部文件，大英图书印度文官机构馆文官回忆录工程，I. O.，Mss Eur F180/27. Memoirs Project of Indian Civil Servants in British Library.

③ Potter, D. C., *India's Political Administrators*, Oxford：Oxford University Press, 1986, p. 143.

导致大批穆斯林文官最后选择加入了巴基斯坦。还有印度内部的竞争者，新成立的印度外交部从文官机构中调走了一批印度人文官，文官来源由此大大枯竭。

人们不得不采取非常措施以解决危机。截至 1946 年底，联邦公共事务委员会从军事机构中选定 160 名合适人选任命到新的印度行政官机构中。还有人建议再准备 95 个职位保留给军队中的候选人。[①] 他们还建议采取其他方法以满足人手短缺的问题，包括让已达到退休年龄的身体健康者延长服务期；退休人员重返职位；让担任法官的文官回到行政部门，并从公开人才市场通过考试招录人员填补司法职位；后来还决定从那些在 1940 年到 1943 年参加了印度文官机构考试，但因职位空缺有限而未被选中的人员中选拔。这些事态发展无疑降低了招录到印度行政官机构中的标准。

公开竞争考试仍在进行。印度政府在 1947 年 7 月为印度行政官机构举行了第一次竞争性考试。首批见习人员在 1948 年进入已建成的德里（梅特卡夫学院）培训学院接受了课程培训。这一学院是为培训那些战争机构人员而在 1947 年 3 月建立的。[②] 可以说，殖民统治时期的文官招录制度基本上延续了下来。

保留制度也在更大规模上发展起来。早在英国统治时期，印度文官机构就已混合了多种来源的成员。一战之后，招录制度变化的主要原因是在殖民地条件下文官印度人化的加速。殖民政权出于各种目的，如压制更具独立自主性的新兴中产阶级，或分化制衡民族独立运动，或满足选举政治对平等权利的要求等，对族群和地域的利益要求做出了回应，设立法定职

---

① Home Dept. File No. 32/46-Ests（R）of 1946, Para. 28 of the Minutes of the Premiers' Conference. 除了 90 个保留给省级文官的表列职位，到 1947 年 1 月 1 日，共有 980 位印度文官。其中 468 位欧洲人，352 位印度教非落后种姓成员（Depressed Classes），2 位落后种姓成员，101 位穆斯林，5 位定居印度的欧洲人和英印人，10 位锡克人，25 位印度基督教徒，13 位帕西人，4 位其他社群成员（Other Communities）。他们分布于各省。见 Home Dept. File No. 30/28/47-Ests.

② 印度文官机构的第一个训练基地就是在德赫拉敦的野营学校（Camp School at Dehra Dun），该校创办于 1943 年，使印度文官机构见习人员能在印度培训。而对于印度行政官的培训，见 A. N. Jha's, *Journal of the National Academy of Administration*, Mussoorie, July 1960, Vol. V, pp. 1-8。

位和表列职位都是这些政治动机的表现形式。而按照"穆迪曼承诺",保证保留三分之一的名额用于举荐招录少数族群。一开始,穆斯林获得最大份额,但表列种姓也没有长期在全印机构的人员招录中落后。1943年之前,他们没有获得具体的比例分配,这一年印度政府决定提供对他们有利的8.33%的空缺。这最初并未适用于印度文官机构,但内政参事弗朗西斯·穆迪厄(Fransis Mudie)与安贝德卡尔(Ambedkar)博士于1945年达成谅解,印度政府致力于确保表列种姓的候选人出现在印度文官机构中,为他们保留职位空缺的8.33%。这个百分比在1946年5月上升到12%,前提是要有足够多的合适人选。① 服兵役的候选人是又一类通过选拔进入印度文官机构的人员。因此公开竞争考试这种招录方式就日益成为各种临时变化的牺牲品。

提名举荐的命运则略为曲折一些。自从1861年以来,提名举荐事实上被确认为一项原则,这似乎调和了政治和社会双方的要求。然而,问题在于这是以牺牲行政效率为代价的。英国人当然也意识到了这一问题,1947年权力移交之后,问题变得更加严重。R. 特里维迪(R. Trivedi)和D. 拉奥(D. Rao)博士所做的一项关于文官招录的研究表明,从1948年至1960年,任命到印度行政机构的人员中,总数为1971名,其中只有615名,也就是31.2%的人员是通过竞争考试直接招录的。②

为应付英国人文官人数不足的困境,殖民当局开放在印度举行的单独考试和提高印度人省级文官晋升的比例,并在宗教和种姓基础上将文官职位保留制度引入行政系统,试图主导文官印度人化的进程,维持殖民统治权威。此时的文官招录制度已成为分化印度知识阶层对英国统治的立场和态度,制约民族独立运动的重要工具。除了这些政治权谋的一面,由于受到宪政改革的影响,印度文官的权力受到很大的削弱,不得不面对权力不断扩大的省和中央立法会以及各省政府部长对文官职能的质疑、批评和监督,甚至指责和谩骂。曾经高高耸立的作为统治者的印度文官机构,逐渐

---

① Home Dept. File No. 17/46-Ests.（R）, pp. 6-8.

② *Journal of the National Academy of Administration*, Mussoorie, July, 1960, Vol. 5, No. 3, pp. 53-54.

下降为宪政体制内从事政府常规事务决策和执行的印度行政官机构。面对二战后印度殖民地的政治困境，英国实力的衰落和权力的移交，印度文官机构也走到了自己的终点。但民族独立运动领导人对文官制度的认可以及他们共同的阶级来源，这就使得印度国民政府建立的由中央政府集中控制的印度行政官机构延续了殖民时期考试、举荐和保留并存的招录制度。

第六章

结　论

　　人们通常将现代社会的发展概括为一种从"身份到契约"（梅因语）的运动，并用以解释从传统社会向现代社会的转型。这一倾向也一度笼罩着英印殖民地官僚机构的历史考察。这个领域的一些早期研究给我们展示的似乎是现代性在非西方社会的又一个成长故事，在其中，文官制度的移植、变革和完善等同于现代性的扩展、传播和深化；以考试替代举荐，以法理型官僚制替代父权家产制官僚制，一种替代另一种，干净利落。

　　真实的历史进程当然不会如此简单地遵循某种既定的理论图式。对印度殖民地文官招录制度变化的历史考察表明，的确存在着现代性导向的制度演进，但历史情境下的制度变迁并非直线前行，以新换旧，而是充满偏移、侧滑，新旧杂陈。简言之，并非新旧、黑白的截然两分，而是充斥着灰色暧昧的中间地带。

　　我们发现，举荐制、考试制以及保留制作为三种主要的印度文官招录方式存在于整个殖民统治时期。三种方式并存，但每一阶段又各有其阶段性特点。文官招录早期是以举荐为主，在1833年之后初步引入竞争考试的因素。1855年改革之后，合约制文官招录以考试制为主，但也有将非合约制文官举荐到合约制文官职位上的多种方式，同时还存在合约制文官的职位保留制，将高级职位保留给经历完整教育的英国大学或公学毕业生。第一次世界大战之后，文官的举荐和保留都以某种程度的考试制为基础。不妨与古代中国的选官制度做一对比。宋代以后的中国，科举正式成为进入政府的主流渠道，与此同时，也存在着荫补和捐纳等方式，但它们的存在只具有辅助的功能，在讨论选官制度时几乎可以忽略不计。殖民时期的印度则不然，举荐、考试和保留三种文官招录方式是并行的，很难分出孰轻孰重。

此外，也很难简单地归纳说，存在着一个从举荐、保留到考试，也就是从传统到现代的线性演化。说它们在多数时间是并存的才更加符合历史的实际。不仅如此，我们也无法轻易将举荐、保留和考试三种招录方式的任何一种归类为传统的或者现代的。

比如，基于贤能主义的考试选才初看起来很现代，但它的引入绝非出于殖民者的现代规划，而主要是英国国内政治较量的产物，是为了回应国内资产阶级改革舆论。又如举荐，它给人的第一印象是私人裙带、公私不分，但随着历史的发展，文官招录中的举荐制越来越与印度人化联系起来，因为在种族主义近乎制度化的考试招录中，印度人只有理论上的机会，举荐反而是印度人进入殖民行政体系的一道更真切的门径；举荐在实践中也成为殖民者笼络合作阶层的有力手段。而保留制作为一种招录手段，最初是出于殖民者确保高级文官职位成为英国人禁脔，后又成为分而治之的统治策略，但它也意味着代表性压倒贤能主义，无疑带有现代性。某种意义上，保留制也可以说是 20 世纪中晚期才开始盛行的"肯定性行动"（Affirmative Action）的先声，是身份认同政治的滥觞。

为对殖民统治时期印度文官招录问题有更好的把握与理解，有必要对殖民地时期印度文官招录制度变化的过程、变化的动因及其结果做一总结性的阐释。

第一节　万变不离其宗

从 1765 年莫卧儿皇帝授予东印度公司孟加拉三省的"迪万尼"头衔，到 1947 年英国结束在印度的统治，殖民地文官招录制度的变化过程可以大致分为三个阶段。本书的第三至第五章分章对此历史过程进行了阐述，这里对招录制度变迁过程及总体特征做一结论性说明。

第一阶段从 1765 年到 1853 年，这一阶段主要是实行举荐制。东印度公司董事会董事以庇护和举荐方式垄断对殖民地文官的任命权，合约制文官职位由欧洲人垄断。从 1793 年开始，英印当局在合约制文官职位上完全排斥印度人。1833 年，以举荐方式对印度人开放非合约制文官机构的一些高级职位。同年，议会监督局对公司董事举荐人员进入海利伯瑞学院培训之前，初步引入竞争考试成分进行遴选。

第二阶段是从 1853 年到 1914 年，这一阶段的特点是考试招录制度确立。1853 年英国议会法令决定废除东印度公司董事对文官任命的垄断，文官以公开竞争考试进行招录，1855 年开始实施。这一阶段，印度人获得了进入合约制文官机构的机会。但公开竞争考试只在伦敦用英语举行，这种隐性庇护制使印度人通过考试成为合约制文官的难度很大。为满足印度人对高级职位的要求，议会授权由印度政府实施举荐制，先后设立法定文官机构和省级文官机构，让印度人获得六分之一合约制文官职位。1872 年之后，新兴的印度中产阶级子弟逐渐主导了非合约制文官机构和省级文官机构。

第三阶段，从 1914 年到 1947 年印度独立，考试制扩展到印度。为制约和平衡印度教徒和高级种姓在考试中的优势地位，英印当局在文官招录中引入基于宗教和种姓的职位保留制，为穆斯林等少数族群和落后种姓保留职位。宪政改革要求加速文官印度人化，以配合印度自治进程；英印当局将竞争考试扩大到印度，并给予省级文官机构更多高级职位。两次世界大战以及民族独立运动，以考试制从英国招录文官遇到困难，英印政府转而寻求使用举荐制招录合约制文官。1947 年，政权和平交接，文官机构中的大部分印度人成员留任，成为独立后的印度和巴基斯坦行政官的主体。

三个阶段的文官招录分别以举荐、考试、保留为其突出特点；但在这个长期过程中，也隐含着下面这些稳定的特征和长期趋势。

第一，不论招录方式如何变化，印度殖民地文官机构始终保持了英国特性。作为殖民统治的重要工具，印度文官机构对于英国的统治具有高度重要性。因此，尽管进入文官机构的印度人不断增多，此机构却始终保持了英国特性。无论在人数上，还是掌握的关键职位上，英国人始终都在这套体制中占据主导地位，构成了具有种族疏离色彩的高高在上的"精英团队"和"统治种姓"（Ruling Caste）。

第二，随着英国和印度世俗教育的推广，考试制在文官招录中的分量越来越重。从录用东印度公司职员时引入的初步竞争考试因素，到1855年在伦敦举行公开竞争考试，再到1922年在印度举行与伦敦略有区别的单独考试，考试制从适用于英国人扩展到印度人。甚至举荐印度人文官的过程中也引入考试因素以评估被举荐人的能力和品质。以自由竞争为意识形态的公开竞争考试制成为文官机构合法性的重要来源。但举荐制从未退出过历史舞台，而且在招录印度人进入文官机构的过程中，英国人更愿意使用提名举荐制以维系印度合作阶层的忠诚并应对各种临时变故。举荐制成为英印当局掌控文官印度人化，维护统治权威的重要方式。

第三，印度人通过各种方式进入文官机构，在其中的比例越来越大，从1907年的4%上升到1947年的52.25%。正是由于印度人不屈不挠的斗争以及英国自由派和民主政治的影响，宪政改革才得以实行。印度人大量涌入文官机构，使得这一机构的地位也逐渐发生变化：作为殖民地官僚国家本身的高高在上的印度文官机构，最终演变为现代宪政体制中履行民族独立国家日常行政管理事务的服务性的行政机构。

第四，原来主要由印度教徒和高级种姓（婆罗门）占据的文官职位，也由于教育的发展和保留制的实施逐渐为其他族群和社会阶层所分享。相关数据表明，到1947年1月，在文官机构中共有穆斯林101人，占印度文官总数的10.31%，锡克人为10人，帕西人为13人，落后种姓为2人，其他族群4人。（见表15）

第五，招录制度的变革服务于不同时期英国殖民统治策略的需要。19世纪上半叶，殖民地军事—财政型国家需要稳定财税收入，出于安全考虑，其统治阶层维持了家族联系，主要采用举荐制。对印度的统治巩固之后，英国工商业资产阶级需要以公开竞争的考试制来为殖民统治获取合法性和认同。19世纪下半叶，英印当局限制印度人参与竞争考试，并以举荐制来制约和应对印度新兴中产阶级提出的改革考试制和实行文官印度人化的要求。一战之后，面对印度民族主义的非暴力不合作运动，英国人在印度开放考试制，增加省级文官机构的表列职位，并为少数族群和落后种姓保留文官职位。这些都体现了英国招录制度的两面性：无论是考试制，还是举荐制和保留制，文官招录政策既是英印统治者维护政权合法性和巩固政府权威的工具，也是分化和制约印度民族主义运动和培养代理人的手段。

可以看出，不管三种文官招录制的组合关系如何变化，其长期趋势和稳定特征始终是以宗主国为主导、以提高行政效率和巩固殖民政权合法性，分化制约民族主义运动和培养代理人为目的。

第二节　制度变化背后的历史合力

殖民统治时期文官招录制度的变化，反映着英帝国资本主义的发展及其相应的殖民统治方式的演变。作为政治上层建筑的官僚制度的一部分，招录制度的变更有着深层次原因。英印经济关系的演变和相应的殖民统治方式的调整制约和决定着文官招录方式的演变。文官招录制度的变更，涉及招录方式和对象的变更，与阶级力量对比和英印之间经济关系的阶段性息息相关，也是英国和印度不同阶级和群体之间冲突、争夺的结果。在此，我们对文官招录制度变迁的若干深层次原因做如下总结。

第一阶段，在 1853 年之前，尤其是 1813 年之前，以东印度公司为代表的"占主要统治地位的商业资本，到处都代表了一种掠夺制度"。① 东印度公司利用印度村社和种姓制度造成的内部分裂和与外部世界的隔绝，对印度农民和手工业者进行强迫生产和强迫贸易。然后排挤印商，垄断印度与欧洲之间的贸易。当然，商人政权最稳定的收入还是来自土地及其产出。通过将原有的国家和村社土地所有权转换为殖民政权的最高土地所有权，② 公司政府既征收地税，也征收地租，疯狂榨取了超额的土地税。这样，到 18 世纪的下半期，东印度公司就以军事暴力为基础，依靠专横暴虐的经济掠夺，引入英式法制和职能分殊的政府体制，在印度建立了典型的军事—财政型的官僚国家。它不仅在种族基础上垄断了高级文官职位（通过公司董事会举荐的殖民地官员，很大比例都是公司董事会和殖民政权直接参与者和支持者的亲戚朋友及其子弟），而且非合约制文官也多为

---

① 马克思：《资本论》，第 3 卷，中共中央马恩列斯著作编译局，人民出版社，1975，第 370 页。
② 林承节：《殖民统治时期的印度史》，北京大学出版社，2004，第 50 页。

英国人和英印人主导，垄断了殖民统治的各种利益。

到 19 世纪上半叶，英国工业资本发展了起来，有力量以廉价商品和逆向贸易保护制度摧毁印度社会农业和手工纺织业相结合的生产方式。1794~1813 年，英国输往印度的棉织品从 156 磅增至 108824 磅，20 年内增长了 700 倍。[①]"他们破坏了本地的公社，摧毁了本地的工业，夷平了本地社会中伟大和突出的一切，从而消灭了印度的文明。"[②] 东印度公司横征暴敛，职员个人中饱私囊，公司却因领土扩张，穷兵黩武而负债累累，在道义上已不合时宜。而印度在英帝国对外贸易和地缘战略中的地位，也因北美殖民地的失去而变得更加重要。东印度公司对印度贸易的垄断地位亟待取消。

1813 年，东印度公司垄断印度贸易的特权被废除，接下来，工业资产阶级和自由贸易派对东印度公司的文官任命垄断权提出了质疑。议会监督局的专员们逐渐强调以笔试和竞争作为董事举荐职员进入海利伯瑞学院的条件。1833 年，马考莱在议会提出引入竞争的 4 倍提名文官招录机制，但受到东印度公司的阻挠。然而，公司董事会在任用文官的过程中，不得不引入更多的竞争因素，对文官加以教育培训，确保文官素质，提高行政效率。

同时，西式教育的推广和发展，以及印度知识精英阶层的成长，也为文官招录方式提供了变革的基础和动力。马考莱说过，实行西方教育就是要"在英国人和被他们统治的亿万印度人中间造就一个中间阶层，这些人就血统和肤色来说是印度人，但其趣味、观点和智力却是英式的"。[③] 按照他的期望，这批"中间阶层"将会成为英国进行殖民开拓和政治统治的有力助手。1813 年的特许状法令规定，每年拨款不少于 10 万卢比用于教育，1835 年总督参事会决定，以后的教育拨款将专用于推广西式教育。在官方推动下，印度民族资产阶级私人办学以及官方兴办的学校纷纷

---

① 郭家宏：《论英国在印度殖民统治体制的形成及影响》，《史学集刊》2007（02）。

② 马克思：《不列颠在印度统治的未来结果》，《马克思恩格斯全集》第 9 卷，中共中央马恩斯著作编译局，人民出版社，1961，第 247 页。

③ Dodwell, H. H., *The Cambridge History of India*, Vol. 6, London: Cambridge University Press, 1932, p. 111.

涌现。1843 年，由教育委员会控制的学校就有 28 所，到 1855 年就剧增到 151 所。据统计，1829 年印度近代大、中学生人数只有 3000 人左右，到 1855 年增加到 49000 人。[①] 1858 年之后各管区大学的设立，各省中小学英语教育的推广，形成了一股西方资产阶级思想的强大冲击波，一个西化的印度知识分子阶层成长起来。

1832 年，随着苏伊士地峡陆路通道的开通，英国与印度的联系紧密程度大大增加。英吉利的近代工业文明在政治、经济和文化及社会生活各方面都确立了自己的信心，也为确立英国在印度统治的合法性和权威奠定了基础。正是在这种信心基础上，东印度公司出于政治稳定和节约支出的考虑，在非合约制文官机构中大量任用印度本地人。1832 年开始在民事和刑事法院法官中使用印度人；1833 年本廷克总督为印度人设立县副税务官职位；1843 年艾伦布劳总督为印度人设立副治安官职位，非合约制文官机构中的印度人人数从 1828 年的 1197 人上升到 1848 年的 2813 人。

作为商业资本代表的东印度公司董事会对殖民地文官任命权的垄断是受英国贵族政治影响的，是工业资本对金融商业资本和土地贵族妥协的结果，也是军事征服时期殖民政权需要任用私人确保政权稳固的需要。随着东印度公司征服锡克和旁遮普，公司领土扩张到了南亚次大陆的自然边界，一个以英国发达工业体系为支撑的，以近代军事暴力为基础的官僚制国家完全建立起来。19 世纪前期实行的公司董事垄断文官任命的制度，最终也于 1853~1855 年被更加适应工业资产阶级自由竞争要求的考试制所取代。

第二阶段：1853~1914 年，考试招录制确立，自由资本主义狂飙突进的阶段，资本输出也如火如荼。正如马克思所说，"大不列颠的各个统治阶级一向只是偶尔地、暂时地和例外地对印度的发展问题表示一点兴趣。贵族只是想降服它，财阀只是想掠夺它，工业巨头只是想用低廉商品压倒它。但是现在情势改变了。工业巨头们发现，使印度变成一个生产国对他们有很大的好处。为了达到这个目的，首先就要供给印度水利设备和内地的交通工具。现在他们正打算在印度布下一个铁路网。他们会这样做起

[①]　林承节：《殖民统治时期的印度史》，北京大学出版社，2004，第 61 页。

来，而这样做的后果是无法估量的。""只要你把机器应用到一个有煤有铁的国家的交通上，你就无法阻止这个国家自己去制造这些机器了。"①

的确，资本主义生产方式的引入为它自己创造了进一步蔓延发展的物质基础，但资本输出和殖民统治对殖民地产生的经济和社会后果却殊难逆料。城市工业和其他产业的发展以及新的生产方式的引进，推动了新的社会阶层的出现。如破产的手工业者和农民进工厂成为工人，一些旧的有产者丧失了财富和社会地位，另一些则成了资本家、资本主义农场主和各种专业人士。但殖民地印度一开始就存在一对重要的矛盾，即新生产方式的发展大大慢于旧生产方式的衰落，新的就业机会远不能满足旧生产方式崩溃所造成的剩余劳动力就业所需，这就造成了殖民地印度特有的悲剧色彩。印度本地的工业发展一直受到殖民政权有意无意的限制，除经理行之外，殖民政权以榨取为特征的金融体制也限制了印度工业的发展。19世纪下半叶，除了孟买的棉纺织业和加尔各答的黄麻编织业和冶铁制轨业有一定的发展外，其他的工业都无法发展起来。并且棉麻纺织业不仅受经理行的控制，而且受欧洲管理人员的直接掌握。② 另外，英国将在东方的战争和争霸的花费都强加给印度，殖民政权过高的赋税需索，导致农业和农村都深陷高利贷者之手，以致19世纪下半叶需要政府立法来限制各种田产抵押，遏制农民的失地。③ 印度社会普遍的贫困化和就业机会的缺乏，使得政府部门和律师行业成为印度接受大学教育的本地精英的主要出路。日渐组织起来的印度西化精英不断通过陈情和鼓动向英印当局施加压力，要求更多开放政权和政府职位。

1858年英国女王直接掌握了印度政权，承认了印度人获得文官高级职位的平等权利。随着有线电报和苏伊士运河的开通，英国对印度的殖民

① 马克思：《不列颠在印度统治的未来结果》，《马克思恩格斯全集》第九卷，中共中央马恩列斯著作编译局，1961年，第248、250页。

② 高岱：《殖民主义统治对殖民地工业发展的影响》，《北京大学学报》（社科版），2002（6）。

③ 林承节：《殖民统治时期的印度史》，北京大学出版社，2004年，第141页。镇压起义是一方面，另一方面，殖民地当局开始用立法手段调整租佃关系与土地买卖关系，从政治层面缓解农民的愤懑情绪。第一项措施就是制定租佃法。1859年孟加拉租佃法是第一项这样的法令。1879年，实行《德干农民救济法》，1900年实行旁遮普《土地转让法》，这些法律对商人和高利贷者的兼并起到了一定的限制作用。

统治更多受制于宗主国社会政治的影响。考试制度完善了作为理性官僚制的印度文官机构，同时也发展了一种"通才"传统，核心是如何在行政管理中实现效率。印度的行政管理进入理性化的官僚专制时期，专业化的程度有所发展，国家对社会的干预也有所增多，卫生、教育、邮政、交通、工程、农业、林业和兽医等专业机构纷纷设立。文官机构作为官僚国家本身，担当着整个政府的角色，英国殖民者对它的任何变动都很敏感。在这一"官僚专制"的时期，英印当局强调的是如何扩大政府的阶级基础，在新兴中产阶级和旧式土地贵族之间维持平衡，分而治之，以确保自己高高在上的调停人地位。出于回应印度人获得职位和参与政权的要求，巩固政权的考虑，英国人开放了部分职位。

在 1858 年之后的早期阶段，接受西式教育的印度中产阶级是第一个从英国统治中获得好处的社会阶层。他们能通过参加在伦敦举行的竞争考试进入文官机构；总督劳伦斯的奖学金计划的目的也是鼓励这一群体去参加竞争。[①] 1861 年的《印度文官法》在承认考试招录制主体地位的同时，规定印度殖民地政权有权以举荐方式将非合约制文官任用到合约制文官的保留职位上。1870 年法令明确希望为印度人进入合约制文官机构的任何位置、职责和工作提供考试以外的途径。

但英国殖民者在印度试图构建的是一个带着英式印记的等级社会。[②] 因为他们不可能摆脱弥漫于英国社会和行政中的望族行政传统和等级意识，而新近在海外构建殖民帝国的经验，又使他们强化了这种等级意识和种族意识。许多文官，诸如阿什利·艾登（Ashley Eden），约翰·斯特雷奇（John Strachey），A. P. 霍威尔（A. P. Howell）和阿尔弗雷德·莱亚尔（Alfred Lyall）等，都对印度本土贵族抱有同情。迪斯累利、萨尔斯伯里和利顿等英国保守党人从维护帝国安全的角度，希望遏制接受西式教育的更加独立不羁的印度中产阶级，恢复贵族作为印度自然领导人的地位。利顿甚至建议停止在伦敦招募印度人，并通过立法为贵族建立"封闭的本

---

① 马德拉斯省政府在为印度政府提供意见时，宣称省内已没有贵族，不适合专为贵族建立一个文官机构。见 Misra, *Bureaucracy in India*, p. 269。

② Cannadine, D., *Ornamentalism: How the British Saw Their Empire*, Oxford: Oxford University Press, 2001, p. 47.

地人文官机构"，这一过分建议为印度事务大臣所拒绝。但他任命贵族子弟进入文官机构的计划还是取得一定成果，1879 年设立施惠于大地主贵族的法定文官机构，直接任命地主和贵族子弟进入高级文官职位。但瑞滂随后扭转了他的政策，公开支持那些他认为是印度政治新兴力量、接受过西式教育的精英们的要求，设立印度中产阶级主导的省级文官机构，开放六分之一的高级文官职位，满足那些在政治上组织起来，以协会、政党和政治鼓动表达政治意愿的有着发言权的印度西化知识精英。

印度殖民地的知识精英表现出强烈的参政愿望，这成为英帝国内所有皇家殖民地中的一道独特风景。对于庞大的英印帝国来说，少数的英国人是完全无力直接加以统治的，与一个高度欧化的印度人群体合作必不可少。而一部分印度知识分子对英国法律合理性和公正性的近乎宗教式的信奉，对激发其参政意识起了很好的促进作用。印度人政治民族主义兴起的同时，伴随着文化民族主义的出现，鼓吹宗教上的自我更新。文化民族主义对于官僚政治的要求便是尊重印度人的社会文化遗产。这一领域是政府"无权干预"的，更不要说为了英国人的意识形态而去改变它。正如帕塔·查特吉所说："印度人失去了外在的经济和政治的空间，但他们保有内在的精神空间。"[1] 这种文化民族主义与政治民族主义互为表里，互相转换，既排斥英国人的统治，又以社会的自我改良来接受其文明和统治制度。但印度人的这种"改良"心态并没有对殖民地官僚的政治主宰构成威胁，恰恰相反，它也崇尚官僚政治，且使两者和平共存。这些受到启蒙的印度西化精英，总是相信英国殖民行政机构的意图是好的，从未想过要质疑英国统治在印度的合法性。相反，这种统治还被视为抵制非法、迷信和专制的最终可靠保障。这些印度人相信殖民地社会秩序的根本合法性，认可英国的法治和宪政民主，这就给印度政治带来了更大的妥协和改良空间，使得改革者放弃和殖民者直接争夺最高的统治权力。正如阿肖克·森（Ashak Sen）所说：

　　由于印度中产阶级在社会生产中不能发挥实际作用，因而洛克、

---

① Chatterjee, P., *The Nation and its Fragments: Colonial and Postcolonial Histories*, Princeton: Princeton University Press, 1993, p. 16.

边沁和密尔的理论，更多的是使人不能认清殖民统治下国家和社会的特质……中产阶级既没有立场也没有力量，无法在国家组织和社会生产之间作有效的沟通，只留下对舶来的个人权利和理性概念的拙劣模仿。①

社会契约理论、主权在民理论、代议制民主理论、权力制衡理论，个人自由、平等思想等，既是印度资产阶级用以反对传统王朝统治的政治理论，也是英国用以建立帝国统治合法性和维护统治权威的理论。它们深深地扎根在印度知识精英头脑里，成为他们认可英国建立的官僚统治的重要理论依据。

第三阶段：从一战爆发到印度独立期间，印度的工业有了较快的发展。工业已基本摆脱对传统农业经济的依附，成了推动印度经济发展的重要部门。一战期间，战争带来了旺盛的需求，印度工业迅速发展。棉麻纺织工业的盈利率非常高，导致股价飙升。② 印度民族资本的实力有了一定程度的增长，为印度民族独立运动提供更坚实的经济基础。但印度资产阶级要夺取统治权，还需要各派地方势力和印度社会主体——农民的协助，圣雄甘地实现了这一目的。英国实力的相对下降，使得坚持压制民族主义和殖民地政治诉求的帝国顽固派，不仅遭受印度民族主义的攻击，在国内也受到自由民主派的冲击和议会代表的质询。英印当局试图以英式议会民主和责任政府来确立和巩固自己在印度殖民统治的合法性与权威。

英国资本的大量涌入也使英国需要对印度采取更加微妙的统治形式。一战之后，逐利的英国资本迅速进入印度。印度历史上，除 1858～1862 年的铁路投资热，第一次出现了资本入超，③ 1921 年为 2900 万英镑，1922 年为 3600 万英镑，均占当年英国资本输出的四分之一以上。面对英国资本的大规模进入，英印当局开始考虑在政权中更多引入印度合作者和代理人，以便将来英国撤出之后，能维护英国资本的利益。宪政改革既是一部分英国资产阶级政治家的美好设想，也是英印当局维持权威和合法性

---

① 转引自查特吉：《民族主义思想与殖民地世界》，前引书，第 37 页。
② 1921 年棉纺织工业的股息收益率能达到 350%，苎麻纺织业也能达到 140% 甚至更高。
③ R. 杜德：《今日印度》，黄季方译，人民出版社，1951，第 137 页。

的重要措施，促成了英印资产阶级与其追随者和支持者之间的更多合作。无论是总督参事会和立法会中的英印人成员，还是省政府中的印度人部长与英印文官，以及对少数族群、落后种姓和部落实施职位保留制，代表本地利益的成分复杂的印度民族主义和代表跨国资本利益的英帝国主义之间，战线确实是犬牙交错，难分彼此。一方面是风起云涌的民族独立运动，另一方面却是印度人部长、英国统治者和印度文官之间的握手言欢，言谈甚洽，以及英印资本之间的暗通款曲。"如果我们表现出勇气、慷慨和眼光，就有和印度工业合作的一个机会。可是如果我们不表现出这些德行，并不是印度的工业发展不起来，而是印度人要转向美国而不是我们来寻求帮助。"① 印度资产阶级不仅在利益上需要外国资本的照顾，在政权的管理中，也需要官僚体制维持其正常运作。两者在维持资本、宪政和官僚统治这些方面都达成了共识。

面对印度教知识分子主导的民族独立运动，英印当局利用宪政安排中的平等发展权和选举政治，使其与印度社会的主导原则——宗教、种姓等群体身份认同相结合，将行政职位保留制引入官僚行政职位和权力的分配之中。这是他们分化和制约印度教知识分子主导的民族独立运动，扶植英国代理人的重要策略。1925 年，总督内政参事穆迪曼第一次提出承诺，保证穆斯林在文官机构内的任职。后来在 1934 年拟定细则，确保穆斯林和其他少数族裔的利益。由于选举政治的作用，人数众多的落后种姓和阶层很快获得了某种程度的政治重要性，并在 1946 年得到了 12.5% 的职位保证。如果说英国人为破坏民族独立运动而蓄意引入保留制，那么随着独立后印度民主化进程的深入，保留制也成为保护印度社会弱势群体利益的重要宪法依据，对于维护印度的民主体制和社会均衡发展，也发挥了一定作用。

影响英国对印度殖民地文官招录政策的因素除了前述原因，还有英国本身选举政治造成的执政者的变化，执政者本身的政治态度。对殖民地采取保守的、以英国利益为导向的全球争霸政策，那么对殖民地文官的招录

---

① 安尼·西尔教授在英国议会下院的发言，转引自 R. 杜德：《今日印度》，黄季方译，人民出版社，1951，第 166~167 页。

政策也就趋于保守，力图获取本地贵族阶层的忠诚和加强对印度社会的控制；对印度的自主独立权利和要求持尊重和同情态度，为印度走向自治甚或独立做准备，则会有意识地支持本地接受西化教育的阶层，采取更加开明开放、承认印度受教育阶层有权利也应该获得机会进入各级文官机构的政策。两者相辅相成，对殖民地一手强硬，一手怀柔，共同服务于大英帝国的统治利益，也表现出一定的历史进步性。

总之，招录制度变化的动因，既有英国资本维护自身利益，改善殖民统治效率和构建统治合法性的需要，也有印度中产阶级兴起后对获得职位和参与政治的鼓动和追求；既有英国自由主义政治家以开放政权，实现种族平等为目标的渐进式立法活动，也有印度接受西式教育的知识精英和资产阶级对英国自由民主理论和议会宪政体制的接纳推崇。

第三节　官僚政治的若干问题：印度经验

我们对英印殖民统治的考察主要集中在其文职行政部分，但在殖民地环境下，同样重要的，甚至可能更为重要的还有军事和暴力的层面。查尔斯·梯利在《强制、资本和欧洲国家》中提出这样的观点："一位统治者对武装力量的创建会产生出持久的国家结构。之所以这样，既是因为一支军队会成为国家内部的一个重要组织机构，也是因为它的组建及维持而促成许多现代组织机构——财政部门、后勤供给机构、征召机构和税务局等机构的生命力。大的战争动员为国家的扩张、兼并和创造新的政治组织提高了主要的机会。"[1] 吉登斯则直截了当地断言："现代民族国家是暴力集装器。"[2] 军队的存在和军事上的胜利是东印度公司殖民政权在印度环境

---

[1] Tilly, C., *Coercion, Capital, and European States, Ad 990-1990*, Willey-Blackwell, 1993, p. 77. 梯利认为英、法、荷等西欧现代国家，发端于两种关键因素的结合：①资本的集中与积累；②强制性或暴力的集中与积累。凡是政治制度能够调动和集中资本的地方，那里就能够利用大部分现代国家机构——尤其是从众多居民中获取资财的金融机构和手段。同样的道理，凡是任何政治机构在独一无二的权威之下能够集中各种暴力手段，集聚武器和强大的军事力量，它也可以具备现代国家形成的关键因素。

[2] 安东尼·吉登斯：《民族-国家与暴力》，胡宗泽等译，生活·读书·新知三联书店，1998，第 14 页。

下得以存在和维持的直接原因，构成了东印度公司政治权力的主要部分。正是军队的征服和扩张活动，使得东印度公司政权控制的领土和疆域不断扩大，成就了印度历史上版图最为广阔的英印帝国，这些都对有效管理税收和民政、司法，提供稳定的后勤和人员保障提出了更为强烈的要求。这种要求促使东印度公司在领土扩张时期，通过文官任命建立一支具有高度内聚性和团队性的行政队伍，这支队伍延续至英国在南亚次大陆扩张基本完成之后。当然，东印度公司的印度政府是由文官来控制军队的指挥和调动的（公司军队的总司令和总督军事参事都附属于总督参事会，都须服从参事会决议）。

文官招录制度的变革为这种军事暴力基础上的文职政府的逐步理性化提供了直接的动力。最初，东印度公司文官进入文官机构及升迁，都完全依据身份等级，并依赖董事个人的庇护。随着进入海利伯瑞学院的初步考试制度的实行，晋升规范的完善，文官逐步摆脱了对董事个人的忠诚，而逐渐转变为对法律、政权和制度的忠诚。1855 年之后的考试制度加速了这一理性化过程。在印度的仕途可能受到个人出生和门第的间接影响，但更多依赖文官个人的资历、能力和成就。对于公开考试制度的历史进步意义应加以充分估计。此制度无论对于印度还是对于英国，都改善了文官机构的人员素质和行政能力。有着更高文化素质的英国文官给印度带来了基本的法制和内部的和平安宁。救济饥荒、修筑铁路、开挖运河和架设电报，英国统治者的这些建设事业原本出于维护殖民统治和攫取经济利益的目的，但还是为一个现代印度民族国家奠定了基本的物质前提和一套履行现代行政管理职能的官僚体制。这种考试制度服务于英国统治的利益，在 19 世纪下半叶成为排斥印度人进入高级文官职位的手段；而在一战之后，却成为在殖民地征召追随者和支持者，分化制衡民族独立运动的统治工具。

我们还应该看到，英印文官考试招录制度受到了英国自身文化传统、英帝国利益和印度社会本身文化教育发展程度的诸多限制。所谓的公开竞争考试，仅限于社会中有足够经济能力享受文化教育权利的少数阶层。尽管英国人在伦敦招录文官时使用这一制度，但在招录印度人时，却使其成为种族、民族和阶层排斥的工具，成为殖民政权维护统治权威和巩固统治合法性的重要手段。

举荐制和保留制则成为最有利于英印殖民当局施舍庇护，获得支持者和追随者忠诚的有效武器。这种招录制度对独立后的印度影响也至为深远。从 1948 年至 1960 年，任命到印度行政官机构的人员中，总数为 1971 名，其中只有 615 名，也就是 31.2% 的人员是通过竞争考试直接招录的。① 1950 年的印度宪法第 50 条延续了对少数族群和落后种姓与部落的职位保留制。1978 年，人民党政府设立曼德尔委员会，调查表列种姓、表列部落以及其他落后阶级（Other Backward Castes and Classes）的社会和教育发展情况，在 1980 年报告的建议中提出要为落后种姓和阶级增加一定比例的保留名额。1990 年拉奥联合政府出于选举和政治目的宣布实行这一建议，在表列种姓、表列部落占公共机构中职位和技术学院入学名额的 22.5% 的比例上，加上新增的为落后种姓和阶级的保留比例，他们在印度公共机构中职位的保留比例竟高达 49.5%。这引起了占人口比例 20% 的高级种姓的强烈反对，并导致 60 多名高级种姓学生在抗议中自焚身亡。② 而且，从各邦文官直接晋升到全印行政官的比例上限，从独立时的 25% 增加到 33.3%。③ 这些现象是同现代行政制度的统一规范的发展要求背道而驰的。追根溯源，它是殖民地时期实行的招录制度中引入宗教、族群等社会政治因素做法的延续。

考虑了上述情况，我们似乎就能从权力和权威的维护角度去解释：英印当局为何要在一个教育还很不发达的农业国家内举行竞争考试制；为什么英国人要在印度社会各种政治经济条件并不完全具备的情况下，引入议会民主制。正如利兹大学的安德鲁·汤普森（Andrew S. Thompson）教授在他的《帝国经验与英吉利民族国家的形成》一文中所说的，"自由贸易不过是没有说出名字的帝国主义的一种形式，也可能是不敢说出自己的名字"，"进入市场的平等权在理论上听起来不

---

① *Journal of the National Academy of Administration*, Mussoorie, July, 1960, Vol. 5, No. 3, pp. 53–54.

② Engineer, Asghar Ali（eds.）, *Mandal Commission Controversy*, Delhi: Ajanta Publications, 1991, p. xi.

③ Maheshwari, S. R., *Public Administration in India: The Higher Civil Service*, Oxford: Oxford University Press, 2005, p. 134. 根据西孟加拉邦政府 1982 年设立的 Ashok Mitra 行政改革委员会提出的建议，要将 33.3% 的晋升比例提高到 50%。

错，但实际上到那时为止，正因为在对世界市场的利用上，英国是处于最有利位置的国家"，它才拼命鼓吹自由贸易理论。那我们是否也可以这样说，在作为世界帝国统治形式的宪政民主的实践和理论发展上，第一次世界大战之后的英国处于最有利的位置，所谓的宪政民主在一定意义上只不过是没有说出名字，也可能是不敢说出自己名字的帝国主义的一种形式。进入宪政民主的美好前景在理论上听起来不错，但实际上是因为，到那时为止，在通过宪政民主体制来构建对世界进行统治的合法性上，英国是处于最有利位置的国家。

英属印度建立的这种行政体制源于军事征服，在建立时期就实行带有强制性质的直接控制。中央政权直接控制县政，民众、地方团体等中间权威在税务、治安和司法等事务上，没有任何的自主性和选择权。但对于印度社会和文化，只要不危及殖民统治的利益，英印当局还是采取不干预的自由放任政策。从英帝国殖民统治的大范围来看，英属印度的行政体制和招录制度具有同时期南非、香港和新加坡等其他殖民统治地区少有的开放性，① 为印度独立后的宪政体制和责任政府的运作准备了条件。

作为殖民政权，英印政府总是在印度社会中使用各种传统方法，吸纳地方精英，如商业阶级、农村土地所有者和婆罗门知识分子的合作与忠诚。更多采用非竞争的招录方式，以满足社会和政治中新兴阶级的要求，维护殖民政权的统治基础和权威。与此同时，竞争考试招录制度的重要性逐渐降低，这种非竞争模式在某种程度上也代表了公共行政中强调社会公平的趋向，不是将重点放在由于知识和道德的卓越，及其所产生的行政效率或行为的正直上，而是更为重视"社会公平正义"。在印度殖民地特定的历史条件下，这种公平正义更多地意味着政治庇护范围的扩展。根据

---

① 迈纳斯（Norman Miners, *The Government and Politics of Hong Kong*, Hong Kong: Oxford University Press, 1991）认为，大英帝国在香港建立的政治体制，受到三方面的影响：一是英国本土政治的经验。这主要是基于代议政治的议会制。二是大英帝国的经验教训。在统治北美殖民地时期，北美殖民地人民以"纳税"和"投票"为口号的独立运动，使得英国人意识到，对于殖民地人民的政治参与既要提防又要诱导。三是大英帝国统治印度殖民地的经验。对于印度这样地域广袤、民族复杂的殖民地，要维持有效率的统治，就需要透过当地人原有的政治社会建制（比如土著酋长制），实行所谓的"间接统治"（Indirect Rule）。

1935 年的《印度政府法》实施省级自治之后，这种趋势就更是大大加强了。各省政府日益要求对印度文官机构的控制权。印度本土资产阶级政治家出于权力和政治上的庇护动机，实际上在鼓励实行一种不考虑民族整体利益的政策。如何充分协调社会公正与行政效率，直到今天，仍然是面对印度发展困境的政治社会学和公共行政管理有待解决的问题。

总之，英国的殖民统治给印度引入了具有近代色彩的法治化的权力体制和官僚机构，为印度的政治和行政管理的现代化奠定了基础。同时，在履行所谓的建设性使命，通过考试制度构建并完善理性官僚制的过程中，英国殖民者出于自己的私利和政治文化，在种族意识的基础上竭力限制这种理性化在印度的应用，在不同时期里，分别利用举荐制和保留制来平衡和制约印度西化精英和民族独立运动对殖民政权的要求和挑战，维护和巩固掠夺性的殖民统治。尽管这个官僚阶层的成员来源较好，素质较高，超脱于党派和宗教的纷争之外[1]，但它毕竟是服务于一个对异族进行专制统治的英国工商业资产阶级的最高利益。[2] 它不仅未能解决印度的种种社会问题，而且在很大程度上激化了印度社会中的种姓和教派矛盾，对独立后印度的发展留下了不利的影响。

长期以来，无数史家关注广土众民帝国的崛起、兴盛、维持及衰亡，概括其特征，总结其成功经验，吸取其失败教训。韦伯曾经探讨过历史上帝国形成的官僚化程度问题。他发现，两个最具扩张性的结构，罗马帝国和大英帝国，在它们最积极扩张的时期，都是仅仅在最低程度上依赖官僚制基础。[3] 在殖民地印度案例上，韦伯的观察应稍做修正。大英帝国对印度的征服，固然并非官僚国家所完成，征服的主要执行者是东印度公司，一个准国家式的私人组织，但印度殖民地的治理，最终却是官僚化的，尽管就其规模而言，这个印度文官机构是最小意义上的政府。

陈寅恪先生描述唐帝国时有言，"李唐一族之所以崛兴，盖取塞外野

---

[1] 今天的印度学者对殖民地时期文官机构的评价很高，部分是源于当下印度政治过于干预和影响行政的专业性，印度行政官员无法免于党派和族群纷争的困扰以及弥漫性的腐败等现实困境。

[2] Thompson, A.S., "Empire and the British State," in S. Stockwell, *The British Empire: Themes and Perspectives*, Malden, Oxford: Blackwell Publication: 2008, pp. 29–53.

[3] 韦伯:《经济与社会》（第二卷上册），上海人民出版社，2010，229~230 页。

蛮精悍之血，注入中原文化颓废之躯，旧染既除，新机重启，扩大恢张，遂能别创空前之世局。"① 这似乎与英国殖民印度的故事有某些相似之处。英吉利携近代工业民族的铁与火，在莫卧儿帝国废墟上建立起来的英印帝国，无可否认地融入了印度历史，并对其现实产生深远影响。

---

① 阎步克：《波峰与波谷：秦汉魏晋南北朝的政治文明》，北京大学出版社，2009，第35页。

Covenant of the Writers Signed in 1765 *

A. B……will not directly or indirectly take, accept or receive or agree to take, accept or receive any gift, Reward, Gratuity, Allowance, Compensation, Sums of Money whatsoever from any Person, of whom he, the said A. B. shall by himself or any agent for him, buy or barter any Goods, Merchandize, Treasure or Effects for or upon account of the said Company [or from those to whom he sells] …and upon condition that the said A. B. shall in all things perform his Covenants and agreements with the said Company and to encourage him so to do. It is further covenanted and agreed by and between the said Parties to these Presents, that it shall and may be lawful to and for the said A. B. and the Company doth accordingly license the said A. B. during the 5 years, commencing as aforesaid, freely to trade and traffick for his own account only, for Port to Port in India, or elsewhere, within the Limits aforesaid, [i. e. between the Cape of Good Hope and the Straits of Magellan] but not to or from any place without the same, [further that servants having injured Natives may be judged and punished by the Company] .

And the Said A. B. doth… agree that he …will not carry on … Trade either from Europe to the East Indies or to any Place within the said Company's limits … or from the East Indies etc. to Europe …nor shall carry on, use or be

---

* Maheshwari, S. R., *Public Administration in India: The Higher Civil Service*, New Delhi: Oxford University Press, 2005, p. 34.

concerned in any Trade or Traffic whatsoever but such as is expressly allowed ⋯ by the true intent and Meaning of these Presents.

一份签署于 1765 年的公司职员的文书合约

A/B（姓名）⋯⋯立约人在他自己或其代理与其他人或其他代理进行买卖，或以易货方式交易任何货物、商品、珠宝和财物时，不得以公司名义，从那些在他手头购买商品的人中，直接或间接获取、接受或接收，或同意获取、接受或接收来自对方的馈赠、报酬、酬金、津贴、补偿和现金，要求立约人在上述条件下，在一切事情上履行与公司的上述约定，并鼓励他照章行事。上述各方之间进一步约定并同意，赠予该立约人的礼物应尽可能合法，公司由此为上述立约人提供业务许可，规定在五年之内，在印度本地，或在其他地方，[例如，在从好望角到麦哲伦海峡之间的范围内]，为他自己经营从港到港的自由贸易和运输，但不得在没有许可情况下，经营任何地方的业务 [另，伤害本地人的职员会受到公司的审判和惩罚]。

上述 A/B 立约人同意，在公司规定的范围内，他不得从事⋯⋯无论是从欧洲到东印度及其他任何地方⋯⋯还是从东印度及其他任何地方到欧洲的贸易等，无论如何，也不得经营、使用或从事任何的贸易或运输活动，除非得到在场者的真实意图和意愿所明确允许。

Copy of *The Covenant Executed by Members of the Covenanted Civil Service* *

This indenture made the ··· day of ··· in the year of our Lord 1891, between ··· hereinafter called

the covenantor, of the first part; ··· hereinafter called the surety, of the second part; and the Secretary of State in Council of third part. Whereas the Secretary of State in Council has appointed the covenantor to serve Her Majesty as a member of the Civil Service of India in the Presidency of Fort Williamin Bengal, in the East Indies (with the option to the Government of India at anytime and from time to time to require him to serve elsewhere in India), such service to continue during the pleasure of Her Majesty, her Heirs and Successors, to besignified under the hand of the Secretary of State for India, but with liberty forthe said covenantor to resign the said service, with the permission of the said Secretary of State in Council or of the Governor-General of India in Council. And whereas by reason of the said covenantor's minority the said surety hath agreed to become a party to and execute these presents as a surety for the due performance of the Covenants hereinafter contained on the part of the said covenantor. Now this Indenture witnesseth, and the said covenantor and the said surety do and each of them doth hereby severally covenant and

---

* Maheshwari, S. R., *Public Administration in India: The Higher Civil Service*, New Delhi: Oxford University Press, 2005, p. 35.

agree with and to the secretary of State in Council, in manner and form following; that is to say-

1st. That while he the said covenantor shall be employed in the said service he will faithfully, honestly, and diligently do all such things as shall be lawfully committed to his charge by or on the part of the Secretary of State in Council or of the Government of India, or execution of his duty.

2nd. That he will perform and obey all such general rules and regulations of the Secretary of State in Council and of the said service as shall be in force in relation to all things to be committed to his charge or to be done by him, or to any rank, office or station in which he shall act, and will observe and obey all such orders relating to himself or his conduct as he shall receive from the Secretary of State in Council, or the Government of India, or any person who shall have lawful authority to command him.

3rd. That he will regularly and justly keep all accounts touching his transactions for the Government in India, and will preserve and keep all such documents, chattels, and reality as shall be committed to his charge, or as it shall be his duty to preserve and keep, and shall be committed to his charge, or as it shall be his duty to preserve and keep, and shall not willfully obliterate, cancel or injure, nor permit to be obliterated, cancelled, or injured, and documents, chattels, or realty belonging to Her Majesty or in the custody of any person or persons on account of the Government, and will deliver all such documents, chattels, and realty as shall be in his custody or power to any person to whom he ought to deliver he same. And on demand made by or on behalf of the Secretary of State in Council, or of the Government of India, will deliver to such person or persons as shall be authorized to demand the same, all documents whatsoever touching any of the affairs or concerns of the Government, or anything in which he shall have been engaged as a servant in the Civil Service of India: such delivery to be made without obliteration or concealment of any part of the books, papers, or writings to be delivered up, and notwithstanding that they may not be the property of Her Majesty or that there may be any entry or entries relating to his own affairs or those of any other person or any other reason whatever.

4th. That he shall not make use of or apply the property of Her Majesty which he may have for any purposes other than those for which he ought to use and apply it in the course of his said service, save and except such furniture, goods and chattels as he may be justly entitled to the sued of for his own proper accommodation.

5th. That he shall not nor will divulge, disclose or make known any matter relating to the affairs or concerns of the Government in India, or relating to any matter or thing in which he may act or be concerned or which may come to his knowledge in the course of his said service which may require secrecy, and which ought to be kept secret (save and except as his duty may require, unless he shall be authorized or required to disclose and make known the same by the Secretary of State in Council or the Government in India, or some other person or persons having competent authority for that purpose.

6th. That he shall not at any time, directly or indirectly, ask, demand, accept, or receive any sum of money, or security for money, or other valuable thing or service whatsoever, or any promise or engagement by way of present, gift or gratuity, from any person or persons with whom or on whose behalf he shall, on the part of the Government in India, have any dealings or transactions, business or concern whatsoever, or from any person or persons from whom, by law or any orders or regulations of the Secretary of State in Council or of any of the branches of the Government of India, he is or shall be restrained from demanding or receiving any sum of money or other valuable thing as a gift or present, or under color thereof.

7th. That he shall not nor will by himself, or in partnership with any other person or persons, either as principal, factor or agent, directly or indirectly engage, carry on, or be concerned in any trade, dealings or transactions whatsoever.

8th. That he shall not nor will at any time return to Europe, nor remove from or leave the presidency, within which he shall be serving, without the previous permission of the Governor-General of India in Council in writing: and previously to any such return or removal he shall pay, satisfy, and perform all such debts, sums of money, duties, and engagements as he shall owe or be liable to perform to Her Majesty or to the Government in India, or any branch or department of the same.

9th. That he shall and will forthwith upon his arrival at the said Presidency, and from time to time, so long as he shall continue in the service of Her Majesty, make such payments as, under the rules and regulations which shall be in force within the said Presidency of Fort William in Bengal, shall become due or payable by him on account of the provision for his own pension or for pensions to his wife, or children or shall at the option of the Secretary of State in Council of the Governor-General of India in Council, allow the amount of such subscriptions to be deducted out of the money due or payable by the Government to him.

In witness whereof, the said covenantor, the Said surety, and ··· being two members of the Council of India, have hereunto set their hands and seals, the day and year first above written.

Signed, sealed, and delivered by the above-named signed

Covenantor in the presence of (seal)

Signed and sealed, and delivered by the above-named signed

Surety in the presence of (seal)

Signed and sealed, and delivered by the above-named signed

Two members of the Council of India in the presence of (seal)

合约制文官执行的合约

合约签署日期……于公元 1891 年，以立约人为第一方，以担保人为第二方，以参事会事务大臣为第三方。鉴于参事会事务大臣任命立约人为在东印度孟加拉圣威廉堡为女王服务的印度文官机构成员，（印度政府有权随时要求他前往印度其他地方任职），根据女王陛下、王储及继承人的意愿，由印度事务大臣签署，该机构在此期间存续，但在印度事务大臣或参事会总督的批准下，上述立约人有权辞去上述职务。并出于上述立约人的原因，上述担保方已同意成为执行方，作为该立约人的代表，妥为履行本合约以下所载之内容。现在，由上述立约人和担保人作证，每位立约人都严肃地向印度事务大臣表示，同意以下面的方式和形式履约，即：

1. 上述立约人任职于上述机构，他将忠诚、诚实、勤奋地工作，并依法履行参事会事务大臣或印度政府交付于他的或其他应该履行的职责。

2. 他将履行并遵守参事会印度事务大臣为上述文官机构职务所制定的一般规则，作为他以任何身份，在任何官职或岗位上应履行的职责，而且将遵守并服从所有从参事会印度事务大臣或印度政府，或任何合法对他拥有指挥权的人那里接受的对他本人及行为的命令。

3. 他将定期和公正记录所有为印度政府承担的事务，有责任保存和保管所有由他负责的文件、动产和实物，并不得蓄意涂改、撤销或损坏，也不得允许他人涂改、撤销或损坏；他将保留任何属于女王陛下的，由个别或多位政府代表监护的文件、动产和实物，并将根据其监护权或职权保管的所有相关文件、动产和实物，交付给他应交付之人。应参事会事务大臣及其代表，或印度政府之要求，他应将任何涉及政府事务，或涉及其作为印度文官所涉事务的所有文件，提交给授权接收文件之人：他交付的书籍、文献、著作中的任何部分，都不得涂改或隐瞒，尽管某些记录可能涉及他本人或他人的事务，以及其他原因，尽管它们可能并非女王陛下的财产。

4. 他不得使用或利用他所在机构中女王陛下的财产，用于他应该使用的任何用途之外的其他用途，除他申请到的公平分配给他的办公场所中的家具、物品或动产外。

5. 他不应也不可泄露、披露或公开任何与印度政府有关的或关注的事项，或他在执行职务中知情的且要求保密及应保密的事项（除他职责所需，由参事会事务大臣或印度政府或其他主管机关授权，要求披露和公布的事项）。

6. 无论何时、以何方式，他作为印度政府某个部门的代表，不得从与他本人存在交易或业务往来的任何企业或个人那里，直接或间接地要求、收受任何数额的金钱、担保酬金和任何其他有价值的东西或服务，或任何以礼物、礼品及酬金形式做出的承诺或约定；根据参事会事务大臣或印度政府部门制定的法律、命令和条例，他应服从对索取或接受馈赠及其他类别的任何金钱和有价物品之限制。

7. 他不应也不可由他本人，或与任何合伙人或多人，无论是作为负责人还是代理，直接或间接地参与、进行或从事任何的贸易、买卖和交易。

8. 未经总督或印度事务大臣以书面形式事先批准，他不得在任何时候返回欧洲，迁离或离开他应在其中服务的管区；在任何此种返回或休假前，他应支付、清偿他所欠的债务、金钱和税款，或对女王或印度政府分支部门有责任履行的债务。

9. 在抵达上述管区时，只要他将继续在陛下的文官机构内服务，根据在孟加拉管区威廉堡实施的规则和条例，他须立即为其本人的退休金账户或其妻子和子女的应付款项进行支付，或由参事会事务大臣或印度总督获准，允许他从政府到期的须支付该人的款项中扣除上述应缴纳款额。

上述立约人、担保人及两位印度参事会成员以昭信守，至此为止已按上手印和印章，已于文首所注日期，在此处签字盖章。

签名、盖章并提交给   签名：
立约方：

签名、盖章并提交给   签名：
担保人：

签名、盖章并提交给   签名：
在场的印度事务大臣参事会的两位成员：

主要参考资料

（一）一手档案

Hansard's Parliamentary Debates　　汉莎德英国议会议事录（1803-2005）

Legislative Assembly Debates　　　　　　　印度立法会议事录

Parliamentary Papers on Civil Service　　议会关于文官机构的文件集

Report of Public Service Commission，1886-1887　艾奇逊调查团报告

Report of the Royal Commission upon Decentralization in India

　　　　　　　　　　　　　　1909 年地方分权调查团报告

Report of Royal Commission on the Public Civil Service in India，1912-

1915　　　　　　　　　　　　伊斯林顿调查团报告

Reports on Indian Constitution Reforms，1918　　印度宪政改革报告

Report of Royal Commission on Superior Civil Service in India，1924，

　　　　　　　　李调查团关于高级文官改革的报告

Report of the Indian Statutory Commission，　西蒙调查团报告，1930

India Office Papers　　　　　　　　　　印度事务部书信文件集

Wood Papers　　　　　　　　　　　　　伍德书信文件集

Lawrence Papers　　　　　　　　　　　劳伦斯书信文件集

Northbrook Papers　　　　　　　　　诺斯布鲁克书信文件集

Lytton Papers　　　　　　　　　　　　利顿书信文件集

Landsdowne Papers   兰斯唐书信文件集

Hamilton Papers   汉密尔顿书信文件集

Curzon Papers   寇松书信文件集

Gokhale Papers   郭克雷书信文件集

Linlithgow Papers   林利思戈书信文件集

IOR：MSS EUR 印度事务部图书馆文件，文官传记与手稿 30 余份

L/SG/7/531 Lee Commission：Indianization of the Service Collection S. & G. 20/7

Civil Service List：1856，1893，1916，1926，1937

            1856、1893、1916、1926、1937 等年度文官名录和薪俸表

Administrative Commission Report on Centre-State Relationships 1969

            1969 年行政改革委员会关于中央—地方关系的报告

Report of Committee on Civil Service Reforms 2004，

            2004 年印度政府机构改革委员会报告

（二）参考论文

学位论文

Ewing, H. A., *The Indian Civil Service*, 1919 – 1942：*Some Aspects of British Control in India*, 1980, Ph. D., Cambridge.

Honda, T., *Indian Civil Servants*, 1892 – 1937：*An Age of Transition*, Ph. D., Oxford, 1996.

邹珊珊：《官僚制及其超越》，博士学位论文，复旦大学，2004。

花永兰：《当代世界民族主义研究》，博士学位论文，中共中央党校，2006。

中文期刊论文

陈峰君、黄子都：《印度政府机构设置与行政官制度》，《南亚研究》，1985，1986。

高岱:《西方学术界殖民主义研究评析》,《世界历史》,1998（02）。

高岱:《英法殖民地行政管理体制特点评析（1850～1945）》,《历史研究》,2000（04）。

高岱:《殖民主义统治对殖民地工业发展的影响》,《北京大学学报》（哲学社会科学版）,2002（06）。

高岱:《帝国主义概念考析》,《历史教学（高校版）》,2007（02）。

郭家宏:《论英国在印度殖民统治体制的形成及影响》,《史学集刊》,2007（02）。

黄子都:《印度文官制度的由来和发展》,《国际政治研究》,1985（01）。

李安山:《日不落帝国的崩溃——论英国非殖民化的"计划"问题》,《历史研究》,1995（01）。

李安山:《论"非殖民化":一个概念的缘起与演变》,《世界历史》,1998（04）。

林承节:《英国东印度公司怎样从商人组织转变为国家政权》,《南亚研究》,1987（01）。

林承节:《对殖民时期印度史的再认识》,《世界历史》,2006（04）。

陆梅:《印度中产阶级产生的历史背景》,《当代亚太》,2000（12）。

潘兴明:《试析非殖民化理论》,《史学理论研究》,2004（03）。

尚会鹏:《文化传统与西方式政治制度在印度的确立》,《南亚研究》,1994（05）。

孙士海:《印度国家机构简介（二、三、四）》,《南亚研究》,1982（03）、1982（04）、1984（01）。

孙士海:《印度政治五十年》,《当代亚太》,2000（11）。

王红生:《印度教:近代以来印度社会发展的动力》,《史学理论研究》,2007（04）。

张顺洪:《战后英国关于殖民地公职人员的政策（1945～1965）》,《历史研究》,2003（03）。

张顺洪:《论英国的非殖民化》,《世界历史》,1996（06）。

张顺洪:《关于殖民主义史研究的几个问题》,《河南大学学报》,

2005（01）。

朱明忠：《印度教民族主义的兴起与印度政治》，《当代亚太》，1999（08）。

英文期刊论文

O'Hanlon, R. and David Washbrook, "After Orientalism: Culture, Criticism, and Politics in the Third World". *Comparative Studies in Society and History*, (Jan., 1992) Vol. 34 (No. 1): pp. 141-167.

Jain, O. P. D. R. B., "Bureaucratic Morality in India". *International Political Science Review*, 1988, Vol. 9 (No. 3).

Arnold, D., (1985). "Bureaucratic Recruitment and Subordination in Colonial India. The Madras Constabulary, 1859 - 1947". In: Guha, R. (ed.). *Subaltern Studies* IV: *Writings on South Asian History.*

Baraj, S. K., (1971). "Indianisation of Indian Civil Service". *The Panjab Past & Present*, (No. 5), pp. 211-226.

Bates, C., (1995). "Race, Caste and Tribe in Central India: The Early Origins of Indian Anthropometry". In: Robb, P. (ed). *The Concept of Race in South Asia*: O. U. P. Delhi, pp. 219-259.

Beaglehole, T. H., (1977). "From Rulers to Servants: The I. C. S. and the British Demission of Power in India". *Modern Asian Studies*, Vol. 11 (No. 2), pp. 237-255.

Brass, P. R., (1984). "National Power and Local Politics in India: A Twenty-Year Perspective". *Modern Asian Studies*, Vol. 18 (No. 1), pp. 89-118.

Brown, Judith M., (April 2006). "Jawaharlal Nehru and the British Empire: The Making of an 'Outsider' in Indian politics". *Journal of South Asian Studies*, n. s., Vol. XXIX, No. 1.

Chakrabarty, B., (2006). "Jawaharlal Nehru and Administrative Reconstruction in India: A Mere Imitation of the Past or a Creative Initiative?". *Journal of South Asian Studies*, Vol. XXIX (No. 1).

Compton, J. M., (1967). "Indians and the Indian Civil Service 1853－79: a Study in National Agitation and Imperial Embarrassment". *Journal of the Royal Asiatic Society*, Parts 3 and 4, pp. 99-113.

Compton, J. M., (1968). "Open Competition and the ICS, 1854－76". *English Historical Review*, Vol. XXXIII, pp. 261-284.

Darwin, J., (Sep., 1980). "Imperialism in Decline? Tendencies in British Imperial Policy between the Wars". *The Historical Journal*, Vol. 23 (No. 3), pp. 657-679.

Dewey, C. J., (1973). "The Education of a Ruling Caste: The Indian Civil Service in the Era of Competitive Examination". *The English Historical Review*, Vol. 88 (No. 347), pp. 262-285.

Ewing, A., (1984). "The Indian Civil Service 1919－1924: Service Discontent and the Response in London and in Delhi". *Modern Asian Studies*, Vol. 18 (No. 1), pp. 33-53.

Gallagher, J., and Anil Seal (1981), "Britain and India Between the Wars". *Modern Asian Studies*, Vol. 15 (No. 3, Power, Profit and Politics: Essays on Imperialism, Nationalism and Change in Twentieth-Century India), pp. 387-414.

Gould, W., (2007). "The Dual State: The Unruly 'Subordinate', Caste, Community and Civil Service Recruitment in North India, 1930－1955". *Journal of Historical Sociology*, Vol. 20 (No. 1/2), pp. 13-43.

Guha, A., (1984). "Nationalism: Pan-Indian and Regional in a Historical Perspective". *Social Scientist*, Vol. 12 (No. 2, Marx Centenary Number 3), pp. 42-65.

Gupta, A., (Nov. -Dec., 2000). "Anti-Imperialist Armed Struggle: An Assessment". *Social Scientist*, Vol. 28, (No. 11/12), pp. 3-19.

Hogben, W. M., (1981). "An Imperial Dilemma: The Reluctant Indianization of the Indian Political Service". *Modern Asian Studies*, Vol. 15 (No. 4), pp. 751-769.

Khan, M. M., (1999). "Civil Service Reforms in British India and

United Pakistan", *International Journal of Public Administration*, 22 (6), pp. 947-954.

Malik, N. S., (1994). "Indianization of the ICS and Muslim Representation in Public Services", *Journal of the Research Society of Pakistan*, 31: 3, pp. 33-50.

Marchall, P. J., (Feb., 1997). "British Society in India under the East India Company". *Modern Asian Studies*, Vol. 31, No. 1, pp. 89-108.

Martin, J. B., (1967). "Lord Dufferin and the Indian National Congress, 1885 - 1888". *The Journal of British Studies*, Vol. 40 (No. 4), pp. 68-96.

Moore, R. J., (1964). "The Abolition of Patronage in the Indian Civil Service and the Closure of Haileybury College". *The Historical Journal*, Vol. 7, (No. 2.), pp. 246-257.

Moore, R. J., (1993). "Curzon and Indian Reform". *Modern Asian Studies*, Vol. 27 (No. 4), pp. 719-740.

O'Hanlon, R., (1988). "Recovering the Subject Subaltern Studies and Histories of Resistance in Colonial South Asia". *Modern Asian Studies*, Vol. 22 (No. 1), pp. 189-224.

O'Hanlon, R., (1991). "Histories in Transition: Approaches to the Study of Colonialism and Culture in India". *History Workshop*, No. 32 (Autumn), pp. 110-127.

Panikkar, K. N., (1997). "From Revolt to Agitation: Beginning of the National Movement". *Social Scientist*, Vol. 25 (No. 9/10), pp. 28-42.

Potter, D. C., (1973). "Manpower Shortage and the End of Colonialism: The Case of the Indian Civil Service". *Modern Asian Studies*, (7: 1), pp. 47-73.

Rag, P., (1995). "Indian Nationalism 1885-1905: An Overview". *Social Scientist*, Vol. 23, (No. 4/6), pp. 69-97.

Rahim, M. A., (1982). "Indian Members of the Covenanted Civil Service, 1854 - 1913: A Study of their Status and Role in British-Indian

Administration". *Bengal Past & Present*, 101, Calcutta Historical Society, pp. 34-44.

Raychaudhuri, T., (1979). " Indian Nationalism as Animal Politics". *The Historical Journal*, Vol. 22 (No. 3), pp. 747-763.

Roy, R. D., (1987). "Some Aspects of the Economic Drain from India during the British Rule". *Social Scientist*, Vol. 15, (No. 3 March), pp. 39-47.

Rudolph, L. I., (1965). " The Modernity of Tradition: The Democratic Incarnation of Caste in India". *The American Political Science Review*, Vol. 59 (No. 4), pp. 975-989.

Rudolph, L. I., (1979). "Authority and Power in Bureaucratic and Patrimonial Administration: A Revisionist Interpretation of Weber on Bureaucracy". *World Politics*, Vol. 31 (No. 2), pp. 195-227.

Rudolph, L. I., (1983). " Rethinking Secularism: Genesis and Implications of the Textbook Controversy, 1977-79". *Pacific Affairs*, Vol. 56 (No. 1), pp. 15-37.

Sikka, R. P., (1985). "The Indianisation of the Uncovenanted Civil Service and Lytton's circular of 18 April 1879". *Indian Archives*, 34: 1, pp. 33-52.

Sinha, M., (2001). " Britishness, Clubbability, and the Colonial Public Sphere: The Genealogy of an Imperial Institution in Colonial India". *The Journal of British Studies*, Vol. 40, No. 4, pp. 489-521.

Spear, P., (Aug., 1958). "From Colonial to Sovereign Status: Some Problems of Transition with Special Reference to India". *The Journal of Asian Studies*, Vol. 17, (No. 4), pp. 567-577.

Spodek, H., (1979). " Pluralist Politics in British India: The Cambridge Cluster of Historians of Modern India". *The American Historical Review*, Vol. 84 (No. 3), pp. 688-707.

Sundaram, C. S., (2002). " Reviving a ' Dead Letter ': Military Indianization and the Ideology of Anglo-India 1885-91". In: Partha Sarathi

Gupta, A. D. (ed.), *The British Raj and its Indian Armed Forces，1857 - 1939.* New Delhi：Oxford University Press.

Tomlinson, B. R., (1981). "Colonial Firms and the Decline of Colonialism in Eastern India 1914 - 47". *Modern Asian Studies*, Vol. 15 (No. 3, Power, Profit and Politics：Essays on Imperialism, Nationalism and Change in Twentieth-Century India), pp. 455-486.

Tomlinson, B. R., (1988). "The Historical Roots of Indian Poverty：Issues in the Economic and Social History of Modern South Asia：1880 - 1960". *Modern Asian Studies*, Vol. 22, (No. 1), pp. 123-140.

Travers, R., (2005). "Ideology and British Expansion in Bengal, 1757 - 72". *The Journal of Imperial and Commonwealth History*, Vol. 33, (No. 1), pp. 7-27.

Washbrook, A. S. D., (1993). "Economic Depression and the Making of 'Traditional' Society in Colonial India 1820 - 1855". *Transactions of the Royal Historical Society*, Sixth Series, Vol. 3, pp. 237-263.

Weaver, W. N., (2004). "'A School-Boy's Story'：Writing the Victorian Public Schoolboy Subject". *Victorian Studies*, Spring.

Zastoupil, L., (2002). "Defining Christians, Making Britons：Rammohun Roy and the Unitarians". *Victorian Studies*, Winter.

（三） 参考书目

中文专著

罗荣渠编《殖民主义理论选读》，北京大学出版社，1995。

罗荣渠：《现代化新论：世界与中国的现代化进程》，商务印书馆，2004。

陈来：《传统与现代：人文主义的视界》，生活·读书·新知三联书店，2009。

戴乐：《英国高级文官》，台北商务印书馆，1965。

费福雄：《英国文官考试制度》，上海民智书局发行，民国二十年九月。

黄思骏等编译《南印度农村社会三百年》，中国社会科学出版社，1981。

高岱、郑家馨：《殖民主义史（总论卷）》，北京大学出版社，2003。

郭家宏：《从旧帝国到新帝国：1783－1815年英帝国史纲》，商务印书馆，2007。

林承节：《殖民统治时期的印度史》，北京大学出版社，2004。

阎步克：《从爵本位到官本位：秦汉时期》，生活·读书·新知三联书店，2009。

龚祥瑞编著《英国行政机构和文官制度》，人民出版社，1983。

金克木：《略论甘地在南非早期的政治思想》，《印度文化余论》，学苑出版社，2002。

金耀基：《金耀基社会论文选》，台北幼狮文化事业公司，1986。

林承节：《殖民主义史·印度卷》，北京大学出版社，1999。

林承节：《殖民统治时期的印度史》，北京大学出版社，2004。

林承节：《印度民族独立运动的兴起》，北京大学出版社，1984。

林良光：《印度政治制度研究》，北京大学出版社，1995。

李芳、刘沁秋：《印度：在第三条道路上踯躅》，四川人民出版社，2002。

任爽、石庆环：《科举制度与公务员制度》，商务印书馆，2001。

石庆环：《20世纪美国文官制度与官僚政治》，东北师范大学出版社，2003。

尚会鹏：《种姓与印度教社会》，北京大学出版社，2001。

尚会鹏：《印度文化传统研究——比较文化的视野》，北京大学出版社，2004。

陶笑虹：《殖民地印度的妇女》，华中师范大学出版社，2011。

汪熙：《约翰公司：英国东印度公司》，上海人民出版社，2007。

王红生：《二十世纪世界史》，北京大学出版社，2009。

王红生：《论印度的民主》，社会科学文献出版社，2011。

王红生、B. 辛格：《尼赫鲁家族与印度政治》，北京大学出版社，2011。

夏光：《东亚现代性与西方现代性：从文化的角度看》，生活·读书·新知三联书店，2005。

徐健：《近代普鲁士官僚制度研究》，北京大学出版社，2005。

阎步克：《波峰与波谷》，北京大学出版社，2009。

张静主编《国家与社会》，浙江人民出版社，1998。

张文木：《论中国海权》，海洋出版社，2014。

中文译著

阿尔布罗：《官僚制》，阎步克译，知识出版社，1990。

爱德华·W. 萨义德：《东方学》，王宇根译，生活·读书·新知三联书店，2007。

爱德华·W. 萨义德：《文化与帝国主义》，李玉昆译，上海人民出版社，2007。

爱德华·卢斯：《不顾诸神：现代印度的奇怪崛起》，张淑芳译，中信出版社，2007。

艾森斯塔德，S. N.：《帝国的政治体系》，阎步克译，贵州人民出版社，1992。

安东尼·吉登斯：《民族-国家与暴力》，胡宗泽等译，生活·读书·新知三联书店，1998。

巴林顿·摩尔：《民主与专制的社会起源》，拓夫等译，华夏出版社，1987。

巴沙姆：《印度文化史》，闵光沛等译，商务印书馆，1997。

本尼迪克特·安德森：《想象的共同体——民族主义的起源与散布》，吴叡人译，上海人民出版社，2003。

查尔斯·蒂利：《强制、资本和欧洲国家：公元 990~1992 年》，魏洪钟译，上海人民出版社，2012。

戴维·毕瑟姆：《官僚制》，韩志明、张毅译，吉林人民出版社，2005。

弗朗西斯·福山：《国家构建：21 世纪的国家治理与世界秩序》，黄胜强、许铭原译，中国社会科学出版社，2007。

冈纳·缪尔达尔：《亚洲的戏剧》，方福前译，首都经贸大学出版社，2001。

汉娜·阿伦特：《极权主义的起源·帝国主义》，林骧华译，生活·读书·新知三联书店，2014。

卡尔·马克思：《马克思恩格斯全集》，第九卷，中共中央马恩列斯著作编译局，人民出版社，1961。

刘健芝、许兆麟编：《庶民研究》，另类视野文化社会研究译丛，中央编译出版社，2005。

莱因哈特·本迪克斯：《马克斯·韦伯思想肖像》，刘北成等译，上海人民出版社，2007。

帕尔塔·查特吉：《民族主义思想与殖民地世界：一种衍生的话语?》，杨林、范慕尤译，译林出版社，2007。

帕尔塔·查特吉：《被统治者的政治》，田立年译，广西师范大学出版社，2007。

马克斯·韦伯：《经济与社会》，林荣远译，商务印书馆，1998。

马克斯·韦伯：《支配社会学》，康乐译，广西师范大学出版社，2004。

马克斯·韦伯：《印度的宗教：印度教与佛教》，康乐、简惠美译，广西师范大学出版社，2005。

迈克尔·哈特、安东尼奥·奈格里：《帝国：全球化的政治秩序》，杨建国、范一亭译，江苏人民出版社，2002。

佩里·安德森：《绝对主义国家的谱系》，刘北成、龚晓庄译，上海人民出版社，2001。

霍华德·威亚尔达：《非西方发展理论：地区模式与全球趋势》，董正华、昝涛等译，北京大学出版社，2006。

诺贝特·埃利亚斯：《文明的进程：文明的社会起源和心理起源的研究》，王佩莉、袁志英译，上海译文出版社，2009。

齐亚乌丁·萨达尔：《东方学》，马雪峰、苏敏译，吉林人民出版社，2005。

王国斌：《转变的中国：历史变迁与欧洲经验的局限》，李伯重等译，江苏人民出版社，2005。

英文专著

Anderson, D. M., Killingray, D. （ed.）, *Policing and Decolonisation： Politics, Nationalism and the Police*, Manchester: Manchester University Press, 1992.

Arora, K. C., *The Steel Frame： Indian Civil Service since 1860*, New Delhi: Sanchar, 1996.

Aylmer, G. E., *The King's Servants： The Civil Service of Charles I, 1625-1642*, New York: Columbia University Press, 1961.

Baker, C. J., *South India： Political Institutions and Political Change, 1880-1940*, Delhi: Macmillan Co. of India, 1975.

Baker, C. J., *The Politics of South India, 1920-1937*, Cambridge: Cambridge University Press, 1976.

Banerjee, S., *A Nation in Making*, London: Oxford University Press, 1925.

Bates, C., *Subalterns and Raj： South Asia since 1600*, New York: Routledge, 2007.

Bayly, C. A., *Empire and Information： Intelligence Gathering and Social Communication in India, 1780-1870*, Cambridge: Cambridge University Press, 1997.

Bayly, C. A., *Origins of Nationality in South Asia： Patriotism and Ethical Government in the Making of Modern India*, Delhi, New York: Oxford University Press, 1998.

Beetham, D., *Bureaucracy*, Minneapolis: University of Minnesota Press, 1996.

Bendix, R., *Nation-building and Citizenship： Studies of Our Changing Social Order*, New York: John Wiley & Sons, 1964.

Blunt, E., *The I. C. S.*, London: Faber and Faber, 1938.

Braibanti, R., *Administration and Economic Development in India*, Durham: Duke University Press, 1963.

Braibanti, R., (ed.), *Asian Bureaucratic Systems Emergent from the British Imperial Tradition*, Durham: Duke University Press, 1966.

Brown, J. (ed.), *The Oxford History of the British Empire*, Oxford: Oxford University Press, 1999.

Cain, P. J., *British Imperialism*, 1688–2000, Harlow: Longman, 2002.

Cannadine, D., *Aspects of Aristocracy: Grandeur and Decline in Modern Britain*, New Haven: Yale University Press, 1994.

Cannadine, D., *Ornamentalism: How the British Saw Their Empire*, Oxford: Oxford University Press, 2001.

Chakrabarti, D., *Colonial Clerks: A Social History of Deprivation and Domination*, Kolkotta: K P. Bagchi & Company, 2005.

Chakrabarty, D., *Provincializing Europe: Postcolonial Thought and Historical Difference*, Princeton: Princeton University Press, 2000.

Chakrabarty, D., *Habitations of Modernity: Essays in the Wake of Subaltern Studies*, Chicago: University of Chicago Press, 2002.

Chand, Tara, *History of the Freedom Movement in India*, Vol. II, New Delhi: Publications Division, Ministry of Information and Broadcasting, 1961.

Chatterjee, P., *Nationalist Thought and the Colonial World: A Derivative Discourse*, London: Zed Books for the United Nations University, 1986.

Chatterjee, P., *The Nation and Its Fragments: Colonial and Post-colonial Histories*, Princeton: Princeton University Press, 1993.

Chatterjee, P., *The Politics of the Governed: Reflections on Popular Politics in Most of the World*, New York: Columbia University Press, 2004.

Chatterjee, P., *The Black Hole of Empire: History of a Global Practice of Power*, Princeton: Princeton University Press, 2012.

Chaturvedi, V., (ed.), *Mapping Subaltern Studies and the Post-colonial*, London: Verso , 2000.

Cohn, B. S., "Recruitment and Training of British Civil Servants in India", In Braibanti, R. (ed.), *Asian Bureaucratic Systems Emerging from the British Imperial Tradition*, Durham: Duke University Press, 1963.

Cohn, B. S., *Colonialism and Its Forms of Knowledge: The British in India*, Princeton, N. J. : Princeton University Press, 1996.

Colley, L., *Britons: Forging the Nation*, 1707 – 1837, New Haven, Conn. : London: Yale Nota Bene, Yale University Press, 1992.

Collingham, E. M., *Imperial Bodies: the Physical Experience of the Raj*, *c.* 1800–1947, Cambridge: Wiley-Blackwell, 2001.

Delanty, G. (ed.), *Handbook of Historical Sociology*, London: Sage, 2003.

Dewey, C., *Anglo-Indian Attitudes: the Mind of the Indian Civil Service*, London: Hambledon Press, 1993.

Dirks, N. B., *Castes of Mind: Colonialism and the Making of Modern India*, New Delhi: Permanent Black, 2001.

Dirks, N. B., *The Scandal of Empire: India and the Creation of Imperial Britain*, Cambridge, MA: Belknap Press, 2006.

Dumont, L. (ed.), *Homo Hierarchicus: the Caste System and its Implications*, Chicago: University of Chicago Press, 1980.

Dungen, P. H. M. v., *The Punjab Tradition: Influence and Authority in Nineteenth-century India*, Australia: Allen & Unwin Pty., Limited, 1972.

Engineer, A. A., (ed.), *Mandal Commission Controversy*, Delhi: Ajanta Publications, 1993.

Fisher, M., *Indirect Rule in India: Residents and the Residency System*, 1764–1858, Delhi and New York: Oxford University Press, 1991.

Gay, P. D., *In Praise of Bureaucracy: Weber, Organization and Ethics*, London: Sage, 2000.

Gallagher, J., and Robinson, R., *Africa and the Victorians: The Official Mind of Imperialism*, London: Macmillan, 1961.

Gallagher, J., and Robinson, R., *Africa and the Victorians: The Climax of Imperialism in the Dark Continent*, New York: St. Martins Press, 1961.

Ghosh, D., *Sex and the Family in Colonial India: the Making of Empire*, Cambridge: Cambridge University Press, 2006.

Gilmour, D., *The Ruling Caste: Imperial Lives in the Victorian Raj*, London: John Murray, 2005.

Gould, W., *Hindu Nationalism and the Language of Politics in Late Colonial India*, Cambridge, New York: Cambridge University Press, 2004.

Guha, R., *Elementary Aspects of Peasant Insurgency in Colonial India*, Durham: Duke University Press, 1999.

Guha, R., *Dominance Without Hegemony: History and Power in Colonial India*, Cambridge, Mass: Harvard University Press, 1997.

Gupta, C., *Sexuality, Obscenity, Community: Women, Muslims, and the Hindu Public in Colonial India*, New York: Palgrave, 2002.

Gupta, P. S. and Deshpand, A. (ed.), *The British Raj and Its Indian Armed Forces*, 1857–1939, New Delhi: Oxford University Press, 2002.

Hampsher-Monk, I., *The Political Philosophy of Edmund Burke*, London and New York: Longman Group UK Limited, 1987.

Hardgrave, Robert L., *India: Government and Politics in a Developing Nation*, New York: Harcourt Brace & World, 1970.

Heyck, T. W., *The Transformation of Intellectual Life in Victorian England*, London: New York: Croom Helm: St. Martin's Press, 1982.

Hopkins, T. and Cain, P. (ed.), *British Imperialism*, 1688 – 2000, London and New York: Longman, 2002.

Hunt, R. and Harrison, J., *The District Officer in India*, 1930 – 1947, London: Scolar Press, 1980.

Hyam, R., *Britain's Declining Empire: The Road to Decolonisation*, 1918 – 1968, New York: Cambridge University Press, 2006.

James, L., *The Rise and Fall of the British Empire*, London: St. Martin's Griffin, 1997.

Johnson, G., *Provincial Politics and Indian Nationalism: Bombay and the*

Indian National Congress, 1880 *to* 1915, Cambridge: Cambridge University Press, 1973.

Kincaid, D., *British Social Life in India*, 1608-1937, London: Routledge & Kegan Paul, 1973.

Kingsley, J. D., *Representative Bureaucracy: An Interpretation of the British Civil Service*, Yellow Springs, Ohio: The Antioch Press, 1944.

Low, D. A. (ed.), *Congress and the Raj: Facets of the Indian Struggle*, 1917-47, Oxford: Oxford University Press, 2004.

Maheshwari, S. R., *Public Administration in India: The Higher Civil Service*, Oxford: Oxford University Press, 2005.

Marshall, P. J., "Cornwallis Triumphant: War in India and the British Public in the Late Eighteenth Century", In: Freeman, L. and Hayes P. (ed.), *War, Strategy, and International Politics*, Oxford: Oxford University Press, 1992.

Mason, P., *The Man Who Ruled India*, London: Jonathan Cape, 1985.

McLaren, M., *British India and British Scotland*, Akron, Ohio: University of Akron Press, 2001.

Metcalf, B. D., *A Concise History of India*, Cambridge: Cambridge University Press, 2002.

Metcalf, T. R., *Ideologies of the Raj*, Cambridge: Cambridge University Press, 1998.

Metcalf, T. R., *Land, Landlords, and the British Raj: Northern India in the Nineteenth Century*, Berkeley: University of California Press, 1979.

Migdal, J. S. (ed), *State Power and Social Forces: Domination and Transformation in the Third World*, Cambridge: Cambridge University Press, 1994.

Misra, B. B., *The Central Administration of the East India Company*, 1773-1834, Manchester: Manchester University Press, 1959.

Misra, B. B., *The Administrative History of India*, 1834 - 1947: *General Administration*, Oxford: Oxford University Press, 1976.

Misra, B. B. , *The Indian Political Parties*, Delhi, Oxford: Oxford University Press, 1976.

Misra, B. B. , *The Indian Middle Classes: Their Growth in Modern Times*, Delhi, London: Oxford University Press, 1978.

Misra, B. B. , *Government and Bureaucracy in India*, 1947 - 1976, Delhi, Oxford: Oxford University Press, 1986.

Misra, B. B. , *The Bureaucracy in India: An Historical Analysis of Development up to 1947*, London: Oxford University Press, 1977.

Nandy, A. , *The Intimate Enemy: Loss and Recovery of Self under Colonialism*, Delhi, Bombay, Calcutta, Madras: Oxford University Press, 1983.

Nandy, A. , *Traditions, Tyranny and Utopias: Essays in the Politics of Awareness*, Delhi: Oxford University Press, 1987.

Oddie, G. A. , *Imagined Hinduism: British Protestant Missionary Constructions of Hinduism*, 1793 - 1900, New Delhi, Thousand Oaks, Calif. , London: Sage Publications, 2006.

O'Malley, L. S. S. , *Indian Civil Service*, 1601 - 1930, London: J. Murray, 1931.

Parekh, B. , *Colonialism, Tradition and Reform: An Analysis of Gandhi's Political Discourse*, Caliaforlia: Thousand Oaks, 2003.

Peers, D. , *Between Mars and Mammon: Colonial Armies and Garrison State in India*, 1819-1835, London: I. B. Tauris and Company, 1995.

Pilkington, C. , *The Civil Service in Britain Today*, Manchester: Manchester University Press, 2000.

Porter, A. , *Religion Versus Empire? British Protestantism, Missionaries, and Overseas Expansion*, 1700-1914, Manchester, New York: Manchester University Press, 2004.

Porter, B. , *The Absent-minded Imperialists: Empire, Society, and Culture in Britain*, Oxford, New York: Oxford University Press, 2004.

Potter, D. C. , *India's Political Administrators*, Oxford: Oxford University

Press, 1986.

Pyper, R., *The British Civil Service*, London, Prentice Hall: Harvester Wheatsheaf, 1995.

Robinson, F., *Separatism among Indian Muslims: The Politics of the United Provinces' Muslims*, 1886 - 1923, New York: Cambridge University Press, 1974.

Robinson, R., "Non - European Foundations of European Imperialism: A Sketch for a Theory of Collaboration", In: R. Bowen et Sutcliffe, B. (ed.), *Studies in the Theory of Imperialism*, London: Longmans, 1972.

Roy, N. C., *The Indian Civil Service*, Calcutta: K. L. Mukhopadhyay, 1959.

Royle, T., *The Last Days of the Raj*, London: Michael Joseph, 1989.

Rudolph, Susana and L. I., *In Pursuit of Lakshmi: the Political Economy of the Indian State*, Chicago: University of Chicago Press, 1987.

Rudolph, L. I. and Susana, *The Modernity of Tradition: Political Development in India*, New Delhi: Orient Longman, 1967.

S. M. Burke, S. A. - D. Q., *British Raj in India: An Historical Review*, Karachi: Oxford University Press, 1996.

Said, E. W., *Culture and Imperialism*, New York: Alfred A. Knopf, 1993.

Sapru, R. K., *Civil Service Administration in India*, New Delhi: Deep & Deep Publications, 1985.

Sarkar, S., "The Decline of the Subaltern in Subaltern Studies", In: Chaturvedi, V. (ed.), *Mapping Subaltern Studies and the Postcolonial*, London: Verso books, 2000.

Seal, A., *The Emergence of Indian Nationalism: Competition and Collaboration in the Later Nineteenth Century*, London: Cambridge University Press, 1968.

Seal, A. (ed.), *Locality, Province, and Nation: Essays on Indian Politics 1870 - 1940*, Reprinted from *Modern Asian Studies*, Cambridge: Cambridge University Press Archive, 1973.

Sen, S. N., *History of the Freedom Movement in India* (1857-1947), New York: New Age International (Publishing) Limited, 2003.

Sharma, M., *Indianization of the Civil Services in British India*, 1858-1935, New Delhi: Manak Publications, 2001.

Shukla, J. D., *Indianisation of All - India Services and Its Impact on Administration*, 1834-1947, New Delhi: Allied Publishers, 1982.

Sikka, R. P., *The Civil Service in India: Europeanization and Indianization under the East India Company*, 1765 - 1857, New Delhi: Uppal Publish House, 1984.

Singh, Chandrahas, *The Civil Service in India*, 1858 - 1947: *a Historical Study*, New Delhi: Atma Ram & Sons, 1989.

Sinha, M., *Colonial Masculinity: The "Manly Englishman" and the "Effeminate Bengali" in the Late Nineteenth Century (Studies in Imperialism)*, Manchester: Manchester University Press, 1995.

Spangenberg, B., *British Bureaucracy in India: Status, Policy, and the I. C. S. in the Late 19th Century*, New Delhi: Manohar, 1976.

Spear, P., *India, Pakistan and the West*, Gurgaon (Haryana): Shubhi Publication, 2006.

Stokes, E., *The English Utilitarians and India*, New York: Oxford University Press, 1959.

Stokes, E., *The Peasant and the Raj: Studies in Agrarian Society and Peasant Rebellion in Colonial India*, Cambridge: Cambridge University Press, 1978.

Sundaram, C. S., "Reviving a Dead Letter: Military Indianization and the Ideology of Anglo-India 1885 - 91", Partha Sarathi Gupta (ed.), *The British Raj and Its Indian Armed Forces*, 1857 - 1939, New Delhi: Oxford University Press, 2002.

Tan, T. Y., *The Garrison State: The Military, Government and Society in Colonial Punjab* 1849 - 1947, Thousand Oaks, Calif.: Sage Publications, 2005.

Thakar, R. N., *The All India Services: A Study of their Origin and Growth*,

Patna: Bharati Bhawan, 1969.

Thompson, A. S., "Empire and the British State", In: Stockwell, S. (ed.), *The British Empire: Themes and Perspectives*, Malden: MA: Oxford: Blackwell Publication, pp. 29-53, 2008.

Tilly, C., *The Formation of National States in Western Europe*, Princeton: Princeton University Press, 1975.

Tilly, C., *Coercion, Capital, and European States, AD* 990 – 1990, Cambridge, MA: Wiley-Blackwell, 1993.

Tilly, C., *Cities and the Rise of States in Europe, AD* 1000 – 1800, Boulder: Westview Press, 1994.

Tilly, C., *The Politics of Collective Violence*, Cambridge, NY: Cambridge University Press, 2003.

Tomlinson, B. R. *The Indian National Congress and the Raj, 1929 – 1932: The Penultimate Phase*, London: Palgrave Macmillan, 1976.

Tomlinson, B. R., *The Political Economy of the Raj, 1914 – 1947: The Economics of Decolonization in India*, Toronto: Macmillan Press, 1979.

Tomlinson, B. R., *The Economy of Modern India, 1860 – 1970*, Cambridge: Cambridge University Press, 1996.

Varshney, A. (ed.), *India and the Politics of Developing Countries: Essays in Memory of Myron Weiner*, New Delhi; Thousand Oaks, California: Sage Publications, 2004.

Veer, P. v. d., *Imperial Encounters: Religion and Modernity in India and Britain*, Princeton, N. J.: Princeton University Press, 2001.

White, Leonard D., *Introduction to the Study of Public Administration*, New York: Macmillan, 4th ed., 1955.

Washbrook, D. A., *Emergence of Provincial Politics: The Madras Presidency, 1870-1920*, Cambridge: Cambridge University Press, 1976.

Zastoupil, L., *John Stuart Mill and India*, Standford, California: Standford University Press, 1994.

后　记

本书是在我博士论文的基础上修改而成。自 1995 年 9 月到北大历史学系助教进修班听罗荣渠先生讲殖民主义理论，到读完硕士博士学位，迄该专著出版，整 23 年矣。其间凝聚多年求学之艰辛与汗水，苦楚与欢欣。我要感谢的人无以计数。

首先要感谢高岱教授。高教授对殖民主义、帝国主义历史与理论研究的深厚造诣，一直引领和激励着我行走在艰辛的学术之路上。高老师身材高大，为人爽朗，三里外可闻其声，指导论文大开大阖，多中肯綮。我读博期间，为我争取到去爱丁堡大学留学一年的机会，使我得以广泛收集资料，拓展学术视野，提升学术能力，博士论文得以顺利完成。我还要感谢王红生教授。王老师为我确定印度文官制度的研究选题，引导我学习官僚制和行政学的基本理论，帮助我申请去爱丁堡大学的学习机会；在我回国之后，指导我确立博士学位论文的题目和核心思想；指导我如何字斟句酌，运用史料，总结提炼，最后成文。在课堂内外的交流中，先生不断引导学生运用历史社会学的方法，强化问题意识，对史实进行具有穿透力的思考，提炼观点。愚钝如我，能在学术上取得些许进步和成绩，凝聚着先生们的无尽心血！

我要诚挚感谢爱丁堡大学历史系狄金森教授（Prof. Harry T. Dickinson）。在我留学爱丁堡大学的一年中，作为我和爱大历史系的联系人，狄老给予我无微不至的照料。先生为人温润如玉，极具感召力，先生著作等身，学问为人称颂为传奇。在爱大一年，他与弗朗西斯教授（爱大前副校长 Prof. Frances Dow）多次对我耳提面命，细致教导，为我解决学习中的诸般难题。在我回国之后，先生又破费十余次为我寄送与研究密切相关的专著和研究材料，有些书籍和文章甚至是专门从印度购买，再从英国寄到北大。厚爱如此，永志难忘！

作为我在爱丁堡大学学习时的导师，南亚研究中心主任克里斯平·贝茨博士（Dr. Crispin Bates）向我打开了英国南亚史跨学科研究的大门，为我提供了印度文官研究中的重要著作，并提出殖民统治时期文官印度人化的视角，还请苏格兰图书馆的 Jan Usher 博士特意为我从印度购买相关档案材料，为我研究的深入提供了巨大便利。爱丁堡大学图书馆东亚部主任童慎效博士的照顾和帮助，以及苏格兰图书馆、爱丁堡大学图书馆和大英图书馆的优质服务，成为我留学生涯的美好回忆！

北大历史学系亚非拉教研室的董正华教授、包茂红教授、吴小安教授和牛可教授为我的论文提出了许多宝贵的指导和细致的修改意见，使我获益良多。论文答辩委员会的孙士海先生、林承节先生和葛维均先生均对论文提出过中肯的批评与肯定，在此奉上诚挚谢意！

博士论文写作过程中，下列朋友为修改提纲、收集资料、凝练思想、润色文字提供过许多帮助：北京大学孙家红博士、程东金博士、谢蔚博士、许欢博士，韩国庆北大学任大熙教授，香港中文大学陈建、徐慧璇博士夫妇。朋友之间的真挚情谊始终值得我倍加珍惜！

本书得以付梓，得到国家社科基金后期资助项目资助。申请立项和结项过程中，下列朋友提供了细致入微的帮助和支持：湖南师范大学朱圆满博士，湖南工商大学康琼教授、龙璞博士，湖南人文科技学院贺益德先生，老同学程东金先生。

我要诚挚感谢我的妻子谭艳辉女士，我在外求学多年，仰赖她孝敬父母，抚养孩子，维持家庭；无论坦途还是逆境，她都不离不弃。最后，我要把这本书献给我的父母和岳父母，是他们的品德激励我完成本书。我衷心祝愿他们健康长寿！

图书在版编目（CIP）数据

殖民统治时期印度文官招录制度研究／周红江著
. -- 北京：社会科学文献出版社，2019.11
国家社科基金后期资助项目
ISBN 978-7-5201-5704-9

Ⅰ.①殖…　Ⅱ.①周…　Ⅲ.①文官制度-研究-印度
-近代　Ⅳ.①D735.133

中国版本图书馆 CIP 数据核字（2019）第 222533 号

·国家社科基金后期资助项目·

殖民统治时期印度文官招录制度研究

著　　者／周红江

出 版 人／谢寿光

责任编辑／邓　翀

出　　版／社会科学文献出版社·国别区域分社（010）59367078
　　　　　地址：北京市北三环中路甲 29 号院华龙大厦　邮编：100029
　　　　　网址：www.ssap.com.cn
发　　行／市场营销中心（010）59367081　59367083
印　　装／三河市龙林印务有限公司

规　　格／开　本：787mm×1092mm　1/16
　　　　　印　张：17.5　字　数：275 千字
版　　次／2019 年 11 月第 1 版　2019 年 11 月第 1 次印刷
书　　号／ISBN 978-7-5201-5704-9
定　　价／98.00 元